東京商工会議所 編

ビジネス実務法務検定試験®
3級公式問題集
【2020年度版】

発行所／東京商工会議所
発売元／中央経済社

まえがき

　本書は、東京商工会議所が発行する唯一の「公式問題集」であり、ビジネス実務法務検定試験3級の出題範囲を網羅する「3級公式テキスト」に完全に準拠しています。

　本書に掲載した問題は、実際の検定試験に出題された頻出分野から厳選しており、民法（債権法）、民法（成年年齢、相続）、商法、会社法、各種の知的財産権法、独占禁止法、働き方改革関連法（労働基準法等）、パワハラ法制等の改正にも対応しています。さらに、すべての問題に改正法に対応した分かり易い解説を付するとともに、3級公式テキストの該当ページを参照しています。

　本書に掲載された問題を解き、解答・解説を理解することによって、最新の法令に準拠した、3級試験合格に必要な知識を習得することが可能です。そして、あわせて3級公式テキストの該当箇所を確認することによって、ビジネスの実務に役立つ法務知識を立体的に理解することができます。

　2020年度の3級試験の試験対策として本書を活用し、多くの方が3級合格者に授与される「ビジネス法務リーダー®」になられることを願ってやみません。

東京商工会議所

本書の特徴と使い方

　この本は、東京商工会議所が主催する「ビジネス実務法務検定試験
3級」対策の公式問題集です。
　本書は、「練習問題（解答・解説）」、「過去問題（解答・解説）」で構成
されています。練習問題については、左ページに問題を、右ページに解
答・解説を掲載しましたので、即座に解答・解説をご確認いただけます。

● ● ●

　「練習問題」は、「3級公式テキスト」（東京商工会議所編・中央経済
社刊）に準拠し、過去に出題された検定試験問題を中心に、各章別に
問題を掲載しています（法改正等に伴い、一部修正している問題もあり
ます）。また、マークシートでの解答に対応した選択式の問題となってい
ますので、本試験の練習をしながら、各章別の理解度を深めていただ
けます。

● ● ●

　「解答・解説」では、詳しい解説を付しましたので、単に正解の確認
にとどまらず様々な出題形式に対応できる応用能力の修得にご活用く
ださい。また、各問題の解説中に、公式テキストの参照ページを記載し
ました。「公式テキストP.○○」とあるのは、「3級公式テキスト」の該当頁
を示しています。各問題に直接関連する知識が法律実務の全体の中
でどう位置付けられているかを認識し、より深く理解するためにご活用
ください。

● ● ●

　「過去問題」では、最近の検定試験で出題された問題と解説が掲載
されています。本番の試験を想定して力を試していただけます。
　検定試験の合格基準は70点です。合格力判定の目安にしてください。

目次

まえがき

第 1 章　ビジネス実務法務の法体系 ………………………………………1
第 2 章　企業取引の法務 …………………………………………………15
第 3 章　債権の管理と回収 ………………………………………………69
第 4 章　企業財産の管理と法律 …………………………………………107
第 5 章　企業活動に関する法規制 ………………………………………131
第 6 章　企業と会社のしくみ ……………………………………………153
第 7 章　企業と従業員の関係 ……………………………………………173
第 8 章　ビジネスに関連する家族法 ……………………………………187
第 9 章　総合問題 …………………………………………………………203

過去問題 …………………………………………………………………219
　　問　題（第44回ビジネス実務法務検定試験3級問題）…………………220
　　　　　（第45回ビジネス実務法務検定試験3級問題）…………………245
　　　　　（第46回ビジネス実務法務検定試験3級問題）…………………272
　　解　答（第44回ビジネス実務法務検定試験3級解答・解説）…………297
　　　　　（第45回ビジネス実務法務検定試験3級解答・解説）…………321
　　　　　（第46回ビジネス実務法務検定試験3級解答・解説）…………346

ビジネス実務法務検定試験について ………………………………………371
ビジネス実務法務検定試験公式通信講座のご案内 ………………………372

誤植等の修正については
ホームページ（**https://www.kentei.org/**）で公開しています。

ビジネス実務法務の法体系

【第1問】・・・ 次の甲欄に示した語句と最も関連の深い記述を乙欄から選んだ場合の組み合わせを①〜④の中から1つだけ選びなさい。

（甲欄）

I　コンプライアンス（Compliance）

II　CSR（Corporate Social Responsibility）

III　リスクマネジメント（Risk Management）

（乙欄）

a．一般に、企業の社会的責任を意味し、これに基づく企業活動の例として、環境保護に配慮した企業活動やボランティアなどの社会貢献活動を挙げることができる。

b．一般に、企業活動に支障を来たすおそれのある不確定な要素を的確に把握し、その不確定要素の顕在化による損失の発生を効率的に予防する施策を講じるとともに、顕在化したときの効果的な対処方法をあらかじめ講じる、一連の経営管理手法をいう。

c．一般に、法令等の遵守を意味し、企業は法律や政省令等の法令およびその属する業界団体が定めた自主的なルールや社会倫理などを遵守して活動すべきであるという考え方である。

①　I－a　II－b　III－c

②　I－b　II－a　III－c

③　I－c　II－a　III－b

④　I－c　II－b　III－a

CHAPTER ONE
第1章 ビジネス実務法務の法体系

第1問　　　　　　　　　　　　　　（公式テキストP.12〜P.16）

[正　解] ③

[解　説]

　コンプライアンスとは、一般に「法令等の遵守」と訳される。企業がその活動を適正かつ妥当に行うために求められるものとして、「法令等の遵守」すなわちコンプライアンスの考え方が浸透してきている。ここで企業が遵守すべきとされるものには、法令等の規則だけでなく確立された社会規範や企業倫理、社内規定等のルールが広く含まれる。よって、I−cである。

　CSRは、一般に「企業の社会的責任」と訳され、企業が、利益追求のみならず、様々なステークホルダー（利害関係人）の利益を重視した企業活動を行うことを求める考え方である。ステークホルダーには、株主・取引先（仕入先・販売先・債権者・債務者を含む）・従業員等が含まれる。CSRに基づく企業活動の例として、環境保護に配慮した企業活動やボランティアなどの社会貢献活動を挙げることができる。よって、II−aである。

　リスクマネジメントとは、一般に、企業活動に支障を来すおそれのある不確定な要素を的確に把握し、その不確定要素の顕在化による損失の発生を効率的に予防する施策を講じるとともに、顕在化したときの効果的な対処方法をあらかじめ講じる、一連の経営管理手法をいう。よって、III−bである。

【第2問】・・・ 次の文中の [ ] の部分に、後記の語群から最も適切な語句を選びなさい。

権利主体は、私的な法律関係を自己の意思に基づいて自由に形成できるという原則を[ア]という。これは、取引の場面では[イ]ともいわれ、取引に際し、誰と、どのような内容の取引を行うかは当事者間で自由に定めることができることをいう。

この[ア]は、私法の大原則であるが、この原則は、対等な当事者間では有効に機能するものの、当事者間に力の差があると、強者の要求を弱者に押し付けることになりかねない。そこで、法は当事者間の合意によっても修正できない[ウ]を設けるなどして[ア]の修正を図っている。

なお、経済政策や行政目的に基づき、国民に対してある行為を制限または禁止することを定める規定のことを[エ]といい、これは[ウ]とは異なる。[エ]に違反した行為は一般に、私法上の効力に影響を[オ]といわれている。

[語群]
　①過失責任主義　　②任意法規　　　③及ぼす
　④私的自治の原則　⑤及ぼさない　　⑥受忍限度
　⑦契約自由の原則　⑧精神規定　　　⑨権利能力平等の原則
　⑩委任規定　　　　⑪強行法規　　　⑫準則主義
　⑬無過失責任主義　⑭取締規定　　　⑮所有権絶対の原則

第1章 CHAPTER ONE
ビジネス実務法務の法体系

第2問 （公式テキストP.26、P.32〜P.33）

[正　解] ア④　イ⑦　ウ⑪　エ⑭　オ⑤
[解　説]

　　私法の基本原則の1つに、**人は自己の意思に基づいて契約を結ぶ
など、自由に私的な関係を形成することができるとする「私的自治
の原則」**がある。この私的自治の原則は、取引の場面においては、**契
約を締結するか否か、どのような内容とするか、誰を相手方とする
か等につき、当事者間で自由に定めることができるとする「契約自
由の原則」**として具体化される。よって、アには④私的自治の原則、イ
には⑦契約自由の原則が入る。

　　しかし、現代においては、経済的・社会的弱者を保護するためにこ
れらの原則が修正される場合が多い。なぜなら、これらの原則はその
前提として、相互に対等な経済的能力・交渉能力を有する者を想定し
ているので、この原則を貫くと不都合を生じる場合があるからである。
具体的には、強行法規、取締法規によりこれらの原則に修正が加えら
れている。ここで、**強行法規とは、当事者がこれと異なった内容を取
り決めることができない、つまり、当事者の意思に関わりなく、その
適用が強制される規定である**。強行法規とされるものの中には、社会
経済の基本的秩序を維持するための規定や、弱者保護のための規定
がある。これらの目的を達するために、強行法規に反する取決めは効
力を生じないとされる。よって、ウには⑪強行法規が入る。これに対し
て、**経済政策や行政目的に基づき国民に対してある行為を制限ま
たは禁止することを定める規定が取締規定である**。これは、一定の
行政目的を達成するために定められるもので、これに反する当事者間
の取決めがどのように扱われるかは、達成しようとする行政目的によっ
て様々である。そして、一般的には取締規定に違反しても、行政上の
罰則の適用等は受けるが、私法上の契約の効力までは否定されない
として、**取締規定に反する取決めも有効である**とされている。よって、
エには⑭取締規定が、オには⑤及ぼさないが入る。

【第3問】・・・ 次の①～④の記述のうち、その内容が最も適切でないものを1つだけ選びなさい。

①権利能力平等の原則とは、権利能力はすべての個人に平等に認められるという原則であるが、今日では会社等の各種の団体にも一定の要件の下に権利能力が認められている。

②企業が定める約款の中には、経済的弱者保護の観点から、これを使用するには国（主務官庁）への届出・認可等が必要とされているものがあるが、これは私的自治の原則の修正と考えることができる。

③個人が物を全面的に支配する権利（所有権）は、不可侵のものとして尊重されなければならないので、所有権の内容を制限するような法律はすべて無効である。

④不法行為による損害賠償責任について、加害者の「敬意または過失」による行為であることが必要とされていることは、過失責任主義の現れである。

第3問　　　　　　　　　　　　　　　　（公式テキストP.26〜P.27）

[正　解] ③

[解　説]

①適切である。**権利能力が認められる団体のことを法人といい**、例えば会社法上の会社の場合、登記をすることにより権利能力が認められる。

②適切である。約款を作成・使用することは、私的自治の原則の現れの1つである**契約自由の原則を修正する**ものである。

③最も適切でない。憲法では、**所有権も公共の福祉によって制約される**と定められており（憲法29条2項）、所有権の内容を制限する法律も有効である。

④適切である。本肢の記述の通りである。

■キーワード

権利能力平等の原則	すべての個人が平等に権利主体として扱われるという原則
私的自治の原則	権利主体（個人・法人）は、私的な法律関係を自己の意思に基づいて自由に形成できるとする原則
所有権絶対の原則	個人が物を全面的に支配する私有の権利（所有権）は、不可侵のものとして尊重され、他人によっても、国家権力によっても侵害されないとする原則
過失責任主義	人は、たとえ他人に損害を与えても、故意・過失がなければ損害賠償責任を負わないとする原則

【第4問】・・・ 次の文中の [　] の部分に、後記の語群から最も適切な語句を選びなさい。

　物権とは、所有権のように、特定の物を直接排他的に支配できる権利のことをいう。物権の中には所有権に一定の制限を加えるものがあり、これには、他人の物を利用することを内容とする物権である[ア]と、債権の担保のために物の価値を把握する物権である[イ]がある。[ア]に属する物権として、例えば、建物や橋などの工作物や竹木を所有するために他人の土地を使用する物権である[ウ]が挙げられる。また、[イ]に属する物権として、例えば、他人の物を占有している者が、その物について生じた債権の弁済を受けるまで、その物を自分の手元に留め置くことができる権利である[エ]が挙げられる。

　一方、債権とは、特定の人に対して特定の行為を請求できる権利のことをいい、これには、例えば、売主が買主に対して有する商品の代金債権などがある。

　わが国の法制上、権利者自らがこれらの権利の実現を図るために実力行使をすること、つまり[オ]をすることは、原則として禁止されている。したがって、例えば、私人間の紛争においてこれらの権利の実現を図るには、民事訴訟を提起するなど裁判所の手続を利用することとなる。

[語群]
① 代理権　　　② 自力救済　　③ 強制執行　　④ 抵当権
⑤ 譲渡担保権　⑥ 地上権　　　⑦ 留置権　　　⑧ 事務管理
⑨ 知的財産権　⑩ 担保物権　　⑪ 永小作権　　⑫ 排除措置
⑬ 用益物権　　⑭ 先取特権　　⑮ 賃借権

第1章 ビジネス実務法務の法体系

CHAPTER ONE

第4問　　　　　　　　　（公式テキストP.28〜P.29、P.35〜P.36）

[正　解] ア⑬　イ⑩　ウ⑥　エ⑦　オ②

[解　説]

　　民法上の財産権は、物権と債権に分けられる。このうち、**所有権の****ように、特定の物を直接排他的に支配できる権利のことを物権**という。物権の中には所有権に一定の制限を加えるものがあり、これを「制限物権」という。制限物権のうち、**他人の物を利用することを内容****とする物権を用益物権**といい、**債権の担保のために物の価値を把****握する物権を担保物権**という。したがって、アには⑬用益物権、イには⑩担保物権がそれぞれ入る。

　　用益物権に属する物権として、地上権や地役権が挙げられるが、建物や橋などの工作物や竹木を所有するために他人の土地を使用する物権は地上権である。したがって、ウには⑥地上権が入る。

　　また、担保物権に属する物権のうち、他人の物を占有している者が、その物について生じた債権の弁済を受けるまで、その物を自分の手元に留め置くことができる権利は留置権である。したがって、エには⑦留置権が入る。

　　一方、例えば、売主が買主に対して有する商品の代金債権などのように**特定の人に対して特定の行為を請求できる権利のことを債権**という。

　　わが国の法制上、**権利者自らがこれらの権利の実現を図るために****実力行使をすること、つまり自力救済をすることは、原則として禁止****されている**ため、例えば、私人間の紛争においてこれらの権利の実現を図るには、民事訴訟を提起するなど裁判所の手続を利用することとなる。したがって、オには②自力救済が入る。

9

【第5問】・・・

次の文中の [　] の部分に、後記の語群から最も適切な語句を選びなさい。

　法律には多くの種類があり、様々な観点で分類されている。

　そのうち、法の規律を受けるものが誰かにより私法と[ア]に分けられる。私法は法律の規律を受ける当事者の双方が私人の場合に適用される法であり、[ア]はその双方または一方が国・地方公共団体などの国家機関である場合に適用される法である。

　また、権利・義務などの法律関係の内容を定める法律を[イ]といい、[イ]の内容を実現するための手続を定める法律を手続法という。

　さらに、法の適用領域が限定されず、一般的なものを一般法といい、対象となる事柄や人または地域など法の適用が限定されている法律を[ウ]という。例えば、私人間の取引一般には民法が適用されるが、その中でも特に、企業などの商人間の取引には商法が適用される。すなわち、民法と商法とでは、[エ]が[ウ]となる。

　このほか、契約当事者間で法律の規定と異なる定めをするなど、当事者がそれに従う意思がないと認められるときは、その適用が強制されない法律の規定を任意法規という。これに対して、契約当事者がこれと異なる内容の取り決めをしてもその効力を生じず、当事者の意思にかかわりなくその適用が強制される規定を[オ]という。

[語群]
　①成文法　　②公法　　③刑事訴訟法　④特別法　　⑤民法
　⑥慣習法　　⑦民事法　　⑧刑事法　　⑨強行法規
　⑩民事訴訟法　⑪実体法　⑫借地借家法　⑬社会法　　⑭商法
　⑮不文法

第1章 ビジネス実務法務の法体系

CHAPTER ONE

第5問　　　　　　　　　　　　　　（公式テキストP.32〜P.34）

［正　解］ア②　　イ⑪　　ウ④　　エ⑭　　オ⑨

［解　説］

　　法律には多くの種類があり、様々な観点で分類されている。

　　そのうち、法の規律を受けるものが誰かにより私法と公法に分けられる。**私法は法律の規律を受ける当事者の双方が私人の場合に適用される法**であり、**公法はその双方または一方が国・地方公共団体などの国家機関である場合に適用される法**である。したがって、アには、②公法が入る。

　　また、**権利・義務などの法律関係の内容を定める法律を実体法**といい、**実体法の内容を実現するための手続を定める法律を手続法**という。したがって、イには、⑪実体法が入る。

　　さらに、**法の適用領域が限定されず、一般的なものを一般法**といい、**対象となる事柄や人または地域など法の適用が限定されている法律を特別法**という。例えば、私人間の取引一般には民法が適用されるが、その中でも特に、企業などの商人間の取引には商法が適用される。すなわち、民法と商法とでは、商法が特別法となる。したがって、ウには④特別法が、エには⑭商法が、それぞれ入る。

　　このほか、契約当事者間で法律の規定と異なる定めをするなど、**当事者がそれに従う意思がないと認められるときは、その適用が強制されない法律の規定を任意法規**という。これに対して、契約当事者がこれと異なる内容の取り決めをしてもその効力を生じず、**当事者の意思にかかわりなくその適用が強制される規定を強行法規**という。したがって、オには⑨強行法規が入る。

11

【第6問】・・・　次の事項のうち、その内容が正しいものには○を、誤っているものには×を解答しなさい。

ア. 自動車の売買契約において、売主が引渡期日に買主に自動車を引き渡さない場合、買主は購入した自動車を売主のところから売主に無断で持ち出すことができる。

イ. 法律の分類方法として、一般法と特別法、任意法規と強行法規という分け方があるが、この2つの分類方法の関係として、一般法は任意法規であり、特別法は強行法規であるという対応関係がある。

ウ. ある事件についての裁判に対して不服がある場合には、より上級の裁判所に対して上訴することができるが、これを陪審制度という。

エ. 第一審の裁判所の判決に不服のある者が上級の裁判所に再審査を求めることを控訴という。

オ. 裁判所で扱う訴訟のうち、民事訴訟とは私人と私人の間の法律上の争いを解決することを目的とする訴訟である。

カ. わが国の裁判所には最高裁判所、高等裁判所、地方裁判所、家庭裁判所、簡易裁判所の5種類があるが、そのうち地方裁判所は刑事訴訟のみ、また家庭裁判所は民事訴訟のみを扱う。

第1章 ビジネス実務法務の法体系

CHAPTER ONE

第6問　　　　　　　　　（公式テキストP.32～P.34、P.36～P.37）

［正　解］ア×　　イ×　　ウ×　　エ○　　オ○　　カ×

［解　説］

アは誤り。権利を有する者が自力で自分の権利を行使する**自力救済は、原則として禁止されている**。権利の行使に対して相手方が応じない場合には、原則として、裁判所の手続を通じて権利を実現しなければならない。

イは誤り。一般法と特別法は、対象となる事柄や人または地域など法の適用領域が限定されているか否かの分類である。一方、任意法規と強行法規は、当事者間で法律の規定と異なる別の定めができるか否かによる分類である。一般法の中には、任意法規もあれば強行法規もある。また、特別法の中にも任意法規もあれば強行法規もある。結局、**双方の分類に特別の対応関係は存在しない**。

ウは誤り。このような制度を**審級制度**という。日本の裁判制度では、正しい裁判を実現するために、当事者が望めば、原則として3回までの反復審理を受けることができる。

エは正しい。なお、**控訴審での判決に不服のある者がさらに上級裁判所へ上訴することを上告**という。

オは正しい。例えば、**契約関係に関する紛争などの解決を図る訴訟が、民事訴訟の典型例**である。

カは誤り。問題文の前半は正しい。しかし、後半は誤り。すなわち、**地方裁判所は、刑事・民事の両事件を審理し、家庭裁判所も民事事件に限らず少年に関する犯罪という刑事事件も審理する**。

13

企業取引の法務

【第1問】・・・ 次の文中の [ ] の部分に、後記の語群から最も適切な語句を選びなさい。

　契約は、当事者間の合意によって成立するものであり、どのような契約を締結しようと、原則として自由である。しかしながら、日常多く見られる類型の契約は、民法上、典型契約として定められている。これに対して民法に規定のない内容の契約は、一般に非典型契約または [ア] といわれている。

　売買契約は、典型契約の中でも最も代表的な契約であるが、これは [イ] かつ [ウ] である。[イ] とは、当事者双方が対価的な債務を負担する契約のことであり、[ウ] とは、当事者双方が対価的な財産的価値を支出することを内容とする契約である。

　また、書面によらない消費貸借契約のように、当事者の合意と物の引渡しによって成立する契約のことを [エ] といい、これに対し、当事者の合意のみで成立する契約を [オ] という。

[語群]
①一時的契約　　　②諾成契約　　　　③無名契約
④貸借型の契約　　⑤継続的契約　　　⑥要物契約
⑦双務契約　　　　⑧労務型の契約　　⑨無償契約
⑩片務契約　　　　⑪有償契約　　　　⑫附合契約
⑬基本契約　　　　⑭第三者のための契約　⑮消費者契約

第2章 企業取引の法務

CHAPTER TWO

第1問 （公式テキストP.44～P.46）

[正 解] ア③　イ⑦　ウ⑪　エ⑥　オ②

[解 説]

　　法律にその名称・内容が規定されている契約を典型契約（または有名契約）という。民法では贈与・売買・賃貸借・請負など13種類があり、他に特別法で規定されるものもある。他方、このように**法律によって名称・内容が規定されていなくとも、実際の社会における必要性から様々な形態の契約が認められており、それらは無名契約（または非典型契約）と呼ばれている。**したがって、アには③無名契約が入る。

　　さらに、**契約当事者双方が対価的な意義を有する債務を負担する契約内容を有する契約は双務契約という。**このような対価的な意義を有しない内容の契約を**片務契約**と呼ぶ。つまり、一方のみが債務を負担し、他方は全く債務を負担しないか、または仮に何らかの債務を負担するとしても、それは対価としての意味を有しないような内容の契約である。したがって、イには⑦双務契約が入る。

　　そして、これと似ているが異なる区別として、有償契約と無償契約との区別がある。**有償契約とは、双方が対価的な意義を有する出捐、つまり経済的な支出を要する契約であり、**債務を負担するか否かではなく、あくまで経済的に何らかの支出を要するのかという基準で分類するものである。**無償契約とは、一方が経済的な出捐をしないものである。**したがって、ウには⑪有償契約が入る。

　　契約は原則として、双方の意思の合致のみで成立するが、中には何らかの理由から、契約が成立するために目的物の授受までも要求されるものもある。例えば、書面によらない消費貸借契約はその対象となる金銭等の目的物の交付までもその成立要件とするものである（民法587条・587条の2）。**そのような授受を要する契約を要物契約、**授受を要しない、つまり意思表示の合致のみで成立する契約を諾成契約と呼ぶ。したがって、エには⑥要物契約、オには②諾成契約が入る。

17

【第2問】・・・ 次の記述のうち、その内容が正しいものには○を、誤って
いるものには×を解答しなさい。

ア．契約の中には、雇用契約や賃貸借契約のように、契約関係が一定期間継続
するものがある。このような契約に関する問題を取り扱うにあたっては、契
約当事者間の信頼関係が重視される。

イ．民法は、売買契約をはじめとして13種類の契約を規定しており、わが国で
締結される契約はすべてこの13種類の契約に分類することが可能である。

ウ．契約は、原則として契約当事者の一方の申込みの意思表示とそれを受ける
形でもう一方の承諾の意思表示が合致すれば成立するが、賃貸借契約のよ
うな継続的契約では、さらに契約書の作成がなければ契約は成立しない。

エ．契約が成立しても、契約の効果が生じない場合として、契約の無効と契約の
取消しがある。このうち、契約を取り消せる場合の具体例としては、犯罪行
為に対して報酬を支払う契約のように、契約内容が公序良俗に反する契約
がある。

オ．契約当事者間で合意した内容が法律の規定に抵触する場合は、常に法律の
規定が優先し、合意の内容は無効となる。

CHAPTER TWO
第2章 企業取引の法務

第2問（公式テキストP.32～P.33、P.44～P.46、P.49～P.50、P.73～P.74）

[正　解] ア○　イ×　ウ×　エ×　オ×

[解　説]

アは正しい。売買などのように、1回で履行が終了する契約に比べ、雇用契約や賃貸借契約は、一定の期間、権利義務関係が契約当事者間で継続するため、**契約に関する問題を取り扱うにあたっては信頼関係を重視する必要がある。**

イは誤り。**契約自由の原則**（民法521条・522条2項）**から、民法で定める13種類の契約以外の契約を締結することも自由であり、す**べての契約を13種類の契約のどれかに分類することはできない。

ウは誤り。賃貸借契約のような継続的契約であっても、**契約当事者の意思の合致があればよく、継続的契約だからといって契約書の作成**が法律上義務付けられているわけではない（民法522条）。

エは誤り。**公序良俗違反**は、契約の取消事由ではなく、**契約が無効とされる事由である**（民法90条）。

オは誤り。**法律の規定が任意規定であれば、合意の内容が優先する**（民法91条）。

【第3問】・・・ XとYは、売買契約を締結し、買主であるYは、Xに対し、手付として50万円を支払った。この場合に関する次の①〜④の記述のうち、その内容が最も適切でないものを1つだけ選びなさい。

①本件の手付は、売買契約が成立した証拠としての意味を有する。

②本件の手付が解約手付としての意味を有する場合、Yは、Xが契約の履行に着手する前であれば手付を放棄することによって契約を解除することができる。

③本件の手付が解約手付としての意味を有する場合、Xは、Yが契約の履行に着手する前であれば、受け取った50万円をYに返還することによって契約を解除することができる。

④本件の手付が違約手付としての意味を有する場合、Yに債務不履行があった場合には、50万円はXに没収される。

第2章 企業取引の法務

CHAPTER TWO

第3問　　　　　　　　　　　　　　　　　　　（公式テキストP.52）

［正　解］③

［解　説］

①は適切である。**手付は、売買契約が成立したことの証拠としての意味を持つのであり、これを証約手付という。**

②は適切である。**各当事者が契約を解除する権利（解除権）を留保する趣旨で手付が授受されることがあり、**この場合の手付のことを解約手付という。解約手付については、手付金を支払った側は、それを放棄することによって契約を解除することができる（民法557条1項）。

③は最も適切でない。解約手付が授受されている場合、**手付金を受け取った側が契約を解除するには手付金の倍額を相手方に現実に提供する必要がある**（民法557条1項）。

④は適切である。**違約手付とは、債務不履行の場合には当然に没収されるという趣旨で交付される手付**であるので、Yに債務不履行があった場合には、手付金は当然にXに没収されることになる。

■ポイント

手　付		売買契約の成立時に買主から売主に交付される一定額の金銭
	証約手付	売買契約が成立したことの証拠としての意味を有する手付
	解約手付	当事者が解除権を留保する趣旨で授受される手付
		相手方が債務の履行に着手するまでは
		買主 →手付を放棄して売買契約を解除できる（手付損）
		売主 →手付の倍額を買主に現実に提供して売買契約を解除できる（手付倍戻し）
	違約手付	債務不履行の場合には当然に没収されるという趣旨で交付される手付

【第4問】・・・ 次の事項のうち、その内容が正しいものには○を、誤っているものには×を解答しなさい。

ア. 成年被後見人Aは、単独で宝石を購入する契約を締結した。この場合、Aの成年後見人Bは、本件売買契約を取り消すことはできない。

イ. 成年被後見人Aが、単独で日用品を購入する契約を締結した場合、Aは本件契約を取り消すことができない。

ウ. 被保佐人Aは、事前に保佐人Bの同意を得て、C銀行から金銭を借り入れる契約を締結した。この場合、Aは、本件消費貸借契約を取り消すことはできない。

エ. 被保佐人Aの保佐人Bは、家庭裁判所の審判によって、Aが所有する甲土地の売却について代理権を付与されている。この場合、Bは、Aの代理人として甲土地の売買契約を締結することができる。

オ. 被補助人Aの補助人Bは、家庭裁判所の審判によって、Aが所有する甲土地の売却について同意権を付与されていたが、Aは、事前にBの同意を得ることなく、甲土地を売却する契約を締結した。この場合、Aは、本件売買契約を取り消すことはできない。

第2章 企業取引の法務

CHAPTER TWO

第4問 （公式テキストP.56～P.60）

[正　解] ア× イ○ ウ○ エ○ オ×

[解　説]

　　アは誤り。成年被後見人とは、**精神上の障害により事理を弁識する能力を欠く常況にある者**であって、後見開始の審判を受けた者である（民法7条）。成年被後見人は、法律行為をするのに十分な判断能力を有しないと考えられることから、成年被後見人またはその成年後見人は、原則として、その法律行為を取り消すことができる（民法9条本文）。

　　イは正しい。成年被後見人のした法律行為は、原則として、取り消すことができる（民法9条本文）。もっとも、例外的に、**日用品の購入その他日常生活に関する行為**については、成年被後見人の法律行為であることを理由として、法律行為を取り消すことはできない（民法9条但書）。本記述において、Aは、日用品を購入する契約を締結しており、例外に当たるため、Aは、この契約を取り消すことができない。

　　ウは正しい。被保佐人は、借財をするには**保佐人の同意を得なければならない**（民法13条1項2号）。**被保佐人が保佐人の同意を得ずにこれをした場合には契約を取り消すことができる**が（同条4項）、本問では保佐人Bの同意を得ているため、契約を取り消すことはできない。

　　エは正しい。家庭裁判所は、請求により、被保佐人のために、特定の法律行為について、**保佐人に代理権を付与する旨の審判**をすることができる（民法876条の4）。この場合、保佐人は被保佐人の代理人として代理行為をすることができる。本問では、甲土地の売却という特定の法律行為について、Bに代理権を付与する旨の審判がされているので、BはAの代理人として甲土地の売買契約を締結することができる。

　　オは誤り。家庭裁判所は、請求により、**民法13条1項に規定する行為の一部につき、被補助人がするには補助人の同意を得なければならない**旨の審判をすることができる（民法17条1項）。この場合、被補助人が補助人の同意を得ずにその行為をしたときは、契約を取り消すことができる（同条4項）。本問では、Aが所有する甲土地の売却は、民法13条1項3号にあたるから、Aが甲土地を売却するにはBの同意が必要であり、Bの同意を得ずにした売買契約は取り消すことができる。

【第5問】・・・ **未成年者であるXの行為能力に関する次の①～④の記述のうち、その内容が最も適切でないものを1つだけ選びなさい。**

①Xが、親権者である両親の同意を得ずに、Y家電販売店からホームシアターセットを購入した場合、Xの両親だけでなく、X自身も本件売買契約を取り消すことができる。

②Xの親権者である両親が、Xを代理して、Xが下宿するアパートをYから賃借した場合、Xの両親は本件賃貸借契約を取り消すことはできないが、X自身は本件賃貸借契約を取り消すことができる。

③Xが、Yと婚姻した後、Xの両親の同意を得ずに、Zから駐車場を賃借した場合、Xは本件賃貸借契約を取り消すことはできない。

④Xが、親権者である両親に商品の販売に関する営業の許可を得て、当該商品をYに販売する旨の売買契約を締結した。この場合、Xの両親は当該売買契約を取り消すことはできない。

CHAPTER TWO
第2章 企業取引の法務

第5問　　　　　　　　　　　　　　　（公式テキストP.57～P.58、P.390）

[正　解] ②

[解　説]

①は適切である。**未成年者が締結した契約は、法定代理人の同意の
ない場合には取り消すことができる**とされているが（民法5条）、こ
の取消権は、法定代理人だけでなく、未成年者本人も行使すること
ができる。

②は最も適切でない。**未成年者の親権者である両親は、法定代理人
として未成年者自身の契約を有効に締結することができ**、この場
合には、法定代理人・未成年者とも契約を取り消すことはできない。

③は適切である。**未成年者が婚姻をすると、民法上は成年とみなさ
れ**、単独で有効に契約等を行うことができる（成年擬制、民法753
条）。したがって、本肢のXZ間の駐車場の賃貸借契約をXが未成年
者であることを理由として取り消すことはできない。なお、2018年の民
法（成年年齢）の改正により、成年年齢が満18歳とされ（改正民法4
条）、婚姻適齢が男女ともに18歳とされるため（改正民法731条）、成
年擬制に関する現行民法753条は削除される（2022年4月1日施行）。

④は適切である。**法定代理人が未成年者に営業の許可を与えた場
合、未成年者は、その営業に関する取引については法定代理人の
同意がなくても有効に行うことができる**ため（民法6条1項）、Xの
両親が本肢の売買契約を取り消すことはできない。

法改正・新法制定

2018年の民法改正により、民法の定める成年年齢が20歳から18歳に引き下げられた（改正
民法4条）。

また、女性の婚姻年齢を16歳から18歳に引き上げ、男女の婚姻開始年齢を18歳に統一する
（改正民法731条）ことに伴い、未成年者の婚姻に関する父母の同意（現行民法737条）およ
び未成年者の婚姻による成年擬制（現行民法753条）に関する規定は削除される。

【第6問】・・・ 次の文中の [ ] の部分に、後記の語群から最も適切な語句を選びなさい。

契約が成立するには、申込みの意思表示と承諾の意思表示が合致することが必要であり、意思表示の合致がなければ、原則として、契約は成立しない。例えば、商品販売業者による商品カタログの送付は、一般に、申込みの意思表示ではなく、相手方からの申込みの意思表示を促す [ア] とされている。したがって、商品カタログを見た者がそこに掲載されている商品を購入したい旨の意思を当該商品販売業者に表示したとしても、当該商品販売業者がこれを承諾しなければ、商品の売買契約は成立しない。

当事者間の意思表示の合致があっても、実際の取引の場面では、契約の効力が問題となることがある。具体的には、契約の内容が社会的妥当性に欠ける場合、すなわち、[イ] に反する場合、民法上、その契約は無効とされる。例えば、殺人を依頼して報酬を支払う契約は、[イ] に反し、無効とされる。

また、意思表示自体に問題があり、契約が成立しないことがある。

これには、例えば、意思表示は存在するがそれに対応する真意が存在しない、意思の不存在がある。意思の不存在の例として、表意者が真意でないことを自分で知りながら、真意と異なる意思表示をする、[ウ] が挙げられる。[ウ] は原則として有効であるが、真意でないことを相手方が知り、または知ることができた場合には無効となる。

意思の不存在に対し、意思表示に対応する真意は存在するが、その真意が形成される過程に瑕疵がある場合を瑕疵ある意思表示という。例えば、他人にだまされて意思表示をした場合を [エ] による意思表示といい、表意者はその意思表示を取り消すことができる。また、他人から脅されるなどして、やむなく意思表示をした場合を [オ] による意思表示といい、表意者はその意思表示を取り消すことができる。[エ] による意思表示の取消しは善意・無過失の第三者に対抗することができないが、[オ] による意思表示の取消しは善意・無過失の第三者にも対抗することができる。

[語群]
　①横領　　②詐欺　　③申込みの撤回　④偽称　　⑤商慣習
　⑥心裡留保　⑦虚偽表示　⑧継続的申込み　⑨強迫　⑩任意法規
　⑪公序良俗　⑫要素の錯誤　⑬申込みの誘引　⑭教唆　⑮背任

第2章 企業取引の法務
CHAPTER TWO

第6問　　　　　（公式テキストP.48〜P.54、P.61〜P.64、P.73〜P.74）

[正　解] ア⑬　イ⑪　ウ⑥　エ②　オ⑨

[解　説]

　契約が成立するには、**申込みの意思表示と承諾の意思表示が合致**することが必要であり（民法522条1項）、意思表示の合致がなければ、原則として、契約は成立しない。例えば、商品販売業者による商品カタログの送付は、一般に、申込みの意思表示ではなく、相手方からの申込みの意思表示を促す**申込みの誘引**とされている。したがって、商品カタログを見た者がそこに掲載されている商品を購入したい旨の意思を当該商品販売業者に表示したとしても、当該商品販売業者がこれを承諾しなければ、商品の売買契約は成立しない。

　当事者間の意思表示の合致があっても、実際の取引の場面では、契約の効力が問題となることがある。具体的には、契約の内容が社会的妥当性に欠ける場合、すなわち、**公序良俗**に反する場合、民法上、その契約は無効とされる（民法90条）。例えば、殺人を依頼して報酬を支払う契約は、公序良俗に反し、無効とされる。

　また、意思表示自体に問題があり、契約が成立しないことがある。

　これには、例えば、意思表示は存在するがそれに対応する真意が存在しない、意思の不存在がある。意思の不存在の例として、表意者が真意でないことを自分で知りながら、真意と異なる意思表示をする、**心裡留保**が挙げられる。心裡留保は原則として有効であるが、真意でないことを相手方が知り、または知ることができた場合には無効となる（民法93条1項）。

　意思の不存在に対し、意思表示に対応する真意は存在するが、その真意が形成される過程に瑕疵がある場合を瑕疵ある意思表示という。例えば、他人にだまされて意思表示をした場合を**詐欺による意思表示**といい、表意者はその意思表示を取り消すことができる。また、他人から脅されるなどして、やむなく意思表示をした場合を**強迫による意思表示**といい、表意者はその意思表示を取り消すことができる（民法96条1項）。詐欺による意思表示の取消しは善意・無過失の第三者に対抗することができないが（民法96条3項）、強迫による意思表示の取消しは善意・無過失の第三者にも対抗することができる。

27

| 【第7問】・・・ | 次の①〜④の記述のうち、その内容が最も適切でないものを1つだけ選びなさい。 |

①甲は債権者からの差押えを免れるため、知人乙と合意の上で、自己の所有する不動産を乙に譲渡したかのように装い、その登記上の所有権を乙に移転した。その後乙が当該不動産をその事情を知らない丙に売却していた場合、甲は乙との売買契約の無効を丙に主張することはできない。

②甲は資産の乏しい乙には買えないだろうと思い、売る意思はない自己所有の高級自動車を500万円で譲渡すると言ったところ、その言葉を過失なく信じた乙は購入する旨の意思表示をした。この場合、甲乙間に有効に売買契約が成立する。

③甲は乙にだまされて、自己所有の土地を時価の半額で乙に売却した。その後、乙は、甲が乙にだまされて自己の土地を売却した事実を知らず、かつ知らないことに過失がない丙にこの土地を売却した。この場合、甲は、丙に対して、甲乙間の売買契約の取消しを主張することはできない。

④甲は乙に強迫されて、100万円相当の自動車を10万円で乙に譲渡してしまった。この場合、甲は乙からこの自動車を譲り受けた善意・無過失の第三者である丙に対して、甲乙間の売買契約の取消しを主張することはできない。

CHAPTER TWO
第2章 企業取引の法務

第7問　　　　　　　　　　　　　　　　（公式テキストP.61～P.64）

[正　解] ④

[解　説]

①は適切である。表意者が相手方と通じて行った虚偽の意思表示を**虚偽表示**といい、その意思表示は原則として無効である（民法94条1項）。ただし、**善意の第三者には、その意思表示の無効を対抗できない**（民法94条2項）。したがって、本肢の場合、甲から乙への不動産の譲渡の意思表示の無効を、その後に乙からその事情を知らずに買い受けた丙に主張することはできない。

②は適切である。表意者が真意でないことを自分で知りながら意思表示することを**心裡留保**といい、**相手方が表意者の真意でないことを知っている（悪意）か、知らないことに過失がある場合を除いて有効である**（民法93条1項）。本肢の場合、乙は甲の言葉を過失なく信じて購入する旨の意思表示をしたのであるから、甲乙間に有効に売買契約が成立する。

③は適切である。他人にだまされてする意思表示を**詐欺による意思表示**といい、表意者は原則としてその意思表示を取り消すことができる（民法96条1項）。ただし、**善意・無過失の第三者にはその取消しを対抗することができない**（民法96条3項）。したがって、本肢の場合、甲は善意・無過失の第三者である丙に対して、甲乙間の売買契約の取消しを主張することはできない。

④は最も適切でない。他人に害意を告げられ、恐怖の念を生じた状態でする意思表示を**強迫による意思表示**といい、その意思表示は取り消すことができ（民法96条1項）、**この取消しは善意・無過失の第三者にも対抗できる**。したがって、甲は乙から自動車を譲り受けた善意・無過失の第三者である丙に対しても、甲乙間の売買契約の取消しを主張することができる。

【第8問】・・・ 代理に関する次の事項のうち、その内容が正しいものには○を、誤っているものには×を解答しなさい。

ア. 商行為の代理人が顕名をせずに代理行為を行った場合、その代理行為の効果は本人に帰属する。

イ. Aは、自己が所有する甲土地の売却に関する委任状をBに預けていたが、実際にはBに甲土地の売却についての代理権を与えていなかった。Bが当該委任状をCに示して甲土地をCに売却する旨の売買契約を締結した場合、Bに代理権がないことをCが知っていたとしても、代理権授与表示による表見代理が成立する。

ウ. Aが代理人Bに与えていた代理権の範囲を越えてBがCと契約を結んだ場合、Cが、その契約締結についてBに代理権があると誤信し、かつそのように誤信することについて正当な理由があるときは、表見代理が成立する。

エ. Aは、Bに対し、過去に自己の所有する甲土地の売買契約締結についての代理権を授与していたが、当該代理権はすでに消滅していた。その後、Bは、何らの権限もないのに、Aの代理人と称してCとの間で甲土地をCに売却する旨の売買契約を締結した。この場合、Cは、代理権の消滅について善意無過失であるときは、表見代理の成立を主張することができる。

オ. たとえすべての当事者が許諾していたとしても、同一の法律行為について、1人の者が当事者双方の代理人となることはできない。

CHAPTER TWO
第2章 企業取引の法務

第8問　　　　　　　　　　　　　　　（公式テキストP.64〜P.73）

［正　解］ア○　イ×　ウ○　エ○　オ×

［解　説］

アは正しい。民法上、代理が成立するためには、**本人のために行為
をすることを代理人が明らかにすること**、すなわち顕名が必要で
ある（民法99条）。ただし、**商行為の代理の場合には、代理人が顕
名をしなくても、原則として代理が成立する**（商法504条）。

イは誤り。本人が無権代理人に委任状を預けていた場合には、民法
109条の表見代理が問題となるが、この場合でも、表見代理が成立
するためには、相手方が**無権代理であることを過失なく知らなか
ったこと**が必要である（民法109条1項但書）。

ウは正しい。代理人が代理権を踰越したとしても、相手方が**代理権が
あると信じるにつき正当な理由がある場合**には表見代理が成立
する（民法110条）。

エは正しい。かつて本人が代理人に代理権を与えており、その代理権
が消滅している場合、代理権消滅後の表見代理が成立し、本人は、
代理権の消滅について善意無過失の第三者に対してその責任を負
う（民法112条1項）。

オは誤り。**同一の法律行為について同一の者が当事者双方の代理
人となることを双方代理という**（民法108条1項本文）。双方代理
は、事実上代理人が1人で契約を締結することとなり、当事者の利益
が不当に侵害されるおそれがあるため禁止されている。ただし、**当事
者双方が許諾している場合**は、このようなおそれがないため禁止さ
れない（民法108条1項但書）。

31

【第9問】・・・ XはYの代理人と称して、Y所有の建物をZに売却する旨の契約を締結したが、実はYはXに建物売却についての代理権を与えていなかった。この場合に関する次の①〜④の記述のうち、その内容が最も適切なものを1つだけ選びなさい。

①Yが、Xに当該建物の売買契約締結についての代理権を授与する旨の「委任状」を与えていた場合であっても、Yが本件売買契約の履行責任を負うことはない。

②Zが、Xに代理権がないことを知らなかった場合、Zはこの売買契約を取り消すことができる。

③Zが、Xに代理権がないことを知っていた場合でも、Yに対して相当の期間を定めてXの行為を追認するか否かを催告することができ、これに対してYから期間内に確答がなかった場合には追認したものとみなされる。

④Zが、Xに代理権がないことを知っていた場合、Xに対して契約内容の履行を請求することはできるが、損害賠償を請求することはできない。

第2章 企業取引の法務
CHAPTER TWO

第9問　　　　　　　　　　　　　　　　　　　　（公式テキストP.70〜P.73）

[正　解]　②

[解　説]

　①は適切でない。本人が第三者に対して他人に代理権を与えた旨を表示し、相手方である第三者が善意無過失である場合は、「代理権授与の表示による表見代理」が成立し、表示された代理権の範囲内で本人に履行責任が生ずる（民法109条1項）。そして、「委任状」は代理権を与えた旨の表示に当たる。

　②は最も適切である。無権代理行為の相手方は、その無権代理について善意であれば、行為を取り消すことができる（民法115条）。

　③は適切でない。無権代理行為の相手方には催告権が認められる（民法114条）。そして、催告権の行使は、相手方が無権代理であることを知っているか否かで影響を受けることはないが、催告期間内に本人の確答がない場合は追認を拒絶したものとみなされる（民法114条）。

　④は適切でない。相手方は、無権代理人に代理権がないことについて悪意であった場合には、無権代理人に責任を追及することができない（民法117条2項1号）。

【第10問】・・・ 次の文中の [ ] の部分に、後記の語群から最も適切な語句を選びなさい。

代理は、代理人と相手方との間でなされた意思表示の効果を直接本人に帰属させる制度である。

代理が成立するためには、本人が代理人に [ア] を与えていることが必要である。また、代理人は、相手方に本人のために行為をすることを示さなければならない。これを [イ] という。ただし、商行為の代理人の場合は、原則として [イ] がなくても代理が成立する。

[ア] のない者が行った法律行為の効果は、原則として本人に帰属しない。このように代理人と称して行為をした者に [ア] がない場合を [ウ] という。[ウ] の場合、本人が [ア] のない者の行為を [エ] すれば、行為の時に遡って本人に効果が帰属する。

なお、[ウ] のうち、相手方が代理人と称した者に当該代理行為についての [ア] がないにもかかわらずそれがあると信じ、かつ信じたことに正当な理由があるときは、これを信頼した相手方を保護する必要がある。そのため、民法は [オ] という制度を設けている。

[語群]

①意思表示	②実施権	③代理権	④間接代理
⑤表見代理	⑥追認	⑦通謀虚偽表示	⑧顕名
⑨取消し	⑩無権代理	⑪双方代理	⑫自己契約
⑬否認	⑭利益相反行為	⑮行為能力	

CHAPTER TWO
第2章 企業取引の法務

第10問　　　　　　　　　　　　　　　　　（公式テキストP.64〜P.73）

[正　解] ア③　　イ⑧　　ウ⑩　　エ⑥　　オ⑤
[解　説]

　　代理は、代理人と相手方との間でなされた意思表示の効果を直接本人に帰属させる制度である。

　　代理が成立するためには、本人が代理人に代理権を与えていることが必要である。したがって、アには③代理権が入る。

　　また、**代理人は、相手方に本人のために行為をすることを示さなければならない**（民法99条1項）。**これを顕名という**。したがって、イには⑧顕名が入る。ただし、**商行為の代理人の場合は、原則として顕名がなくても代理が成立する**（商法504条）。

　　代理権のない者が行った法律行為の効果は、原則として本人に帰属しない（民法113条1項）。このように代理人と称して行為をした者に代理権がない場合を**無権代理**という。無権代理の場合、**本人が代理権のない者の行為を追認すれば、行為の時に遡って本人に効果が帰属する**（民法114条）。したがって、ウには⑩無権代理が、エには⑥追認が、それぞれ入る。

　　なお、無権代理のうち、相手方が代理人と称した者に当該代理行為についての代理権がないにもかかわらずそれがあると信じ、かつ信じたことに正当な理由があるときは、これを信頼した相手方を保護する必要がある。そのため、民法は表見代理という制度を設けている。したがって、オには⑤表見代理が入る。

【第11問】・・・ 次の文中の [ ] の部分に、後記の語群から最も適切な語句を選びなさい。

　契約は、原則として [ア] と同時にその効力が発生する。ただし、当事者間の合意により [イ] や [ウ] を定め、契約の効力の発生・消滅または債務の履行を将来の事実にかからせることができる。

　このうち、[イ] は、例えば「代金の支払いは契約締結日の1か月後」というように、契約の効力の発生・消滅または債務の履行を将来発生することが確実な事実にかからせるものである。そして、[イ] が到来するまでは履行遅滞とならないなど、[イ] が到来していないことによって当事者が受ける利益を [エ] という。[エ] は、原則として [オ] が享受できる。

　これに対し、[ウ] は、契約の効力の発生または消滅を将来発生することが不確実な事実にかからせるものである。

［語群］
　①公共の利益　　②契約書作成　　③条件　　　　④債権者
　⑤期限の利益　　⑥代金支払い　　⑦債務者　　　⑧契約成立
　⑨第三者　　　　⑩目的物引渡し　⑪期限　　　　⑫履行
　⑬約款　　　　　⑭強制執行

第2章 CHAPTER TWO 企業取引の法務

第11問 （公式テキストP.75～P.77）

[正　解] ア⑧　　イ⑪　　ウ③　　エ⑤　　オ⑦

[解　説]

　　当事者間で契約が締結されると、その効力は原則として契約成立と同時に発生する。したがって、アには⑧契約成立が入る。

　　しかし、契約を締結する際に、当事者の合意により、契約に期限や条件を定め、契約の効力の発生・消滅または債務の履行を将来の事実にかからせることができる。

　　このうち、**期限は、例えば「代金の支払いは契約締結日の1か月後」というように、契約の効力の発生・消滅または債務の履行を将来発生することが確実な事実にかからせるもの**である。したがって、イには⑪期限が入る。期限が到来するまでは履行遅滞とならないなど、期限が到来していないことによって当事者が受ける利益を期限の利益という。**期限の利益は、原則として債務者が享受できる**（民法136条1項）。したがって、エには⑤期限の利益、オには⑦債務者がそれぞれ入る。

　　これに対し、**条件は、契約の効力の発生または消滅を将来発生することが不確実な事実にかからせるもの**である。したがって、ウには③条件が入る。

■関連知識

	意味	種類
期限	契約の効力・履行を将来の発生確実な事実にかからせる特約	・**確定期限**―将来発生する期日が確定している期限 ・**不確定期限**―将来発生することは確実だが、いつ発生するかは不確実な期限
条件	契約の効力・履行を将来の発生不確実な事実にかからせる特約	・**停止条件**―条件成就により効力が発生する条件 ・**解除条件**―条件成就により効力が消滅する条件

37

【第12問】・・・　次の①〜④の記述のうち、その内容が最も適切なものを1つ
だけ選びなさい。

①法律上、期限とは、「1か月後」というように将来発生する期日が確定している
ものをいい、「自分が死んだら」など、発生する期日が不確定なものは期限と
はいえない。

②一般的に会社が倒産するかどうかは発生が不確実な事実であるので、「A会社
が倒産したら」という場合は期限ではなく条件に当たる。

③一般的に「B社からの入金があれば支払う」というのは解除条件に当たる。

④一般的に「新製品が開発されれば本継続的給付契約は終了する」というのは
停止条件に当たる。

第2章 企業取引の法務

CHAPTER TWO

第12問　　　　　　　　　　　　　　　（公式テキストP.75〜P.77）

[正　解] ②

[解　説]

①は適切でない。期限には、「1か月後」というように、将来発生する期日が確定している確定期限のほかに、「自分が死んだら」などという、**将来発生することは確実だが、いつ発生するか不確実である「不確定期限」**もある。

②は最も適切である。**「条件」とは、将来発生するかどうか不確実なある事実によって、契約の効力の発生または消滅を規定すること**をいう。例えば「あなたが○○大学に合格すれば、車を買ってあげよう」といった場合、「○○大学に合格したとき」に初めて車の贈与契約の効力が発生する。

③は適切でない。条件には、**条件成就（実現）によって契約の効力が生じる「停止条件」**と、**条件成就によって契約の効力が失われる「解除条件」**がある（民法127条）。本肢は「B社からの入金」という条件の成就によって支払うという契約の効力が生じるので、停止条件である。

④は適切でない。③の解説で述べた通り、条件成就によって効力が失われるのは「解除条件」である。本肢は「新製品が開発されれば給付契約は終了する」ものであるので、解除条件に当たる。

【第13問】···　次の文中の [　] の部分に、後記の語群から最も適切な語句を選びなさい。

　債務不履行は、一般に、[ア]、[イ] および [ウ] に分けられる。

　[ア]は、一般に、債務者が債務を履行できるのに、履行期限までに債務を履行しないことである。

　次に、[イ]は、一般に、契約を締結した時点では履行が可能だった債務が履行することができなくなったことである。

　さらに、[ウ]は、例えば売買契約における売主が、履行期に契約の目的物を引き渡したが、その目的物に不完全な部分が存在する場合のように、一般に、債務は一応履行されたが、その履行が不完全であって債務の本旨に従った履行がなされていないことをいう。

　上記のような債務不履行の各類型に該当する状況があっても、債務を履行する側の債務者に以下のような事情が存在すれば、債務者は債務不履行による損害賠償責任を免れることができる。

　第一に、債務の履行をしないことが違法といえない事情が債務者に存在する場合が挙げられる。例えば、債務者が債権者に対して [エ] を有するときなどである。[エ]は、売買契約のような双務契約において、お互いの債務の履行期が同時の場合、当事者の一方は、相手方が債務の履行を提供するまで、自己の債務の履行を拒絶することができる権利である。

　第二に、債務の不履行が債務者の責めに帰することができない事由によるものである場合が挙げられる。帰責事由がないといえるかどうかは、契約その他の債務発生原因および取引上の [オ] に照らして判断される。債務者の責めに帰することができない事由の例として、大規模な天災地変などの不可抗力により履行できない場合などがある。

[語群]
　①公序良俗　②社会通念　③受領拒絶　④強制執行　⑤監督責任
　⑥解除　　　⑦履行遅滞　⑧不完全履行　⑨強行法規　⑩損害
　⑪検索の抗弁権　⑫履行不能　⑬同時履行の抗弁権　⑭危険負担
　⑮催告の抗弁権

第2章 企業取引の法務
CHAPTER TWO

第13問 　　　　　　　　　　　　　　　　　（公式テキストP.86〜P.90）

[正　解] ア⑦　　イ⑫　　ウ⑧　　エ⑬　　オ②

[解　説]

　　債務不履行は、一般に、履行遅滞、履行不能および不完全履行に分けられる。

　　一般に、債務者が債務を履行できるのに、履行期限までに債務を履行しないことを履行遅滞という。したがって、アには⑦履行遅滞が入る。

　　次に、履行不能とは、一般に、契約を締結した時点では履行が可能だった債務が履行することができなくなったことをいう。したがって、イには⑫履行不能が入る。

　　さらに、一般に、債務は一応履行されたが、その履行が不完全であって債務の本旨に従った履行がなされていないことを不完全履行という。したがって、ウには⑧不完全履行が入る。

　　上記のような債務不履行の各類型に該当する状況があっても、債務を履行する側の債務者に以下のような事情が存在すれば、債務者は債務不履行による損害賠償責任を免れることができる。

　　第一に、債務の履行をしないことが違法といえない事情が債務者に存在する場合が挙げられる。例えば、債務者が債権者に対して同時履行の抗弁権を有するときなどである。同時履行の抗弁権は、売買契約のような双務契約において、お互いの債務の履行期が同時の場合、当事者の一方は、相手方が債務の履行を提供するまで、自己の債務の履行を拒絶することができる権利である（民法533条）。したがって、[エ]には⑬同時履行の抗弁権が入る。

　　第二に、債務の不履行が債務者の責めに帰することができない事由によるものである場合が挙げられる。帰責事由がないといえるかどうかは、契約その他の債務発生原因および取引上の社会通念に照らして判断される（民法415条1項但書）。債務者の責めに帰することができない事由の例として、大規模な天災地変などの不可抗力により履行できない場合などがある。したがって、[オ]には②社会通念が入る。

41

【第14問】···　Aは、自動車販売業者Bから中古自動車Xを購入した。この場合に関する次の①～④の記述のうち、その内容が最も適切でないものを1つだけ選びなさい。

①BがAにXを引き渡したが、Aは約定の期日を過ぎてもその代金を支払わない。この場合、民法上、Bは、相当の期間を定めてAに代金支払いの催告をし、その期間内にAが代金を支払わないときは、本件売買契約を解除することができる。

②AとBとの間の売買契約では、BがAにXを引き渡すべき場所について定められていなかった。この場合、商法上、Bは、契約締結時にXが存在した場所でXをAに引き渡すこととなる。

③AとBとの間の売買契約では、Aは、BからAへのXの引渡しと引換えにXの代金をBに支払う約定となっている。この場合、Aは、代金の支払期日が到来しても、BがXの引渡義務の履行を提供するまでは、同時履行の抗弁権を主張して代金の支払いを拒むことができる。

④本件売買契約が成立した後、Bの従業員CがAに納車するためXを運転していたが、Cの不注意が原因で発生した事故によりXは損傷し廃車となった。この場合、Aに対する債務不履行責任を負うのは、BではなくCである。

第2章 CHAPTER TWO 企業取引の法務

第14問　　　　　（公式テキストP.79〜P.80、P.87、P.89、P.90、P.93）

[正　解]　④

[解　説]

①は適切である。Aが約定の期日を過ぎても代金を支払わない場合には、Aの履行遅滞となる（民法412条1項）。**履行遅滞の場合には、債権者は、原則として債務者に履行の催告をした上で解除をすることができる**（民法541条）。

②は適切である。商法上、商行為によって生じた債務の履行をすべき場所がその行為の性質または当事者の意思表示によって定まらないときは、**特定物の引渡しはその行為の時にその物が存在した場所において、その他の債務の履行は債権者の現在の営業所（営業所がない場合にあっては、その住所）**において、それぞれしなければならない（商法516条）。

③は適切である。売買契約のような双務契約の場合、**双方の債務の履行期が到来している場合には、相手方の債務の履行の提供が行われるまでは、自らの債務の履行についても拒むことができる。**これを同時履行の抗弁権という（民法533条）。

④は最も適切でない。**債務者は、債務者に代わって履行を行う者（履行補助者）の行為による債務不履行についても、それが債務者の責めに帰すことができない事由に当たらないときは責任を負う**（民法415条1項）。本肢において債務不履行責任を負うのは、債務の履行について従業員Cを使用している債務者Bである。

【第15問】・・・ 次の文中の [　] の部分に、後記の語群から最も適切な語句を選びなさい。

　不動産の賃貸借契約では、実務上、賃料のほかに[ア]、[イ]、[ウ]などの金銭が授受されることがある。これらの金銭については、必ずしも法律で明確に規定されているとは限らず、一般に取引上の慣行として行われており、これらの性質・効力については、[エ]等に従って解釈により決められる。

　[ア]は、いかなる名目によるかを問わず、賃料債務その他の賃貸借に基づいて生ずる賃借人の賃貸人に対する金銭の給付を目的とする債務を担保する目的で、賃借人が賃貸人に交付する金銭であり、[オ]に賃借人に返還される。[イ]は、賃貸借契約に際し賃借人から賃貸人に支払われる金銭であり、一般に権利設定の対価ともいうべきもので、賃借人に返還されない趣旨で授受される場合が大半である。[ウ]は、借地あるいは借家の明渡しに際して、賃貸人から賃借人に対して支払われる金銭であるが、常に支払われるわけではなく、賃貸人と賃借人との間で合意ができた場合にのみ支払われる性格のものである。

[語群]
　①慣習　　　　　　　②準拠法　　　　　③契約書作成時
　④委託料　　　　　　⑤手付金　　　　　⑥報酬
　⑦賃貸借契約締結時　⑧権利金　　　　　⑨更新料
　⑩立退料　　　　　　⑪敷金　　　　　　⑫更新時
　⑬明渡し時　　　　　⑭請負代金　　　　⑮任意法規

CHAPTER TWO
第2章 企業取引の法務

第15問 （公式テキストP.105～P.106）

[正 解] ア⑪　イ⑧　ウ⑩　エ①　オ⑬

[解 説]

　　　　不動産賃貸借契約では、賃料のほかに、敷金・権利金・立退料など
の一時金が授受されることがある。これらの金銭については、法律で明
確に規定されているわけではなく、一般に取引上の慣行として行われて
おり、これらの性質・効力については、慣習等に従って解釈により決めら
れる。

（不動産の賃貸借契約で授受される金銭）

敷金	いかなる名目によるかを問わず、賃料債務その他の賃貸借に基づいて生ずる賃借人の賃貸人に対する金銭の給付を目的とする債務を担保する目的で、賃借人が賃貸人に交付する金銭。 敷金は賃貸目的物の明渡し時等に賃借人に返還されるが、滞納賃料や原状回復費用の未払いがあれば敷金から差し引かれる（民法622条の2）。
権利金 （礼金）	賃貸借契約に際し、賃借人から賃貸人に支払われる金銭で、一般に権利設定の対価ともいうべきものであり、通常は賃借人に返還されない趣旨で授受される。
立退料	借地あるいは借家の明渡しに際して、賃貸人から賃借人に対して支払われる金銭。ただし、明渡しの際に常に支払われるとは限らず、賃貸人と賃借人との間で立退料を支払う旨の合意ができた場合にのみ支払われる。

■関連知識

立退料

借地契約や借家契約の期間満了にあたって、契約の更新については、賃借人を保護するため、賃貸人からの更新拒絶には、「正当事由」が必要となる。この正当事由を補完するものとして、立退料の提供がなされることがある。

【第16問】・・・　次の文中の [　] の部分に、後記の語群から最も適切な語句を選びなさい。

　不動産の賃借人が、自己の賃借権を第三者に対して主張するためには対抗要件が必要とされ、民法上、この対抗要件は [ア] とされている。
　しかし、特約のない限り賃貸人には [ア] に協力する義務はないので、実際上は、[ア] を備えるのは困難である。そこで、[イ] では、賃借人保護の観点から [ア] 以外の方法で対抗要件を備える方法が認められており、借地権については借地上の [ウ]、借家権については [エ] があれば、対抗要件が具備されたものと扱われている。なお、ここでいう借地権には、土地の賃借権だけでなく [オ] も含まれる。

　[語群]
　　①地役権　　　　　②賃借権の登記　　　③通知または承諾
　　④借地借家法　　　⑤明認方法　　　　　⑥地上権
　　⑦商法　　　　　　⑧建物の登記　　　　⑨建物の引渡し
　　⑩契約書の作成　　⑪建物の建築　　　　⑫賃料請求権
　　⑬民法　　　　　　⑭使用借権　　　　　⑮賃料の支払い

第2章 企業取引の法務
CHAPTER TWO

第16問 （公式テキストP.102〜P.105）

[正　解] ア②　　イ④　　ウ⑧　　エ⑨　　オ⑥

[解　説]

　　民法上、**不動産の賃借人が自己の賃借権を第三者に対して対抗するには、その賃借権を「登記」することが必要である**（民法605条）。しかしながら、土地・建物などの不動産賃貸借の場合、特約がない限り所有者には賃借権登記への協力義務はなく、賃借人が賃借権の登記をすることは実際上非常に難しい。そこで、**民法の特別法である借地借家法は、賃借人の保護を図るため、登記以外の方法で対抗要件を備える方法を認めている**。具体的には、**借地権についての対抗要件は借地上の建物の登記**（これは地主の協力がなくても登記が可能）である（借地借家法10条1項）。そして、**借家権についての対抗要件は建物の引渡しがあれば具備されたものと扱われている**（借地借家法31条）。また、**借地借家法上の「借地権」とは建物の所有を目的とする地上権または土地の賃借権をいう**（借地借家法2条1号）。

■キーワード

対抗要件……当事者間で効力の生じている法律関係や権利関係を当事者以外の第三者に主張するために必要な要件。	
不動産に関する物権変動	不動産登記
動産に関する物権変動	動産の引渡し
賃借権	賃借権の登記
借地権	借地上の建物の登記
建物の賃貸借における賃借権	建物の引渡し

【第17問】・・・ **Xが自己所有の居住用建物をYに賃貸した場合に関する次の①～④の記述のうち、その内容が最も適切なものを1つだけ選びなさい。**

①賃貸借期間の満了に伴い、XYの合意の上賃貸借契約が終了した場合において、Yが契約期間中に当該建物の通常の使用収益を妨げる物を設置していたときは、民法の規定によれば、Yはこれを収去した上で目的物を返還する義務を負う。

②Yが、当該建物の保存に通常必要な費用を支出していた場合、賃貸借契約終了時になってはじめて、その支出した費用の全額の償還をXに対して請求することができる。

③Yが、当該建物の価値を増加させるような費用を支出していた場合、Xは、直ちにYが支出した費用の全額を償還しなければならない。

④YがXの同意を得て当該建物に設置した造作については、賃貸借契約が終了したとしても、YはXに対して買い取りを請求することができない。

第2章 企業取引の法務
CHAPTER TWO

第17問　　　　　　　　　　　　　　　（公式テキストP.109～P.110）

[正　解]　①

[解　説]

①は最も適切である。賃借人は、賃貸借終了により賃貸目的物を賃貸人に返還する際、目的物の通常の使用収益を妨げるものを設置・付加していたときは、これを収去して**賃貸借開始時の原状に復した上で返還しなければならない**（民法621条・622条・599条1項）。

②は適切でない。賃借人が目的物の保存に通常必要な費用（**必要費**）を支出したときには、**直ちに、賃貸人に対して全額の償還を請求することができる**（民法608条1項）。なお、賃貸人は、賃借人に賃貸目的物を使用収益させる義務を負うため、賃借人が目的物を使用収益する上で支障がある場合には、賃貸人は目的物についての修繕義務を負うのが原則である（民法606条1項）。

③は適切でない。**有益費の償還請求を受けた賃貸人は、賃借人が実際に支出した金額または目的物の価格の現存の増価額のいずれかを選択して償還する**ことになる。また、有益費は**賃貸借の終了時に償還すればよい**（民法608条2項）。

④は適切でない。賃貸人の**同意を得て設置した造作**は、契約終了時に、**賃借人が賃貸人に対して時価で買取るよう請求することができる**（借地借家法33条）。

【第18問】・・・ Xは、自己所有の土地に自宅建物を建築することを目的として、建設業者であるY社との間で建築請負契約を締結した。この場合に関する次の①～④の記述のうち、その内容が最も適切なものを1つだけ選びなさい。

①民法上、Y社は、本件建築請負契約の成立後、いつでもXに報酬を請求することができる。

②民法上、XおよびY社は、いつでも本件建築請負契約を解除することができる。

③Y社は、善良な管理者の注意義務（善管注意義務）をもって本件建物の建築作業を遂行すれば足り、本件建物を完成させる義務を負わない。

④建設業法上、Y社は、原則として本件建物の建築工事を一括して他の建設業者に請け負わせることができない。

第2章 企業取引の法務

CHAPTER TWO

第18問　　　　　　　　　　　　　　　（公式テキストP.113〜P.115）

[正　解] ④

[解　説]

①は適切でない。建築請負契約における報酬は、仕事の完成の対価で
あるから、**仕事の目的物の引渡しと同時**でなければ報酬を請求する
ことができない（民法633条）。

②は適切でない。**注文者であるXは、Y社が仕事を完成しない間は
いつでもY社に損害を賠償して請負契約を解除することができる**
（民法641条）が、Y社から自由に請負契約を解除することはできない。

③は適切でない。Y社は、建物を建築することを目的とする建築請負契
約における請負人であるから、本件**建物を完成させてXに引き渡す
義務を負い**（民法632条）、善管注意義務をもって建築作業を遂行す
れば足りるわけではない。

④は最も適切である。手抜き工事や労働条件の悪化の防止等の見地
から、**建設業法により、一括下請けは原則として禁止されている**
（建設業法22条）。

【第19問】・・・ Xは、Yに対して自宅の新築工事を注文した。この場合に関する次の①〜④の記述のうち、その内容が最も適切でないものを1つだけ選びなさい。

①XY間で契約内容を書面にしていなかったとしても、XY間の請負契約は有効に成立する。

②YがXより請け負った仕事を一括して他人に請け負わせることは、原則として禁止されている。

③Xは、建物が完成する前であれば、Yの損害を賠償して請負契約を解除することができる。

④Yは、その過失により、適切な時期に建物の建築工事に着手しなかったために約定の期日に建物を完成させてXに引き渡すことができなかった。この場合、Xは、Yに対し相当の期間を定めてその履行の催告をしなくても、請負契約を解除することができる。

第**2**章 CHAPTER TWO
企業取引の法務

第19問 　　　　　　　　　　　　　　（公式テキストP.113～P.115）

[正　解] ④

[解　説]

①は適切である。請負契約は、諾成契約である（民法632条）。よって、**請負契約が成立するためには契約書の作成を必要としない**。ただし、建設工事については、後日の紛争を防止するため、請負代金の額や工事の着手・完成の時期などを書面で明らかにしなければならない（建設業法19条）。

②は適切である。建設業法では、**原則として自分が請け負った仕事を一括して他人に請け負わせる一括下請負は禁止されている**（建設業法22条）。

③は適切である。請負契約の場合、**注文者は請負人が仕事を完成させる前であればいつでも損害を賠償して契約を解除することができる**（民法641条）。

④は最も適切でない。請負契約において、請負人が約定の期日までに仕事を完成できなかった場合に、**注文者が、請負人の債務不履行を理由として請負契約を解除するには、相当の期間を定めてその履行を催告し、その期間内に履行がないことが必要である**（民法541条）。

53

【第20問】・・・ X社とY社との間の契約に関する次の①〜④の記述のうち、その内容が最も適切でないものを1つだけ選びなさい。

①X社は、倉庫業者であるY社に対し、自社の商品をY社の倉庫に保管させる旨の契約を締結しその商品を引き渡した。この場合、Y社は、善良な管理者の注意をもってX社から預かった商品を保管する義務を負う。

②X社は、建設会社であるY社に対し、X社所有のビルの補修を依頼することとした。この場合、X社とY社との間の請負契約は、契約書を作成しなければ有効に成立しない。

③X社は、印刷会社であるY社に対し、自社製品のパンフレットの印刷を依頼し、Y社はこれを承諾した。この場合、Y社が当該パンフレットの印刷を完成する前であれば、X社は、民法上、Y社に損害を賠償して本件契約を解除することができる。

④X社は、業務受託会社であるY社との間で、X社の業務の一部をY社に委託する契約を締結した。この場合、X社は、いつでもその契約を解除することができるが、Y社に不利な時期に委任契約を解除したときは、やむを得ない事由があったときを除き、Y社の損害を賠償しなければならない。

CHAPTER TWO
第2章 企業取引の法務

第20問 （公式テキストP.113〜P.117）

[正　解] ②

[解　説]

①は適切である。本肢の契約は、X社を寄託者、Y社を受寄者とする寄託契約である。**寄託契約においては、受寄者が商人である場合には、当該寄託契約の有償・無償にかかわらず、善管注意義務をもって商品を保管することが求められている**（商法595条）。

②は最も適切でない。請負契約が成立するためには、契約書の作成は必要でなく、当事者間での意思表示の合致があれば足りる。

③は適切である。本肢のX社とY社との間の契約は、X社を注文者、Y社を請負人とする請負契約であるが、**請負契約においては、請負人が仕事を完成する前であれば、注文者は、いつでも損害を賠償して契約を解除することができるとされている**（民法641条）。

④は適切である。（準）委任契約においては、各当事者はいつでも契約を解除することができるが（民法651条1項）、**相手方に不利な時期に委任契約を解除した場合には、解除をした当事者は、やむを得ない事由があったときを除き、相手方の損害を賠償しなければならない**（民法651条2項）。

【第21問】・・・ 次の事項のうち、その内容が正しいものには○を、誤っているものには×を解答しなさい。

ア. 委任契約における受任者は、委任の本旨に従い、善良な管理者の注意をもって、委任事務を処理する義務を負う。

イ. 民法上、消費貸借契約は、書面でするか否かにかかわらず、当事者の一方が種類、品質および数量の同じ物をもって返還することを約束して相手方から金銭その他の物を受け取ることによって、その効力を生じる要物契約とされる。

ウ. 金銭消費貸借契約において、利息制限法の定める上限を超える約定利率を定めると、当該金銭消費貸借契約自体が無効となる。

エ. 商人Aは、その営業の範囲内で、商人Bとの間で委任契約を締結し、Bから委託された事務の処理を行った。この場合、Aは、Bとの間に報酬を受け取ることができる旨の特約がなければ、Bに報酬を請求することができない。

オ. 受寄者が商人である寄託契約においては、受寄者は、寄託者から報酬を受ける場合に限り、受寄物の保管に関し善管注意義務を負う。

第2章 企業取引の法務

CHAPTER TWO

第21問　　　　　　　　（公式テキストP.99〜P.101、P.115〜P.117）

[正　解] ア○　　イ×　　ウ×　　エ×　　オ×

[解　説]

アは正しい。民法上、委任契約の受任者は、**有償、無償にかかわりなく善管注意義務を負う**とされている（民法644条）。

イは誤り。書面によらない消費貸借契約は、目的物の返還合意に加えて、目的物の交付も必要とされる要物契約であるが（民法587条）、書面（または電磁的記録）でする消費貸借は、目的物の交付がなくても、当事者間の合意のみで有効に成立する諾成契約である（民法587条の2）。書面でする消費貸借では、借主は実際に金銭等を受け取るまでは、①契約を解除でき（同条2項）、②当事者の一方が破産手続開始決定を受けたときは効力を失う（同条3項）。

ウは誤り。**利息制限法では、約定利率について一定の上限を設けており、上限を超えた部分の利息の約定は無効となる**（利息制限法1条1項）。本肢のように、当該金銭消費貸借契約自体が無効となるわけではない。

エは誤り。民法上の委任契約は無償が原則であり、当事者間に報酬の定めがなければ受任者は委任者に対して報酬を請求することはできない（民法648条）が、**商人が、その営業の範囲内で委任契約を締結するときは、報酬の約定がなくても受任者は委任者に対して報酬を請求することができる**（商法512条）。

オは誤り。商人が物品等の寄託を受ける場合は、民法上の寄託契約と異なりそれが有償であるか無償であるかを問わず、その保管に関し、善管注意義務を負う（商法595条）。

【第22問】・・・ 契約書に関する次の記述のうち、その内容が正しいものには○を、誤っているものには×を解答しなさい。

ア. 契約は、当事者間で契約書を作成し、これに両当事者が署名または記名押印しなければ成立しない。

イ. 覚書や念書では、契約内容を直接的に定めることはできないので、契約書とは異なりその内容に拘束されることはない。

ウ. 契約書の中には、印紙税法に基づき印紙を貼付しなければならない契約書もあるが、契約書に印紙が貼付されていなくてもその契約自体は有効である。

エ. 債務の弁済をする者は、弁済を受領する者に対し、弁済と引換えに受取証書の交付を請求することができる。

オ. 契約当事者の一方ないし双方が個人の場合には、個人を特定するために署名欄に住所のほか、肩書として勤め先の会社名および役職を記載しておくことが法律上必要とされる。

CHAPTER TWO
第2章 企業取引の法務

第22問　　　　　（公式テキストP.125～P.126、P.131～P.133、P.138）

[正　解]　ア×　　イ×　　ウ○　　エ○　　オ×

[解　説]

ア**は誤り。契約が成立するためには、必ずしも契約書を作成する必要はない**（方式の自由、民法522条2項）。ただし、契約書を作成することにより、契約を締結した事実およびその内容が明確になり、後日紛争が生じた場合に証拠となるなどの理由から、契約書を作成することが望ましい。

イ**は誤り。たとえ覚書や念書といった標題になっていても、その内容が当事者間の合意（契約）について定めているのであれば、それは契約書であり当事者はその内容に拘束される。**

ウは正しい。印紙を貼付していない場合、印紙税法には違反するが、**契約の効力に影響はない。**

エ**は正しい。受取証書とは、債権者が債務の弁済を受けたことを証明するために、債務者に対して交付する証書**をいう。債務者は、債務の弁済にあたり、債権者に対し、弁済と引換えに受取証書の交付を請求することができる（民法486条）。

オ**は誤り。契約当事者が個人の場合に肩書きを書くと、契約当事者が個人なのかその肩書に書かれた会社なのかがかえって明確でなくなる**ため、そのような記載はすべきではない。

【第23問】···　次の文中の [　] の部分に、後記の語群から最も適切な語句を選びなさい。

　不法行為責任を問うためには、その行為を行った者に [ア] が必要である。[ア] とは、自分の行った行為がどのような結果をもたらすかを予測でき、かつそれを回避するのに必要な行動ができる精神能力のことである。[ア] を欠く者の行為には不法行為責任は成立しないが、親権者等の [イ] に対して、損害賠償責任を追及する余地はある。

　一方、不法行為に際して被害者にも落ち度があり、それが損害発生の一因となった場合、被害者の落ち度に相当する額を差し引くことが、損害の公平な分担の見地から妥当である。これを [ウ] という。[ウ] をする前提として被害者には [エ] が必要とされるが、[エ] は [ア] と異なり、物事の善し悪しが判断できる程度の能力があれば足りる。また、被害者が不法行為によって損害を受ける一方で何らかの利益を受けた場合に、その利益額を損害額から差し引いて損害額を決定する [オ] によって損害賠償額が調整されることもある。

[語群]
　①行為能力　　②事理弁識能力　③責任能力　　④意思能力
　⑤過失相殺　　⑥損益相殺　　　⑦配偶者　　　⑧債務不履行
　⑨監督義務者　⑩代理権　　　　⑪故意・過失　⑫情状酌量
　⑬保佐人　　　⑭権利能力　　　⑮免責

第2章 CHAPTER TWO 企業取引の法務

第23問　　　　　　　　　（公式テキストP.145〜P.148、P.151〜P.152）

［正　解］ア③　イ⑨　ウ⑤　エ②　オ⑥

［解　説］

　　不法行為責任を問うためには、その行為を行った者に責任能力が必要である。**責任能力とは、自分の行った行為がどのような結果をもたらすかを予測でき、かつそれを回避するのに必要な行動ができる精神能力のこと**である。したがって、アには③責任能力が入る。責任能力を欠く者の行為には不法行為責任は成立しないが（民法712条・713条）、**親権者等の監督義務者に対しては、損害賠償責任を追及する余地はある**（民法714条）。したがって、イには⑨監督義務者が入る。

　　一方、不法行為に際して被害者にも落ち度があり、それが損害発生の一因となった場合、**被害者の落ち度に相当する額を差し引くことが、損害の公平な分担の見地から妥当である。これを過失相殺という**（民法722条2項）。したがって、ウには⑤過失相殺が入る。過失相殺をする前提として被害者には事理弁識能力が必要とされるが、**事理弁識能力は責任能力と異なり、物事の善し悪しが判断できる程度の能力があれば足りる。**したがって、エには②事理弁識能力が入る。また、**被害者が不法行為によって損害を受ける一方で何らかの利益を受けた場合に、その利益額を損害額から差し引いて損害額を決定する損益相殺によって損害額が調整されることもある。**したがって、オには⑥損益相殺が入る。

61

【第24問】・・・ Xの運転するX所有の自家用車が、通勤途中のYに突っ込んで来たため、Yは、やむを得ず近くにあったZの家に逃げ込んだ。このとき、YはXの車に接触して怪我をしたほか、Zの家の門を壊してしまった。この場合に関する次の①～④の記述のうち、その内容が最も適切なものを1つだけ選びなさい。

①Yは、Xの過失を証明しない限り、自動車損害賠償保障法に基づいてXに損害賠償請求をすることは不可能である。

②Yが、Xに対して不法行為に基づく損害賠償請求をした場合、Xは、Yに過失があっても過失相殺を主張することは不可能である。

③Yが損害賠償を請求することができるのは、実際に怪我の治療にかかった費用に限られ、その他収入として見込まれたものが得られなかった場合などの得べかりし利益の賠償は一切請求できない。

④YがZの家の門を壊したことはやむを得ない行為であり、一般的にはYのZに対する不法行為は成立しないといい得る。

第2章 企業取引の法務

CHAPTER TWO

第24問 （公式テキストP.145、P.147、P.151〜P.152、P.155〜P.156）

[正　解] ④

[解　説]

①は適切でない。被害者は、自動車損害賠償保障法（自賠法）に基づき、加害者に対して責任追及をするにあたり、**自動車の運行によって損害を被ったという事実のみ**を証明すればよい。

②は適切でない。**過失相殺は、不法行為に際して、被害者にも過失があって損害の発生や拡大の一因になった場合に、損害額から被害者の過失割合に相当する額を差し引いて賠償額を決定する方法**であり、本問の場合にも適用される（民法722条2項）。

③は適切でない。損害賠償を請求することができるのは、実際に怪我の治療にかかった費用である積極的損害に限られず、**その他収入として見込まれたものが得られなかった場合などの得べかりし利益（消極的損害）も請求することができる。**

④は最も適切である。本問の場合、**正当防衛が成立する**と考えられるため（民法720条1項）、不法行為は成立しないといい得る。

■関連知識

本問におけるXのように、自動車の保有者は、自賠法上、運行供用者としての責任を負い、次の**免責三要件**を証明しなければ、損害賠償責任を免れない。

① 自己および運転者が自動車の運行に関し注意を怠らなかったこと

② 被害者または運転者以外の第三者に故意または過失があったこと

③ 自動車の構造上の欠陥または機能上の障害がなかったこと

【第25問】・・・ 小売店Aは、BにX社製造の商品を販売した。Bがその商品を説明書の記載に従って使用したところ、商品が突然破裂した。この場合に関する次の①〜④の記述のうち、その内容が最も適切でないものを1つだけ選びなさい。

①Bの被った損害が商品の破損のみの場合であっても、BはX社に対して製造物責任法上の責任を追及することができる。

②商品の破裂により、Bがその破片で負傷した場合、BはX社に対して製造物責任法上の責任を追及することができる。その際Bは、X社に故意または過失があることを証明する必要はない。

③商品が破裂した原因がAの保管上の過失にある場合、BはAに対して債務不履行責任を追及することができる。

④商品の破裂により、Bがその破片で負傷した。この場合、BはAに製造物責任を追及することは原則としてできない。

第2章 企業取引の法務

CHAPTER TWO

第25問 （公式テキストP.154〜P.155）

[正　解] ①

[解　説]

①は最も適切でない。**損害が欠陥のある製造物のみにとどまり、拡大損害が生じていない場合**は、製造物責任法の適用の対象外とされている（製造物責任法3条）。

②は適切である。製造物責任法上の責任を追及する場合、**被害者は加害者の故意、過失を立証する必要はなく**、これが製造物責任法の1つの大きな特徴とされている。

③は適切である。AB間には商品の売買契約が成立しているので、**Aが債務者としての義務を履行していないことに起因してBが損害を被った場合**には、Bは、Aに対して債務不履行に基づく損害賠償請求をすることができる（民法415条）。

④は適切である。Aは、小売店として商品を販売したにすぎず、**原則として製造物責任法上の製造物責任を負う主体ではない。**

■関連知識

製造物	製造物責任法上の製造物とは、製造または加工された動産をいう（製造物責任法2条1項）。未加工の農林水産物、不動産、サービスは、いずれも製造物には当たらない。
製造業者等	製造物責任法上、製造物責任を負う者の範囲には、製造・加工業者だけでなく、輸入業者も含まれるが、流通業者（問屋）や販売業者（消費者に直接販売した小売店等）は原則として含まれない。

【第26問】・・・ 不法行為による損害賠償責任と債務不履行による損害賠償責任との関係に関する次の①〜④の記述のうち、その内容が最も適切でないものを1つだけ選びなさい。

①不法行為に基づく損害賠償請求権は一定期間行使しなければ時効により消滅するが、債務不履行に基づく損害賠償請求権は時効により消滅することはない。

②不法行為による損害賠償も債務不履行による損害賠償も、ともに金銭賠償が原則である。

③債務不履行責任は、あらかじめ契約などの債権債務関係が存在する者の間で発生するのに対して、不法行為責任は債権債務関係の有無を問わず発生する。

④加害者（債務者）の行為が債務不履行と不法行為の両方の要件を充たす場合、加害者（債務者）には債務不履行責任と不法行為責任の両方の責任が成立する。

CHAPTER TWO
第2章 企業取引の法務

第26問　　　　　　　　（公式テキストP.144、P.148、P.157〜P.159）

[正　解]　①

[解　説]

①は最も適切でない。民法上、**債務不履行に基づく損害賠償請求権も、不法行為に基づく損害賠償請求権も、ともに一定期間行使しなければ時効により消滅する**（民法166条1項・724条）。

②は適切である。わが国においては、**損害賠償は金銭によるのが原則とされており、この点は債務不履行の場合と不法行為の場合とで異ならない**（民法417条・722条1項）。なお、不法行為の場合、名誉毀損については、例外的に原状回復が命じられることがある（民法723条）。

③は適切である。債務不履行責任は、例えば売買契約における売主と買主のように、契約などの債権債務関係がある者の間で発生する。これに対し、**不法行為責任は、債権債務関係がある場合**だけでなく、例えば自動車の運転者と歩行者のように、**当事者間に契約などの債権債務関係がない場合にも発生する。**

④は適切である。債務不履行と不法行為は、それぞれの責任が認められる要件が異なる別個の制度であり、それぞれが独立して成立する関係にある。したがって、1つの行為が両方の要件に該当する場合、債務不履行責任と不法行為責任の両方が成立する。

67

債権の管理と回収

第3章

【第1問】・・・ 次の文中の [ ] の部分に、後記の語群から最も適切な語句を選びなさい。

　契約などにより成立した債権は種々の事由により消滅する。

　債権の消滅事由のうち、債務がその本旨に従って履行されたことにより消滅するものを [ア] といい、また本来の給付に代えて別の物を給付し債権を消滅させるものを [イ]、さらに新しい債務を成立させることにより、従前の債務を消滅させるものを [ウ] という。

　これらのほかにも、債務者が債権者を相続するなど、債権と債務が同一人に帰属することにより消滅する [エ] や、債権者が債務者に対して有している債権を放棄し、その債権を消滅させる [オ] がある。

　[語群]
　①混同　　②代物弁済　　③自働債権　　④履行不能　　⑤取消し
　⑥無効　　⑦弁済　　　　⑧免除　　　　⑨相殺　　　　⑩受働債権
　⑪供託　　⑫更改　　　　⑬契約解除

第3章 債権の管理と回収

CHAPTER THREE

第1問 （公式テキストP.173〜P.177）

[正　解] ア⑦　イ②　ウ⑫　エ①　オ⑧

[解　説]

契約などにより成立した債権は種々の事由により消滅する。

内容実現によって消滅する場合	弁済	債務者が債務の内容である給付を実現して、債務を消滅させること。債務の本旨に従った給付がなされる必要がある。
	代物弁済	債務者が債権者との間で、本来の給付に代えて他の給付をすることで債権を消滅させる旨の契約をし、これに基づき当該他の給付をすること。
	供託	債務者が債権者のために、弁済の目的物を供託所に寄託することにより、債務を免れる制度。 （民法上の供託原因） ・弁済の提供をした場合において、債権者が弁済の受領を拒んだとき ・債権者が弁済を受領することができないとき ・弁済者が過失なくして債権者を確知することができないとき
内容実現が不要となったことによって消滅する場合	相殺	互いに相手方に対して同種類の債権を有する場合に、その債務を対当額で消滅させること。
	更改	債務の要素を変更すること（債権者・債務者の交替や債務の内容の重要な変更）で、新債務を成立させ、旧債務を消滅させる契約。
	免除	債権を無償で消滅させる、債権者の一方的な意思表示。
	混同	債権と債務が同一人に帰属すること。 例えば、親一人子一人の関係で親から借金をしていた子が親を相続した場合、子に対して親が有していた貸金債権は原則として消滅する。

【第2問】・・・ 債権の消滅に関する次の①〜④の記述のうち、その内容が最も適切でないものを1つだけ選びなさい。

①Xは、Yから50万円を借り入れたが、返済時に、Yから「50万円のうち、10万円は支払わなくてよい」との意思表示を受けた。この場合、XのYに対する借入金債務は10万円の限度で消滅し、XはYに残額の40万円を支払えばよい。

②X社は、Y社との間で商品甲を50万円で購入する契約を締結した。X社は、Y社に代金を支払うにあたり、約定の期日を過ぎても返済されていないY社への貸付金30万円を差し引いて、残額の20万円を支払うこととした。このようなX社の行為は無効であり、X社はY社に代金50万円の全額を支払わなければならない。

③Xは、Yとの間でY所有の自動車を購入する契約を締結し自動車の引渡しを受けた。Xは、契約の定めに従ってYの自宅に売買代金を持参したが、Yは正当な理由なくその受領を拒絶したため、Xは売買代金相当額を供託所に供託した。この場合、XのYに対する売買代金債務は消滅する。

④Xは、父親Yから50万円を借りていたが、Yが死亡し、Yの唯一の相続人であるXがYのすべての債権債務を承継した。この場合、XのYに対する借入金債務は、原則として混同により消滅する。

第**3**章 CHAPTER THREE
債権の管理と回収

第2問 　　　　　　　　　　　　（公式テキストP.173～P.177）

［正　解］②

［解　説］

　①は適切である。本肢のYの意思表示は、50万円の債務のうち、10万
　円の部分について免除する旨の意思表示である（民法519条）。**免
　除は債権者の債務者に対する一方的意思表示によって成立する**
　ので、本肢の場合、XはYに対し、残額の40万円のみ支払えばよい。

　②は最も適切でない。X社がY社に対して有する30万円の貸付金債権
　と、X社がY社に対して負う50万円の売買代金債務とは、**互いに金
　銭債権という同種の債権であるから、相殺をすることが可能であ
　る**（民法505条）。本肢の場合、Xは、相殺後の残金20万円のみをY
　に対して支払えばよい。

　③は適切である。**供託とは、弁済者が弁済の目的物を債権者のため
　に供託所に供託して債務を免れる制度である**（民法494条）。本肢
　の場合、Xが弁済の提供をしているにもかかわらず、Yは、正当な理
　由なく売買代金の受領を拒絶しているので、供託原因が認められ、有
　効な供託となっているため、この供託により、XはYに対する売買代金
　債務を免れる。

　④は適切である。混同とは、債権と債務が同一人に帰属することであ
　り（民法520条）、**混同が生じた場合には債権債務が消滅する**。本
　肢の場合、XがYを相続することにより、YがXに対して有する貸付金
　債権につき混同が生じ、XのYに対する借入金債務は消滅する。

【第3問】・・・ 　相殺に関する次の①〜④の記述のうち、その内容が最も適切でないものを1つだけ選びなさい。

①AがBに対して100万円の売買代金債権を有し、BがAに対して80万円の賃料債権を有している場合には、両債権を対当額で相殺することができる。

②Aが札幌に本店がある株式会社であり、Bが東京に本店がある株式会社である場合でも、それぞれが相手方に対して有している金銭債権を相殺することができる。

③AがBに対して2000万円の金銭債権を有し、BがAに対して建物の引渡債権を有している場合には、両債権を相殺することができる。

④BはAに対して弁済期が到来している金銭債権を有するとともに、弁済期が未到来の金銭債務を負っている。この場合Bは、自らの債務の期限の利益を放棄することにより、Aに対して相殺の意思表示をすることができる。

第3問 （公式テキストP.174〜P.175）

[正　解] ③

[解　説]

　相殺とは、互いに相手方に対して同種の債権を有する者が、その債務を対当額で消滅させることをいう（民法505条）。相殺の意思表示をする側が有する債権を自働債権といい、相殺される側が有する債権を受働債権という。

①は適切である。相殺を行うためには、**双方の債権が同種の債権で**なければならない。ここでいう同種とは、債権の対象が同種であればよく、発生原因まで同種である必要はないので、本肢の場合には相殺可能である。

②は適切である。本店所在地の違いは、相殺の可否に影響を与える事項ではない。

③は最も適切でない。**一方の債権が金銭債権、他方の債権が建物の引渡請求権である場合には、同種の債権とはいえないので**、相殺することはできない。

④は適切である。民法上、相殺を行うためには、双方の債権につき弁済期が到来していることが必要とされているが、債務者は**期限の利益を放棄**（民法136条2項）して弁済することが可能なので、**自働債権の弁済期が到来していれば相殺をすることができる**。

【第4問】・・・ 時効制度に関する次の①～④の記述のうち、その内容が最も適切でないものを1つだけ選びなさい。

①時効の進行や完成を妨げる事由には、時効をそのまま完成させるのが妥当でない一定の事由がある場合に、一定期間は時効を完成させないという「時効の完成猶予」と、完成猶予の事由のうち一定のものについて、その事由が終了した時から新たな時効を開始させる「時効の更新」とがある。

②債権は、原則として、債権者が権利を行使することができることを知った時から5年間行使しないとき、または権利を行使することができる時から10年間行使しないときは、時効によって消滅するが、人の生命または身体の侵害による損害賠償請求権については、10年間という時効期間が20年間に延長される。

③債権または所有権以外の財産権は、時効によって消滅することはない。

④不法行為に基づく損害賠償請求権の消滅時効については、被害者またはその法定代理人が損害および加害者を知った時から3年間または不法行為の時から20年間で時効によって消滅するが、人の生命または身体の侵害による損害賠償請求権の時効期間については、このうち3年間という時効期間が5年間に延長される。

第3章 CHAPTER THREE 債権の管理と回収

第4問　　　　　　　　　　　　　　　　　　　　　（公式テキストP.177〜P.179）

［正　解］③

［解　説］

①は適切である。時効の進行や完成を妨げる事由には、本肢に記載の通り、**時効の完成猶予と時効の更新**とがある（民法147条〜161条）。

②は適切である。契約に基づく一般的な債権については、**権利行使可能な時から10年間**の時効期間としつつ（民法166条1項2号）、債権者は債権の発生時にその原因、債務者および履行期等を認識しているのが通常であるから、**権利行使が可能となった時から5年間**という短期の時効期間を導入し（民法166条1項1号）、時効期間の長期化を回避しようとする趣旨である。また、人の生命または身体の侵害による損害賠償請求権の時効期間については、被害者保護の観点から、時効期間が20年間に延長される（民法167条）。

③は最も適切でない。**債権または所有権以外の財産権は、権利を行使することができる時から20年間行使しないときは、時効によって消滅する**（民法166条2項）。

④は適切である。**不法行為に基づく損害賠償請求権の消滅時効**については、**被害者またはその法定代理人が損害および加害者を知った時から3年間または不法行為の時から20年間**で時効によって消滅するが（民法724条）、**人の生命または身体の侵害による損害賠償請求権の時効期間**については、債務不履行に基づく場合と不法行為に基づく場合で時効期間を統一するため、3年間という時効期間が**5年間に延長**される（民法724条の2）。

【第5問】・・・ 次の文中の [　] の部分に、後記の語群から最も適切な語句を選びなさい。

　手形・小切手は、一定額の金銭の支払いを目的とする債権を表示する証券であり、権利の発生・移転・行使のすべての段階で権利と証券とが緊密に結びついている。

　例えば、商品を仕入れ、その代金の支払いのために約束手形が振り出されたとしよう。この場合、手形の振出人が手形に一定の金額を記載して振り出せば、当該手形に表示された内容の債権が発生する。これを手形の [ア] という。そして、手形の権利・義務の内容は、証券の記載事項に基づいて決定され、その記載事項は法律によって定められている。前者を手形の [イ]、後者を [ウ] という。

　また、手形振出の原因となった商品の仕入契約が解除された場合でも、手形関係は影響を受けない。これを手形の [エ] という。

　このように、債権などの財産権を表す証券で、権利の移転に証券の交付を、そして権利の行使に原則として証券の所持を必要とするものを [オ] という。

[語群]
①要式証券性　　　②法定証券性　　　③設権証券性
④指名債権　　　　⑤裏書譲渡　　　　⑥金券
⑦為替手形　　　　⑧無因証券性　　　⑨文言証券性
⑩有因証券性　　　⑪権利移転的効力　⑫担保的効力
⑬資格授与的効力　⑭有益的記載事項　⑮有価証券

78

第**3**章 CHAPTER THREE
債権の管理と回収

第5問 　　　　　　　　　　　　（公式テキストP.189〜P.190）

[正　解] ア③　　イ⑨　　ウ①　　エ⑧　　オ⑮
[解　説]

　手形・小切手は作成によって「権利が発生」し、第三者への譲渡によって「権利が移転」し、手形・小切手上の債務者に手形・小切手を呈示することが「権利の行使」と認められる。手形や小切手が経済的機能を十分に発揮し、経済取引の決済手段に利用されるのは、手形法・小切手法の厳格な定めにより、その取引の安全が担保されているからである。これは、手形・小切手の次のような法的性質として現れる。

　「設権証券性」とは、手形や小切手に一定の金額を記載して振り出せば、証券に表示された内容の債権が発生するという性質である。したがって、アには③設権証券性が入る。手形・小切手の振出原因となる取引（原因関係）が詐欺により取り消されたり、債務不履行によって契約が解除された場合に、手形・小切手が影響を受け、無効となるようなことになると、転々流通を前提とする手形取引の安全を著しく害する。そこで、**手形・小切手は振り出されると、振出の原因となった取引とは切り離された独立・別個の債権となり、原因関係の存否、有効無効の影響を受けない。**これを「無因証券性」という。したがって、エには⑧無因証券性が入る。このように手形・小切手は、設権証券であり、かつ、無因証券であるため、**その権利・義務の内容や範囲は、証券の記載自体によって決定されることになる。**これを「文言証券性」という。したがって、イには⑨文言証券性が入る。また、**その記載事項は法律によって定められている。**このような性質を「要式証券性」という。したがって、ウには①要式証券性が入る。このように、**債権等の財産権を表す証券で、権利の移転に証券の交付を、そして、権利の行使に原則として証券の所持を必要とするものを有価証券**という。したがって、オには⑮有価証券が入る。

【第6問】···　次の文中の [　] の部分に、後記の語群から最も適切な語句を選びなさい。

　小切手は、振出人が支払人（名宛人）に対して、一定期日に一定金額を支払うよう委託した証券である。小切手は、この点で [ア] と同様であるが、[ア] が主として信用・送金の手段として用いられるのに対し、小切手は、現金取引の代替手段として用いられる点が異なる。

　小切手は、迅速に処理することが予定されており、常に一覧払とされる。したがって、[イ] の記載は無意味である。

　小切手には、表面に2本の平行線が引かれたものがあり、これには [ウ] と [エ] がある。[ウ] とは、小切手用紙の表面に2本の平行線が引かれているもの、あるいはその間に「銀行」またはそれと同じ意味の文字が書かれているものをいい、この場合、支払銀行は、「他の銀行」または「支払銀行の取引先」に対してのみ支払うことができる。これに対して [エ] とは、2本の平行線の間に特定の銀行名が書かれているものであり、この場合、支払銀行は「線内に記載された銀行」に対してのみ支払うことができる。

　また、銀行が自分自身を支払人として振り出す小切手のことを [オ] という。信用力の高い [オ] は、現金同様と考えてよい。

　[語群]
　　①先日付小切手　　　②支払地　　　　　③為替手形
　　④預金小切手（預手）　⑤特定線引　　　　⑥振出日
　　⑦約束手形　　　　　⑧支払期日　　　　⑨一般線引
　　⑩白地手形　　　　　⑪支配人の名称　　⑫無記名証券
　　⑬除権決定　　　　　⑭裏書　　　　　　⑮不渡り

第3章 債権の管理と回収
CHAPTER THREE

第6問　　　　　　　　　　　　　　　　　　（公式テキストP.198〜P.201）

[正　解]　ア③　　イ⑧　　ウ⑨　　エ⑤　　オ④

[解　説]

　　小切手は、振出人が支払人（名宛人）に対して、一定期日に一定金額を支払うよう委託した証券である。小切手は、この点で為替手形と同様であるが、為替手形が主として**信用・送金の手段**として用いられるのに対し、小切手は、**現金取引の代替手段**として用いられる点が異なる。したがって、アには③**為替手形**が入る。

　　小切手は、迅速に処理することが予定されており、常に一覧払いとされるため（小切手法28条1項）、**支払期日の記載は無意味**である。したがって、イには⑧**支払期日**が入る。

　　小切手には、表面に2本の平行線が引かれたものがあり、これを線引小切手という（小切手法37条）。線引小切手には一般線引と特定線引がある。**一般線引**とは、小切手用紙の表面に2本の平行線が引かれているもの、あるいはその間に「銀行」またはそれと同じ意味の文字が書かれているものをいい、この場合、支払銀行は、「他の銀行」または「支払銀行の取引先」に対してのみ支払うことができる（小切手法38条1項）。これに対して**特定線引**とは、2本の平行線の間に特定の銀行名が書かれているものであり、この場合、支払銀行は「線内に記載された銀行」に対してのみ支払うことができる（小切手法38条2項）。したがって、ウには⑨**一般線引**、エには⑤**特定線引**が入る。

　　また、銀行が自分自身を支払人として振り出す小切手のことを**預金小切手（預手）**という。自己宛小切手ともいう（小切手法6条3項）。信用力の高い預金小切手（預手）は、現金同様と考えてよい。したがって、オには④**預金小切手（預手）**が入る。

81

【第7問】・・・ 次の①～④の記述のうち、その内容が最も適切でないものを1つだけ選びなさい。

①約束手形の必要的記載事項である支払約束文句に条件をつけた場合、手形自体が無効となる。

②約束手形の支払期日について、確定日払い以外の支払方法も認められる場合がある。

③手形の振出日欄に、実際の振出日と異なる日付を記入すると、当該手形は無効とされる。

④約束手形に記載される支払地とは、満期に手形金の支払いがなされるべき地域のことである。

第3章 CHAPTER THREE
債権の管理と回収

第7問 （公式テキストP.190〜P.194）

[正　解] ③

[解　説]

①は適切である。**手形の支払約束文句は無条件でなければならず、**例えば「商品の受領と引替えに手形金を支払う」というような条件が付されている場合は、その手形自体が無効となる。このような記載を有害的記載事項という。

②は適切である。統一手形用紙には確定日払い（支払期日欄に記載された特定の日を満期とする支払方法）を前提とした記載がなされているが、**法律上、確定日払いに限定されているわけではない。**

③は最も適切でない。振出日は、手形が振り出された日として手形上に記載された日のことであり、**必ずしも現実に手形を振り出した日である必要はない。**

④は適切である。支払地の定義は本肢に記載の通りである。統一手形用紙では、**最小独立行政区画**で記載されている。

■関連知識

本問のテーマである必要的記載事項（手形要件）の欠けた手形は無効であるが、実際の取引では手形要件が記載されていない白地手形が流通している。

白地手形は、将来手形要件が補充されれば有効な手形となることを予定した、いわば未完成な手形として商慣習法上その効力が認められている。

【第8問】・・・ 次の文中の [ ] の部分に、後記の語群から最も適切な語句を選びなさい。

　債権回収の最後のよりどころは、債務者の一般財産である。しかし、債務者の財産がすべての債務を支払うのに十分ではない場合には、[ア]により債権者は債権額に応じて按分された額しか回収できないため、必ずしも満足のいく回収はできない。そこで、債務者または第三者の特定の財産から自己の債権を優先的に回収できる手段である[イ]と、債務者以外の第三者にも請求できる手段である[ウ]が重要となる。

　ところで、[イ]のうち、法律の定める要件を充たせば当然に生じるものを[エ]という。この[エ]のうち、[オ]は不動産の賃料、動産売買の代価、従業員の給料等の一定の債権について、債務者の特定財産または一般の財産から優先弁済を受けることができる権利である。

　[語群]
　　①法定担保物権　　②質権　　　　　③先順位債権優先の原則
　　④先取特権　　　　⑤人的担保　　　⑥融資債権優先の原則
　　⑦約定担保物権　　⑧譲渡担保権　　⑨連帯債務
　　⑩留置権　　　　　⑪債権者平等の原則　⑫抵当権
　　⑬契約自由の原則　⑭物的担保

第**3**章 CHAPTER THREE	
	債権の管理と回収

第8問　　　　　　　　　　　　　　　　（公式テキストP.210〜P.217）

［正　解］ア⑪　　イ⑭　　ウ⑤　　エ①　　オ④

［解　説］

　債権者が債権を回収する場合、その最後のよりどころは債務者の一般財産（責任財産）である。債務者の資力が十分であれば債務者の財産から債権回収を行えばよいので問題ない。しかし、**債務者の財産が債務者が負担するすべての債務を弁済するのに十分ではない場合には、その債権の成立の前後にかかわらず、債権者は債権額に応じて按分された額しか回収できない。**これを**債権者平等の原則**という。よって、アには⑪債権者平等の原則が入る。

　債権者平等の原則の下で、債権者は、満足のいく回収を行うために担保を備えておく必要がある。これにより将来債務者の財産状態が悪化した場合にも備えることができる。この担保には、大別して物的担保と人的担保の2種類がある。**物的担保とは、債務者がその債務を履行しない場合に、債務者または第三者の特定の財産から自己の債権を優先的に回収できる手段をいい、人的担保とは債務者以外の第三者にも請求できる手段をいう。**よって、イには⑭物的担保、ウには⑤人的担保が入る。

　物的担保には法定担保物権と約定担保物権があるが、そのうち**法律の定める要件を充たせば当然に生じるものを法定担保物権、当事者間の契約によって設定されるものを約定担保物権という。**よって、エには①法定担保物権が入る。

　法定担保物権には留置権と先取特権がある。そのうち、**他人の物を占有している者が、その物について生じた債権（民事留置権の場合）の弁済を受けるまで、その物を自分の手元に留置できる権利を留置権という。**また、不動産の賃料、動産売買の代価、従業員の給料等の一定の債権について、**債務者の特定財産または一般の財産から優先弁済を受けることができる権利を先取特権という。**よって、オには④先取特権が入る。

85

【第9問】・・・ 自動車修理業者であるA社は、運送会社であるB社の依頼に基づき、B社が所有する甲トラックを修理したが、B社は、支払期日を経過した後も修理代金を支払わない。この場合に関する次の①～④の記述のうち、その内容が最も適切なものを1つだけ選び、解答用紙の所定欄にその番号をマークしなさい。なお、A社とB社との間には留置権に関する特段の合意はない。

①A社は、B社から修理代金の支払いを受けるまでは甲トラックを留置することができるが、B社から甲トラックの返還請求を受けたときは、直ちに甲トラックをB社に返還しなければならない。

②B社が修理代金を支払わない場合、A社は、裁判所の競売手続を経ずに留置権を実行して、甲トラックの所有権を取得することができる。

③A社は、修理代金が支払われる前に甲トラックをB社に引き渡した。この場合であっても、甲トラックに成立していた留置権は存続する。

④B社は、A社に修理代金を支払わないうちに、第三者であるC社に甲トラックを譲渡した。この場合、A社は、C社から甲トラックの引渡しを請求されても、修理代金の弁済を受けるまでは、留置権を主張して甲トラックの引渡しを拒むことができる。

第3章 債権の管理と回収

CHAPTER THREE

第9問 （公式テキストP.214〜P.215）

[正　解]　④

[解　説]

①は適切でない。**商人間においてその双方のために商行為となる行為によって生じた債権が弁済期にあるときは、債権者は、その債権の弁済を受けるまで、その債務者との間における商行為によって自己の占有に属した債務者の所有する物または有価証券を留置することができる**（商事留置権、商法521条本文）。本肢では、商人であるA社は、商人であるB社から修理依頼を受けて甲トラックを占有するに至っているから、B社から弁済を受けるまでは、甲トラックを留置することができる。留置権は、支払いを受けるまでその物の引渡しを拒むことができる権利であるから、仮にB社から甲トラックの返還請求を受けたとしても、支払いを受けるまでは返還する必要はない。

②は適切でない。留置権には、民事留置権、商事留置権を問わず、競売権が認められている。すなわち、留置権者は、債務者の履行がないために目的物を長期間に渡って留置せざるを得なくなったときなど一定の場合に、目的物の競売を申し立てることができ（形式競売、民事執行法195条）、これにより目的物を換価することができる。留置権者は、目的物の所有者に対して換価金の返還債務を負うが、この債務と被担保債権とを相殺することで、事実上優先弁済を受けることができる。このように、A社は甲トラックを換価して事実上の優先弁済を受けることができるが、**留置権を私的に実行し、目的物の所有権を取得することは認められていない**。

③は適切でない。**留置権は、留置権者が留置物の占有を失うことによって消滅する**（民法302条本文）。したがって、A社がB社に甲トラックを引き渡すと、この時点で留置権は消滅する。

④は最も適切である。上述の通り、A社は甲トラックにつき留置権を有している。留置権は物権であるから、その後に目的物を取得した第三者にも留置権を対抗し、B社から修理代金の支払いを受けるまでは、甲トラックの引渡しを拒むことができる。

87

【第10問】・・・　**質権に関する次の①～④の記述のうち、その内容が最も適切でないものを1つだけ選びなさい。**

①質権とは、債権者が債権の担保として債務者などから受け取った質物を債務が弁済されるまで手元に置き、弁済がないときは他の債権者に優先してその質物から弁済を受ける担保物権をいう。

②民法上の質権には、質屋営業法上の営業質屋の質権とは異なり、原則として流質が認められていない。

③質権の目的物となるのは、不動産や動産に限られ、債権を質権の目的物とすることはできない。

④質権と抵当権とは、質権の場合には目的物を質権者に引き渡す必要があるのに対し、抵当権の場合には目的物を抵当権者に引き渡さないで手元に置いたまま抵当権設定者が利用できる点が異なる。

第**3**章 CHAPTER THREE
債権の管理と回収

第10問　　　　　　　　　　　　　　　　　（公式テキストP.217〜P.219）

［正　解］③

［解　説］

①は適切である。**質権とは、本肢記載の通り、債権者が債権の担保として債務者または第三者から受け取った目的物を債務が弁済されるまで手元に留めておき、債務者の弁済を間接的に促すとともに、弁済されない場合にはその目的物を競売に付し債権に充当することを内容とする担保物権である。**

②は適切である。民法上の質権には、営業質屋とは異なり原則として**流質が認められていない**（民法349条、質屋営業法19条）。

③は最も適切でない。質権は設定する目的物により、**動産質・不動産質・権利質**に分けられる。つまり質権は、不動産、動産だけでなく債権もその目的とすることができる。

④は適切である。質権では債権者が目的物の引渡しを受けるのに対し、抵当権では債権者が目的物の引渡しを受けないで抵当権設定者に従来通り利用させる点が異なる。すなわち**抵当権には、質権と異なり留置的効力がない。**

【第11問】･･･ **抵当権に関する次の①～④の記述のうち、その内容が最も適切なものを1つだけ選びなさい。**

①債務者以外の第三者（物上保証人）の所有物を抵当目的物とする場合は、債権者、債務者および物上保証人の三者で抵当権設定契約を締結しなければならない。

②抵当権者は、抵当権の登記をすれば第三者に対抗できるから、登記後に第三者に対し当該抵当目的物にさらに抵当権を設定しても無効である。

③抵当権によって担保される被担保債権が一部弁済されたときは、弁済額に相当する割合に応じて抵当権も一部消滅する。

④抵当権の目的物が火災で焼失するなど滅失・損傷した場合、物上代位により保険金請求権など、その滅失・損傷によって抵当権設定者が受けるべき金銭その他の物に対して抵当権の効力が及ぶ。

第3章 債権の管理と回収

CHAPTER THREE

第11問 （公式テキストP.220〜P.224）

[正　解] ④

[解　説]

①は適切でない。抵当権は、**債権者と抵当目的物の所有者（抵当権設定者）との合意**だけで設定することができる。

②は適切でない。抵当権を抵当目的物の第三取得者その他の第三者に対抗するには、抵当権の登記をしなければならない。抵当権の登記をすれば、登記後に抵当権を設定した他の抵当権者に対しても、自己の抵当権が優先することを主張でき（民法373条）、**登記の順序により、一番抵当権、二番抵当権などと呼ばれる**。抵当権設定登記がされた後に設定された抵当権は、先に設定された抵当権に劣後するにすぎず、無効となるわけではない。

③は適切でない。**抵当権は、担保する債権全部が弁済されるまで、抵当目的物全部にその効力が及ぶ**。例えば、債務が半分弁済されたからといって、抵当権が半分消滅するものではない。このような性質を、**抵当権の不可分性**という（民法372条・296条）。

④は最も適切である。抵当目的物が、火災・地震等により滅失・損傷した場合であっても、保険金請求権や損害賠償請求権など、その**滅失・損傷によって抵当権設定者が受けるべき金銭その他の物**があれば、それらに抵当権の効力が及ぶ。これを**抵当権の物上代位性**という（民法372条・304条）。もっとも、この場合に抵当権者が保険金や損害賠償金から債権を回収するには、**それらが抵当権設定者に支払われる前に差押えをしなければならない**。

【第12問】・・・ 次の文中の[　]の部分に、後記の語群から最も適切な語句を選びなさい。

　約定担保物権には、抵当権や質権といった典型担保物権のほかにも様々なものがある。

　担保のために債務者の財産をいったん債権者に譲渡し、債務が弁済された場合には返還するという形式による債権担保方法を[ア]という。[ア]について民法は明文の規定を定めておらず、従来から[イ]によって認められてきた担保権である。[ア]が設定され、債務者が債務を弁済しない場合には、譲渡担保権者は[ウ]によって優先的に弁済を受けることができる。

　また、債権者と債務者の間で、不動産を目的物として代物弁済の予約をした場合に、その目的物の所有権移転を[エ]することにより第三者に対抗する方法も債権担保方法として認められており、これを[オ]という。

[語群]
　　①所有権留保　　　②譲渡担保　　　　③仮登記担保
　　④根抵当権　　　　⑤商法　　　　　　⑥民事訴訟法
　　⑦判例　　　　　　⑧裁判所の競売手続　⑨自らの評価（私的実行）
　　⑩登記　　　　　　⑪法務局への届出　　⑫仮登記
　　⑬債務者が承認　　⑭通知

第3章 債権の管理と回収

CHAPTER THREE

第12問　　　　　　　　　　　　　　（公式テキストP.225〜P.226）

[正　解] ア②　　イ⑦　　ウ⑨　　エ⑫　　オ③
[解　説]

　　担保物権には民法で規定されている抵当権や質権、留置権、先取特権以外にも、**他の法律や判例によって認められているものもある。**その例が問題文で述べられている譲渡担保や仮登記担保である。

■関連知識

	譲渡担保	仮登記担保
意味	担保のために、財産をいったん債権者に譲渡し、債務が弁済された場合には返還するという形式による債権担保。	金銭債務を担保するため、その不履行があるときは債権者に債務者または第三者に属する所有権その他の権利の移転等をすることを目的としてされた代物弁済の予約、停止条件付代物弁済契約その他の契約で、その契約による権利について仮登記または仮登録できるもの。
実行手続	債権者は、債務者からの弁済がないときはその財産権を裁判所の手続によらず自ら評価して（私的実行）、優先的に弁済を受けることができる。	裁判所による競売手続によらず、私的実行により権利者自らが目的不動産の所有権等を取得する。
清算	目的物の評価額・売却価格と債権額との間に差額が生じた場合、譲渡担保権者はその差額分を設定者に支払う義務を負う。	目的物の価額が債権額を上回っている場合、仮登記担保権者は債務者等に対して清算金の支払義務を負う。

【第13問】・・・ 貸主X、借主Yとの間で300万円の金銭消費貸借契約を締結するにあたり、ZはYの保証人となった。この場合に関する次の①～④の記述のうち、その内容が最も適切でないものを1つだけ選びなさい。

①ZがYの保証人になるためには、XYZの三者間で保証契約を結ぶことが必要である。

②XがZに対して300万円の支払いを請求した場合、Zが連帯保証人でなければ、Zは、まずYに対して請求するようXに主張することができる。

③Xが、Yに請求したもののYが支払わないとしてZに300万円の支払を請求した場合、Zが連帯保証人でなければ、Zはまず執行容易なYの財産から弁済を受けるようにXに主張することができる。

④XがZに対して300万円の支払いを請求した場合、すでにYがXに対して300万円の弁済をしていれば、Zは自己の保証債務は消滅している旨をXに主張することができる。

第3章 CHAPTER THREE 債権の管理と回収

第13問　　　　　　　　　　　　　　　（公式テキストP.227〜P.229）

[正　解]　①

[解　説]

①は最も適切でない。保証契約は、債権者と保証人との間で締結される契約であり、**その成立に主債務者の関与は不要である**。よって、本肢は最も適切でない。

②は適切である。連帯保証でない保証債務は、主たる債務が履行されない場合に、主たる債務者に代わって保証人が債務を履行するという二次的なものである。これを**保証債務の補充性**という。この**補充性を具体化するものとして民法は保証人に催告の抗弁権を定めている**（民法452条）。

③は適切である。②の解説で述べたように連帯保証でない保証債務には補充性がある。この**補充性の現れとして、催告の抗弁権のほか、検索の抗弁権がある**（民法453条）。

④は適切である。保証債務は、主たる債務を担保するためのものであるから、**主たる債務が消滅すれば、保証債務も消滅する**。これを**保証債務の附従性**という。なお、通常の保証だけでなく、連帯保証についても同様に附従性が認められる。

【第14問】・・・ 次の文中の[　]の部分に、後記の語群から最も適切な語句を選びなさい。

　1つの債務について複数の者が債務を履行する義務を負う場合として、[ア]や保証などがある。このうち、[ア]は、数人の債務者が同じ債務を負い、それぞれが債務の全額について履行する義務を負い、そのうちの1人が履行すれば、他の債務者の債務もまた消滅する関係にある債務のことをいう。これに対して、保証は、本来の債務者が債務を履行しない場合に、債務者以外の者に債務を履行する義務（保証債務）を負わせる債権担保の方法である。

　保証債務は、本来の債務が履行されない場合に行使される二次的な債務である。このような保証債務の性質を[イ]という。[イ]の具体的な現れとして、債権者が、主たる債務者に債務の履行を請求することなく、保証人に保証債務の履行を請求した場合、原則として、保証人は、債権者に対し、まず主たる債務者に請求することを求める[ウ]の抗弁権と、債権者が主たる債務者へ請求したが弁済を受けられなかったとして保証人に請求した場合に、執行が容易な主たる債務者の財産からまず弁済を受けることを求める[エ]の抗弁権がある。

　そして、保証人が債権者に弁済した場合、保証人は、その弁済した金額等を主たる債務者に対して請求することができる。これを保証人の[オ]という。

［語群］
　①催告　　②牽連性　③取消権　④求償権　　⑤随伴性　⑥分割債務
　⑦無効　　⑧検索　　⑨補充性　⑩正当事由　⑪解除権　⑫時効
　⑬同時履行　　⑭連帯債務　　⑮根保証

第3章 債権の管理と回収

CHAPTER THREE

第14問　　　　　　　　　　　　　　　　　　　　　　（公式テキストP.227～P.229）

［正　解］ア⑭　　イ⑨　　ウ①　　エ⑧　　オ④

［解　説］

　数人の債務者が同じ債務を負い、それぞれが債務の全額について履行する義務を負い、そのうちの1人が履行すれば、他の債務者の債務もまた消滅する関係にある債務のことを**連帯債務**という。したがって、アには⑭連帯債務が入る。

　これに対して、本来の債務者が債務を履行しない場合に、債務者以外の者に債務を履行する義務（保証債務）を負わせる債権担保の方法を保証という。

　保証債務は、本来の債務が履行されない場合に行使される二次的な債務であり、このような保証債務の性質を**補充性**という。したがって、イには⑨補充性が入る。

　補充性の具体的な現れとして、催告の抗弁権と検索の抗弁権がある。**催告の抗弁権**は、債権者が、主たる債務者に債務の履行を請求することなく、保証人に保証債務の履行を請求した場合、原則として、保証人は、債権者に対し、**まず主たる債務者に請求することを求める権利である。これに対し、検索の抗弁権**は、債権者が主たる債務者へ請求したが弁済を受けられなかったとして保証人に請求した場合に、**執行が容易な主たる債務者の財産からまず弁済を受けることを求める権利**である。したがって、ウには①催告、エには⑧検索がそれぞれ入る。

　保証人が債権者に弁済した場合、保証人は、その弁済した金額等を主たる債務者に対して請求することができる。これを**保証人の求償権**という。したがって、オには④求償権が入る。

【第15問】・・・ 次の文中の [ ] の部分に、後記の語群から最も適切な語句を選びなさい。

商品の売買契約に基づき、売主が商品を引き渡したにもかかわらず、買主が代金を支払わないなど、債務者がその債務の履行をしない場合であっても、わが国では、原則として、自らの実力を行使して権利の実現を図ること、すなわち [ア] は禁止されている。そのため、債権者が、債権を強制的に回収するには、原則として、裁判所の手続を経て行う必要がある。その手段として、裁判所に訴状を提出し、当事者である原告と被告が法廷で口頭弁論を行い、判決の言渡しを受ける、[イ] がある。

このほか、債権者が、金銭債権を強制的に回収するための簡易迅速な手続として [ウ] がある。この手続では、債権者は、簡易裁判所の書記官から債務者に対して [ウ] を発するよう、簡易裁判所の書記官に申立てを行う。ただし、簡易裁判所の書記官の発した [ウ] に対して債務者が異議を申し立てれば、通常の [イ] に移行する。

こうした手続を経て債務者に対する債権が確定してもなお、債務者がその履行をしない場合には、債権者は、強制執行手続をとることができる。

強制執行の申立てをするには、強制執行を根拠づけ、正当化する文書である [エ] が必要である。[エ] には、例えば、[イ] において下された確定判決が該当する。また、[ウ] に対して債務者が異議を申し立てず、所定の手続を経たときにも、[ウ] に確定判決と同一の効力が認められる。

強制執行の手続では、例えば、債務者が有する不動産を換価して債権を回収する場合、裁判所が当該不動産を差し押さえ、所定の手続を経て当該不動産を [オ] に付し、その代金から債権を回収することとなる。

[語群]
①債権証書	②自力救済	③債務名義
④執行命令	⑤起訴前の和解	⑥民事訴訟
⑦公示催告	⑧支払督促	⑨公正証書
⑩自助努力	⑪即時強制	⑫仲裁
⑬強制競売	⑭正当防衛	⑮強制徴収

第**3**章 CHAPTER THREE
債権の管理と回収

第15問　　　　　　　　　　　　　　　（公式テキストP.230〜P.231）

[正　解]　ア②　　イ⑥　　ウ⑧　　エ③　　オ⑬
[解　説]

　　商品の売買契約に基づき、売主が商品を引き渡したにもかかわらず、買主が代金を支払わないなど、債務者がその債務の履行をしない場合であっても、わが国では、原則として、自らの実力を行使して権利の実現を図ること、すなわち**自力救済は禁止**されている。そのため、債権者が、債権を強制的に回収するには、原則として、裁判所の手続を経て行う必要がある。その手段として、裁判所に訴状を提出し、当事者である原告と被告が法廷で口頭弁論を行い、判決の言渡しを受ける、**民事訴訟**がある。

　　このほか、債権者が、金銭債権を強制的に回収するための簡易迅速な手続として**支払督促**がある。この手続では、債権者は、簡易裁判所の書記官から債務者に対して支払督促を発するよう、簡易裁判所の書記官に申立てを行う。ただし、簡易裁判所の書記官の発した支払督促に対して債務者が異議を申し立てれば、通常の民事訴訟に移行する（民事訴訟法395条）。

　　こうした手続を経て債務者に対する債権が確定してもなお、債務者がその履行をしない場合には、債権者は、**強制執行手続**をとることができる。

　　強制執行の申立てをするには、強制執行を根拠づけ、正当化する文書である**債務名義**が必要である（民事執行法22条）。債務名義には、例えば、民事訴訟において下された確定判決が該当する。また、支払督促に対して債務者が異議を申し立てず、所定の手続を経たときにも、支払督促に確定判決と同一の効力が認められる。

　　強制執行の手続では、例えば、債務者が有する不動産を換価して債権を回収する場合、裁判所が当該不動産を差し押さえ、所定の手続を経て当該不動産を強制競売に付し、その代金から債権を回収することとなる。

【第16問】・・・ 緊急時の債権の回収に関する次のa〜dの記述のうち、その内容が適切なものの組み合わせを①〜④の中から1つだけ選びなさい。

a. 強制執行の申立てをするには、強制執行を根拠づけ正当化する文書、すなわち債務名義が必要である。

b. 債権者と債務者との間で成立した調停に基づき作成された調停調書は、債務名義とはならない。

c. 民事訴訟の原告および被告は、第一審の裁判所に言い渡された判決に不服がある場合、控訴をすることができる。

d. 債務者が債務の履行期を過ぎてもその履行をしない場合は、債権者は、自らの実力を行使し、自力救済により自己の債権を回収することができる。

①ac　　②ad　　③bc　　④bd

第3章 CHAPTER THREE
債権の管理と回収

第16問　　　　　　　　　　　　　　　（公式テキストP.230〜P.231、P.233）

［正　解］①

［解　説］

aは適切である。強制執行は、私有財産に対する国家権力の行使であるため、慎重に行われなければならない。そのため、**強制執行を根拠づけ正当化する文書である債務名義がある場合に限り、強制執行をすることができる**（民事執行法22条）。

bは適切でない。裁判所の調停手続の結果作成された**調停調書にも、確定判決などと同様、債務名義としての効力が認められている**。

cは適切である。**第一審の判決に対する不服申立てのことを控訴といい、第一審において敗訴（一部敗訴を含む）した当事者は、上級裁判所に対して控訴をすることができる**。

dは適切でない。**権利を有する者が自らの実力を行使して権利の実現を図ることを自力救済というが**、これを認めたのでは社会秩序を維持することができなくなるため、**自力救済は原則として禁止されており**、権利の実現は、あくまで裁判などの法の定めた手続等を通じて行わなければならないとされている。

【第17問】···　**裁判所が関与する債権回収手続に関する次の①～④の記述のうち、その内容が最も適切でないものを1つだけ選びなさい。**

①民事訴訟は、裁判所に訴状を提出し、口頭弁論を経た上で、判決の言渡しを受ける手続である。

②調停は、裁判所に当事者が出頭し、話合いの上調停を成立させる手続である。調停が成立すると調停調書が作成されるが、調停調書は債務名義とはならないので、これに基づいて強制執行を行うことはできない。

③支払督促は、債務者に対して簡易裁判所から支払督促を発してもらう手続である。

④即決和解は、当事者間の紛争に関する解決に向けた合意を前提に、簡易裁判所に対し、即決和解の申立てをし、和解を行う手続である。

第3章 CHAPTER THREE
債権の管理と回収

第17問 （公式テキストP.230〜P.231）

［正　解］②

［解　説］

①は適切である。本肢の記述の通り、**民事訴訟は、原告が裁判所に訴状を提出して、当事者（原告・被告）が法廷で口頭弁論を行い、判決の言渡しを受ける手続**である。

②は最も適切でない。調停が成立すると調停調書が作成され、**調停調書は確定判決と同じ効力を有するので**（民事調停法16条、民事訴訟法267条）、**これを債務名義として強制執行をすることも可能である**（民事執行法22条7号）。

③は適切である。支払督促は、**債権者が債務者の所在地を管轄する簡易裁判所の裁判所書記官**に対して支払督促の申立てをし、裁判所書記官がそれを受けて債務者に対して支払督促を発する手続である（民事訴訟法382条・383条）。

④は適切である。本肢の記述の通りである。なお、**即決和解の成立に際して作られる和解調書は債務名義となるので**（民事訴訟法275条・267条、民事執行法22条7号）、一方当事者が和解条項を履行しないときには、本訴を提起せずに強制執行をすることが可能となる。

【第18問】···　次の文中の [　] の部分に、後記の語群から最も適切な語句を選びなさい。

　倒産処理には、手続が法律上規定されており裁判所が関与する[ア]と、債権者と債務者の協議によって進められる任意整理がある。[ア]にはさらに、会社の再建を目指す再建型整理と、会社を解体整理する清算型整理がある。

　清算型整理のうち、債務者が総債務を完済する見込みがない場合に強制的に債務者の全財産を換価して、総債権者に公平に分配し、清算することを目的とするものを[イ]という。[イ]は債務者が法人・個人いずれの場合も利用することができる。

　これに対し、再建型整理で経済的に窮境にある債務者の事業または経済生活の再生を図ることを目的とするものに[ウ]があり、これによれば、原則として、債務者は財産管理処分権を失わない。この点が同じ再建型整理である[エ]と大きく異なる。また、両者は担保権の扱いも異なる。[エ]の場合、担保権の行使が制限されるのに対し、[ウ]の場合は原則として別除権とされる。

[語群]
　①破産　　　　②倒産　　　　③民事再生　　④調停
　⑤債務名義　　⑥和議　　　　⑦会社更生　　⑧法的整理
　⑨即決和解　　⑩強制執行　　⑪支払督促　　⑫差押え
　⑬転付命令　　⑭会社再生

第**3**章 CHAPTER THREE
債権の管理と回収

第18問 （公式テキストP.231〜P.233）

[正　解] ア⑧　　イ①　　ウ③　　エ⑦

[解　説]

　　倒産処理には、**手続が法律上規定されており裁判所が関与する法**
的整理と、債権者と債務者の協議によって進められる任意整理がある。
法的整理にはさらに、**会社の再建を目指す再建型整理**と、**会社を解**
体整理する清算型整理がある。したがって、アには⑧法的整理が入
る。

　　清算型整理のうち、**債務者が総債務を完済する見込みがない場合**
に強制的に債務者の全財産を換価して、総債権者に公平に分配し、
清算することを目的とするものを破産という。したがって、イには①
破産が入る。破産手続は債務者が法人・個人いずれの場合でも利用
できる。

　　これに対し、再建型整理で経済的に窮境にある債務者の事業また
は経済生活の再生を図ることを目的とするものに**民事再生**があり、これ
によれば、**原則として、債務者は財産管理処分権を失わない**。この
点が同じ再建型整理である会社更生と大きく異なる。また、両者は担
保権の扱いも異なる。**会社更生の場合、担保権の行使が制限される**
のに対し、民事再生の場合は原則として別除権とされる。したがっ
て、ウには③民事再生、エには⑦会社更生が入る。

企業財産の
管理と法律

第４章

【第1問】・・・ 次の事項のうち、その内容が正しいものには○を、誤っているものには×を解答しなさい。

ア. 不動産とは土地およびその定着物をいい、定着物の代表的なものは建物であるが、日本の不動産登記法上、土地と建物は一括して一つの登記簿に記載するのが原則とされている。

イ. 不動産に関する物権の得喪および変更は、不動産登記法などに従って登記をしなければ、第三者に対抗することができない。

ウ. 不動産登記簿は、表題部と権利部で構成され、権利部は甲区と乙区で構成される。

エ. ある不動産に抵当権が設定されているか否かを確認するには、不動産登記簿のうち乙区欄を調べればよい。

オ. 登記を信頼して不動産を購入した者は、仮に、登記名義人が当該不動産の所有権者でなかったとしても、原則として、当該不動産の所有権を取得することができる。

第4章 企業財産の管理と法律

第1問　　　　　　　　　　　　　　（公式テキストP.246〜P.248）

［正　解］ア×　　イ○　　ウ○　　エ○　　オ×

［解　説］

アは誤り。不動産登記簿は、土地および建物のそれぞれについて備えられる。

イは正しい。本肢記載の通りである（民法177条）。

ウは正しい。本肢の記述の通りである。なお、**表題部には不動産を特定するための事項**が、**甲区には所有権に関する事項**が、**乙区には所有権以外の権利に関する事項**が、それぞれ記録される（不動産登記規則4条4項）。

エは正しい。**不動産登記簿は、表題部と権利部で構成され**（不動産登記法12条）、**権利部は甲区と乙区で構成される**（不動産登記規則4条4項）。ウの解説の通り、このうち表題部には土地・建物を特定するために必要な事項が記録され、甲区には所有権に関する事項が、乙区には所有権以外の権利に関する事項が記録される。抵当権は所有権以外の権利に関する事項であるから、乙区に記録される。

オは誤り。不動産の登記には、公信の原則、すなわちその外形通りの権利関係が真実存在するのと同じ効果を認める原則がとられていない。したがって、**登記を信頼して取引しても、その内容が真実の権利関係と一致していなければ、権利を取得することができない。**

【第2問】···　次の①〜④の記述のうち、その内容が最も適切でないものを1つだけ選びなさい。

①Aは、自己の所有する甲土地をBに譲渡し、BはAにその代金を支払った。Bが甲土地につき所有権移転登記を経る前に、Aは、甲土地をCに譲渡し、Cが甲土地につき所有権移転登記を経た。この場合、Bは、原則として、Cに対して甲土地の所有権を対抗することができない。

②Aは、自己の所有する乙絵画をBに譲渡し、BはAにその代金を支払った。Aは、乙絵画をBに現実に引き渡す前に、乙絵画をCに譲渡し現実に引き渡した。この場合、Bは、原則として、Cに対して乙絵画の所有権を対抗することができない。

③Aは、自己の所有する丙建物をBに賃貸し、BはAから丙建物の引渡しを受けた。その後、Aは、丙建物をCに譲渡し、Cが丙建物につき所有権移転登記を経た。この場合、Bは、原則として、Cに対して丙建物の賃借権を対抗することができない。

④Aは、Bに対して負う債務を担保するため、自己の所有する丁土地に抵当権を設定した。Bが丁土地につき抵当権設定登記を経る前に、Aは、丁土地をCに譲渡し、Cが丁土地につき所有権移転登記を経た。この場合、Bは、原則として、Cに対して丁土地に設定を受けた抵当権を対抗することができない。

CHAPTER FOUR
第4章 企業財産の管理と法律

第2問　　　　　　　　（公式テキストP.105、P.221、P.238〜P.240）

[正　解] ③

[解　説]

①は適切である。**不動産の場合、第三者に対して自己の権利を主張するための対抗要件は登記であり**（民法177条）、登記を経た者は第三者に対して自己の権利を主張することができる。本肢の場合、甲土地について所有権移転登記を経ているのはCであるから、Bは、Cより前にAと甲土地について売買契約を締結し、売買代金を支払っていたとしても、登記を経たCに対しては、原則として、自己の所有権を対抗することができない。

②は適切である。**動産の場合、その対抗要件は引渡しである**（民法178条）。本肢の場合、Bは、Cよりも先にAと売買契約を締結し、その代金を支払っているが、売買の目的物である乙絵画の引渡しを受けたCに対しては、原則として、自己の所有権を対抗することができない。

③は最も適切でない。建物の賃貸借契約を締結した後に、建物の所有権が移転し、所有者が替わった場合、**賃借人が新所有者に対して自らの賃借権を主張するための対抗要件は、賃借権の登記または目的物の引渡しである**（民法605条、借地借家法31条）。本肢の場合、賃借人Bは、丙建物の当時の所有者であるAから建物の引渡しを受けているため、丙建物の新所有者であるCに対しても、自己の賃借権を対抗することができる。

④は適切である。**不動産に対する抵当権設定の対抗要件は抵当権設定登記である**（民法177条）。本肢の場合、Bが丁土地に設定した抵当権につき、設定登記がなされる前に丁土地の所有権がCに移転し、その旨の登記がなされているので、BはCに対し、丁土地に設定を受けた抵当権を対抗することはできない。

【第3問】・・・ 次の文中の [　] の部分に、後記の語群から最も適切な語句を選びなさい。

　民法上、物権が設定されたり、譲渡等により移転される場合、その効力は、原則として、当事者の [ア] のみによって生じる。

　そして、物権が譲渡された場合に、法律上、その譲渡の効力を当事者以外の第三者に主張するために備えなければならない要件を [イ] という。[イ] は、民法上、譲渡の目的物が動産か不動産かによって異なる。すなわち、民法上、動産の譲渡の [イ] は引渡しであるのに対し、不動産の譲渡の [イ] は登記である。

　不動産の譲渡の [イ] である登記は、[ウ] という電磁データとして記録され、[ウ] を記録した磁気ディスクを登記簿という。

　不動産登記簿は、土地および建物のそれぞれについて別個に備えられる。不動産登記簿における [ウ] は、土地または建物を特定するための事項が記録される [エ] と、所有権または所有権以外の権利に関する事項が記録される [オ] に区分されており、[オ] はさらに甲区と乙区に区分されている。

[語群]
①目的物の引渡し	②契約台帳	③成立要件
④現在事項証明書	⑤代金の支払い	⑥登記記録
⑦執行記録	⑧権利部	⑨全部事項証明書
⑩対抗要件	⑪共通部	⑫意思表示
⑬取引部	⑭表題部	⑮効力要件

CHAPTER FOUR
第4章 企業財産の管理と法律

第3問 （公式テキストP.238〜P.240、P.246〜P.248）

[正　解] ア⑫　　イ⑩　　ウ⑥　　エ⑭　　オ⑧

[解　説]

　　民法上、物権が設定されたり、譲渡等により移転される場合、その効力は、原則として、当事者の**意思表示**のみによって生じる（民法176条）。

　　そして、物権が譲渡された場合に、法律上、その譲渡の効力を当事者以外の第三者に主張するために備えなければならない要件を**対抗要件**という。対抗要件は、民法上、譲渡の目的物が動産か不動産かによって異なる。すなわち、民法上、**動産の譲渡の対抗要件は引渡し**であるのに対し、**不動産の譲渡の対抗要件は登記**である（民法178条・177条）。

　　不動産の譲渡の対抗要件である登記は、登記記録という電磁データとして記録され、登記記録を記録した磁気ディスクを**登記簿**という。

　　不動産登記簿は、土地および建物のそれぞれについて別個に備えられる。不動産登記簿における登記記録は、土地または建物を特定するための事項が記録される**表題部**と、所有権または所有権以外の権利に関する事項が記録される**権利部**に区分されており（不動産登記法12条）、権利部はさらに甲区と乙区に区分されている（不動産登記規則4条4項）。

■ポイント
（第三者に対する対抗要件）

不動産	不動産に関する物権の取得や設定は、不動産登記法に従って登記をしなければ自己の権利を第三者に対抗できない（民法177条）。 例えば、建物が二重に譲渡された場合には、先に登記を経た者が優先する。
動産	動産に関する物権の譲渡の対抗要件は、引渡しである（民法178条）。 したがって、動産の所有権を第三者に主張するには、その動産の引渡しを受けていることが必要となる。 なお、法人が譲渡人となる動産譲渡の場合には、登記により対抗要件を備えることが可能である（動産・債権譲渡特例法3条）。
債権	指名債権の譲渡は、譲渡人・譲受人間の契約によってなされるが、それを債務者に主張するには、債権を譲渡したことを、譲渡人が債務者へ通知するか、債務者からの承諾が必要である（民法467条）。 なお、法人が譲渡人となる債権譲渡の場合には、登記により対抗要件を備えることが可能である（動産・債権譲渡特例法4条）。

113

【第4問】・・・ 即時取得に関する次の①～④の記述のうち、その内容が最も適切なものを1つだけ選びなさい。

①Aは、Bの詐欺により、自己の所有する腕時計をBに売却し、引き渡したが、Bとの間の売買契約を詐欺による意思表示を理由に取り消した。その後、Bは、Aに腕時計を返還する前に、Bがその腕時計の所有者でないことについて善意無過失であるCに対し、その腕時計を売却し、引き渡した。この場合、Cは腕時計を即時取得することができない。

②AはBから不動産を購入したが、Bはその不動産の所有者ではなかった。Aは、Bがその不動産の所有者でないことについて善意無過失であった場合、当該不動産を即時取得する。

③Aは、Bから、B所有のカメラを借り受け使用していたが、Aが死亡し、CがAを単独で相続した。この場合、Cは、カメラがAの物であると過失なく信じていたときは、カメラを即時取得する。

④Aが自己の所有する絵画をBに預けていたところ、Bはこの絵画をCに売却した。Cは、絵画がBの物であると信じていた場合であっても、そう信じたことに過失があれば、絵画を即時取得することができない。

第4章 CHAPTER FOUR 企業財産の管理と法律

第4問 （公式テキストP.240）

［正　解］④

［解　説］

①は適切でない。Aは売買契約に基づいてBに腕時計を引き渡した後に売買契約を取り消していることから、売買契約は効力を失っており（民法121条本文）、Bは何らの権限なく腕時計を占有していることになる。したがって、無権利者であるBから腕時計を購入したCは、腕時計の所有権を取得できないのが原則である。しかし、**取引行為によって、平穏かつ公然と動産の占有を始めた者は、相手方が無権利者であっても権利者であると過失なく信じていれば、その動産について権利を取得する**（民法192条）。これは即時取得といわれる制度であり、流通の盛んな動産の取引について、特に取引の安全を保護する制度である。本記述においては、Cは取引行為によって腕時計の占有を始めており、また、Bが権利者であると過失なく信じていたことから、即時取得が成立し、腕時計の所有権を取得することができる。

②は適切でない。Aは、不動産について無権利者であるBから不動産を購入したのだから、不動産の所有権を取得しない。即時取得の制度は、取引と流通の頻度の高い動産について特に取引の安全を守るための制度であり、**不動産には適用されない**（民法192条）。

③は適切でない。AはBからカメラを借り受けて使用していたところ、CはそのAの地位をそのまま相続しているから、CはBからカメラを借り受けている関係に立つ。即時取得の制度は、取引の安全を守るための制度であり、**取引行為によって動産の占有を取得した場合にのみ適用され**、相続によって動産の占有を取得した場合には適用されない。

④は最も適切である。AはBに絵画を預けていたにすぎないから、Bは絵画の所有権を有しておらず、絵画を売却する権限を有していない。取引行為によって、平穏かつ公然と動産の占有を始めた者に即時取得が成立するためには、**相手方が権利者であると過失なく信じていることを要する**（民法192条）。本記述においては、Cは取引行為によって絵画の占有を始めているが、絵画がBの物であると信じていたことについて過失があることから、即時取得は成立せず、絵画の所有権を取得することができない。

115

【第5問】・・・ 預金に関する次の①〜④の記述のうち、その内容が最も適切でないものを1つだけ選びなさい。

①偽造または盗難されたキャッシュカードにより、現金自動預払機（ATM）から預貯金が不正に引き出された場合、金融機関は、預金者保護法により補償の義務を負うことがあるが、この義務を軽減する旨の特約は無効とされる。

②預金は、預金者が金融機関に金銭を預け、金融機関は受け入れた金銭を運用して預金者から請求があったときは預金者に対して同額の金銭を返還する制度であり、預金契約の法的性質は消費寄託契約であるとされている。

③通知預金は、手形や小切手を振り出して支払いを委託するために利用する預金として取り扱われるのが通常である。

④預金の払い戻しにあたり届出印章とともに預金通帳・証書が窓口に提出され、金融機関がその持参者を債権者であると過失なく信じて支払った場合、その者が正当な権利者でなかったとしても、原則として金融機関は免責される。

第4章 企業財産の管理と法律

CHAPTER FOUR

第5問

（公式テキストP.243〜P.245）

[正　解]　③

[解　説]

①は適切である。キャッシュカードの偽造・盗難などによる現金自動預払機（ATM）からの預貯金の不正引出しという犯罪・トラブルに対応するため、預金者保護法が制定されている。預金者保護法は、**偽造カードまたは盗難カードを用いた、ATMからの預貯金の不正引出しにより預貯金者が受けた被害について、金融機関に補償を義務付けており**（預金者保護法4条・5条）、**この義務を軽減する旨の特約を結んでも無効である**（預金者保護法8条）。

②は適切である。預金は金融機関による運用を前提としており、**預金者と金融機関との間の預金契約の法的性質は、消費寄託契約であるとされている**（民法666条）。

③は最も適切でない。**手形や小切手を振り出して支払いを委託するために利用されるのは、当座預金である。**通知預金とは、預入最低金額を預入日から7日間据え置き、払戻しには2日以上前に予告することを要件とする預金である。

④は適切である。金融機関が、預金の払戻しにあたり、届出印章および預金通帳・証書の持参者を債権者であると過失なく信じて支払えば、その者が正当な権利者でなかったとしても、**原則として、受領権者としての外観を有する者に対する弁済として弁済は有効とされ、金融機関は免責される**（民法478条、預金約款）。

■関連知識

（預金者保護法による補償）

預金者の過失	偽造カードによる被害	盗難カードによる被害
重過失等あり	ゼロ（※1）	ゼロ（※1）（※2）
軽過失あり	払い戻された金額	補てん対象額の4分の3に相当する額（※1）
過失なし	払い戻された金額	補てん対象額

（※1）　金融機関が善意・無過失の場合に限る。
（※2）　次のような場合などにも補償を受けることはできない。

・預貯金者の配偶者や二親等内の親族等一定の者が払戻しをした場合
・金融機関に対して虚偽の説明をした場合
・盗難後2年以内に金融機関に通知をしなかった場合

【第6問】···　次の文中の[　]の部分に、後記の語群から最も適切な語句を選びなさい。

　特許制度は、発明者等に対し、一定期間その発明を独占的・排他的に実施する権利を付与する一方で、その発明を公開して公衆に利用する機会を与えることによって、産業の発達に寄与することを目的とする。特許の対象となる発明は、自然法則を利用した[ア]のうち高度なものに限られ、それほど高度でないものは別途[イ]として法的保護の対象となる。[イ]は、考案すなわち自然法則を利用した[ア]であって、物品の形状、構造または組み合わせに関するものである。

　特許権を取得するためには、出願された発明が特許要件を充たしていなければならず、具体的には、その発明が、産業上利用可能性、[ウ]、進歩性を備えている必要がある。このうち、[ウ]とは、発明がいまだ社会に知られていないことをいい、出願前に発明が公開されると、原則としてこの要件を充たさなくなる。

　他方、不正競争防止法上、秘密として管理されている生産方法、販売方法その他の事業活動に有用な技術上または営業上の情報であって、公然と知られていないものを[エ]という。例えば、商品の製造方法、設計図・実験データ、製造ノウハウ等の技術情報や、顧客リスト、販売マニュアル等の営業情報などが[エ]に当たる。この定義から分かるように、[エ]として保護されるためには、秘密管理性、[オ]、非公知性の各要件を充たさなければならない。

　[語群]
　　①個人情報　　　②文字と色彩の結合　　③意匠
　　④学術性　　　　⑤技術的思想の創作　　⑥思想または感情の創作的表現
　　⑦牽連性　　　　⑧新規性　　　　　　　⑨補充性
　　⑩実用新案　　　⑪役務商標　　　　　　⑫有用性
　　⑬営業秘密　　　⑭同一性　　　　　　　⑮類似商号

第4章 CHAPTER FOUR
企業財産の管理と法律

第6問　　　（公式テキストP.252〜P.255、P.258、P.273〜P.275）

[正　解]　ア⑤　　イ⑩　　ウ⑧　　エ⑬　　オ⑫

[解　説]

　特許制度は、発明者等に対し、一定期間その発明を独占的・排他的に実施する権利を付与する一方で、その発明を公開して公衆に利用する機会を与えることによって、産業の発達に寄与することを目的とする。**特許の対象となる発明は、自然法則を利用した技術的思想の創作のうち高度なものに限られ**（特許法2条）、**それほど高度でないものは別途実用新案として法的保護の対象となる**。技術的思想の創作、実用新案は、考案すなわち自然法則を利用した技術的思想の創作であって、物品の形状、構造または組み合わせに関するものである（実用新案法1条・2条）。したがって、アには⑤技術的思想の創作、イには⑩実用新案がそれぞれ入る。

　特許権を取得するためには、出願された発明が特許要件を充たしていなければならず、具体的には、その発明が、産業上利用可能性、新規性、進歩性を備えている必要がある（特許法29条）。このうち、新規性とは、発明がいまだ社会に知られていないことをいい、出願前に発明が公開されると、原則としてこの要件を充たさなくなる。したがって、ウには⑧新規性が入る。

　他方、**不正競争防止法上、秘密として管理されている生産方法、販売方法その他の事業活動に有用な技術上または営業上の情報であって、公然と知られていないものを営業秘密という**（不正競争防止法2条6項）。例えば、商品の製造方法、設計図・実験データ、製造ノウハウ等の技術情報や、顧客リスト、販売マニュアル等の営業情報などが営業秘密に当たる。この定義からわかるように、営業秘密として保護されるためには、**秘密管理性、有用性、非公知性**の各要件を充たさなければならない。したがって、エには⑬営業秘密、オには⑫有用性がそれぞれ入る。

119

【第7問】・・・ 次の①～④の記述のうち、その内容が最も適切なものを1つだけ選びなさい。

①実用新案権は、自然法則を利用した技術的思想の創作（考案）であって、物品の形状、構造または組合せに関するものを保護する権利である。

②意匠権は、意匠を創作した時に成立し、権利として保護を受けるために特許庁へ登録をする必要はない。

③他人がすでに登録を受けている商標と同一の商標については、商標権の設定登録を受けることはできないが、他人がすでに登録を受けている商標と類似する商標については、自由に商標権の設定登録を受けることができる。

④商標権は、その存続期間の満了によって当然に消滅し、その登録を更新することはできない。

第7問　　　　　　　　　　　　　　　　（公式テキストP.258〜P.264）

[正　解] ①

[解　説]

　①は最も適切である。**実用新案法は、物品の形状、構造または組合せにかかる考案の保護および利用を図ることにより、その考案を奨励し、もって産業の発達に寄与することを目的としており**（実用新案法1条）、**保護の対象となる「考案」を「自然法則を利用した技術的思想の創作」と定義している**（実用新案法2条1項）。

　②は適切でない。**意匠権は、所定の事項を記載した願書に意匠登録を受けようとする意匠を記載した図面を添付して出願し、特許庁で一定の審査を経て、意匠登録を受けることで成立する**のであり（意匠法3条以下）、**著作権などと異なり、創作の時点で自動的に成立するのではない。**

　③は適切でない。**商標登録出願の日の前に他人が商標登録出願していた商標やこれに類似する商標であって、その指定商品や指定役務またはこれらに類似する商品や役務について使用する商標については、商標登録を受けることができない**（商標法4条1項11号）。

　④は適切ではない。商標権は、設定登録の日から10年間保護されることとされているが、その**期間が経過しても10年単位で何回でも更新することができる。**

【第8問】・・・　商標権に関する次の①～④の記述のうち、その内容が最も適切なものを1つだけ選びなさい。

①他人の登録商標と同一の商標については、商標権の設定登録を受けることはできないが、他人の登録商標と類似する商標については、自由に商標権の設定登録を受けることができる。

②商標権は、その存続期間の満了によって当然に消滅し、その登録を更新することはできない。

③商標権者には、自己の商標権を侵害する者に対する差止請求権や損害賠償請求権、信用回復措置請求権等が認められている。

④商標法上、商標登録を受けた商標が継続して一定の期間使用されていない場合、その期間の経過により、当該商標登録は当然に無効となる。

CHAPTER FOUR
第4章 企業財産の管理と法律

第8問　　　　　　　　　　　　　　　　（公式テキストP.260～P.264）

［正　解］③

［解　説］

①は適切でない。他人がすでに登録している商標と同一の商標だけでなく、**他人の登録商標と類似の商標についても、商標登録を受けることはできない**とされている。

②は適切でない。商標権は、設定登録の日から10年間保護されることとされているが、**その期間が経過しても10年単位で何回でも更新することができる**（商標法19条）。

③は最も適切である。商標権者は、登録を受けた商標権を守るため、本肢の記述のような権利を行使することができる。

④は適切でない。登録商標が継続して3年以上使用されていない場合、第三者は不使用商標取消審判請求をすることができ（商標法50条1項）、その審判の結果、当該商標権が取り消されることもあるが、**一定期間の不使用により当然に無効とされるわけではない。**

【第9問】・・・

著作権に関する次のa～dの記述のうち、その内容が適切なものの組み合わせを①～④の中から1つだけ選びなさい。

a. 著作権は、文化庁において著作物の登録を受けなければ、著作権法上有効に成立しない。

b. 著作権法上、いったん有効に成立した著作権は、たとえ著作者が死亡した後であっても、消滅することはない。

c. 著作者は、著作者人格権の1つとして、その著作物の原作品に、またはその著作物の公衆への提供または提示に際し、著作者名を表示するか否かを決定する権利である氏名表示権を有する。

d. 著作権法上、俳優や舞踊家、演奏家、歌手などの実演家には、著作隣接権が認められている。

① a b　　② a d　　③ b c　　④ c d

第9問　　　　　　　　　　　　　　　　（公式テキストP.264～P.272）

[正　解] ④

[解　説]

　　a は適切でない。著作権は、著作物の創作の時に当然に発生する権利であり（著作権法51条1項）、**その権利を生じさせるために登録等の手続は不要である。**

　　b は適切でない。**著作権の保護期間は、原則として、著作者の死後70年を経過するまでとされており**（著作権法51条2項）、この期間の経過により著作権は消滅する。

　　c は適切である。本肢の記述の通り、**著作者は、著作者人格権の1つとして氏名表示権を有している**（著作権法19条）。

　　d は適切である。**著作隣接権とは、実演家、レコード製作者、放送事業者の著作物利用に関して付与される権利であり、俳優や舞踏家などの実演家には実演家人格権等が認められている**（著作権法89条以下）。

■ポイント

著作者人格権は、著作者の人格的な利益保護に関する権利であり、公表権、氏名表示権および同一性保持権の3つに分けられる（著作権法18条～20条）。

著作者人格権	公表権	まだ公表されていない著作物等を公衆に提供し、または提示する権利
	氏名表示権	著作者がその著作物の原作品に、またはその著作物の公衆への提供・提示に際し、著作者名（実名・変名）を表示するか否かを決定する権利
	同一性保持権	著作物およびその題号の同一性を保持する権利であり、著作者は、自己の意に反して著作物およびその題号の変更、切除その他の改変を受けない

【第10問】・・・　著作権に関する次のa〜dの記述のうち、その内容が適切なものの組み合わせを①〜④の中から1つだけ選びなさい。

a．事実の伝達にすぎない雑報および時事の報道は、著作権法によって保護される著作物には該当しない。

b．コンピュータプログラムは、著作権法によって保護される著作物には該当しない。

c．会社の従業者が、会社の指示に基づいて職務上作成する思想または感情の創作的な表現は、著作権法によって保護される著作物には該当しない。

d．著作権が第三者に侵害された場合、その著作権者は、当該第三者に侵害行為の差止めや損害賠償などを請求することができる。

①ab　　②ad　　③bc　　④cd

CHAPTER FOUR
第4章 企業財産の管理と法律

第10問 (公式テキストP.264～P.272)

[正　解] ②

[解　説]

　　　aは適切である。著作権法にいう著作物とは、思想または感情を創作的に表現したものであって、文芸、学術、美術または音楽の範囲に属するものをいう（著作権法2条1項1号）。**事実の伝達に過ぎない雑報および時事の報道は、思想または感情の表現でないため、著作物に該当しない**（著作権法10条2項）。

　　　bは適切でない。著作権法上、著作物の例として「プログラムの著作物」が示されている（著作権法10条1項9号）。したがって、コンピュータプログラムは著作物に該当することがある。

　　　cは適切でない。**法人等の発意に基づいて、その法人等の従業者等が職務上作成する著作物で、当該法人等の名義の下に公表するもの**は、いわゆる職務著作として著作物に該当することがある（著作権法15条）。したがって、会社の従業員が会社の指示に基づいて職務上作成する思想または感情の創作的な表現は、著作物に該当することがある。

　　　dは適切である。著作権が第三者に侵害された場合、その著作権者は、第三者に対し**侵害行為の差止め**を求め（著作権法112条）、また**損害賠償を請求する**ことができる（民法709条等）。

127

【第11問】・・・ **X社では商品の製造方法・実験データ等の技術情報、顧客リストや販売マニュアル等の営業情報を担当部署で一括して管理しており、その担当部署の責任者はAである。この場合に関する次の①～④の記述のうち、その内容が最も適切でないものを1つだけ選びなさい。**

①これらの情報が、X社の担当部署において秘密として管理されている場合には、営業秘密として不正競争防止法の保護の対象となり得る。

②Aの担当する部署で保管する文書等を別の部署のBが無断で持ち出し、第三者に売却した場合、Bに窃盗罪が成立する可能性がある。

③Aが、その保管権限を有する営業秘密を記載した文書を外部に持ち出した場合には、窃盗罪が成立する可能性がある。

④Aが、その管理する営業秘密を外部に漏らして対価を得た場合、背任罪が成立する可能性がある。

CHAPTER FOUR
第4章 企業財産の管理と法律

第11問 （公式テキストP.273〜P.275、P.307）

[正　解] ③

[解　説]

①は適切である。不正競争防止法は、営業秘密を**役員、従業員、第三者などによる不正使用**から保護している。

②は適切である。**保管権限のない者**が持ち出した場合は**窃盗罪**（刑法235条）が成立する可能性がある。

③は最も適切でない。**保管権限を有する者**が持ち出した場合は**業務上横領罪**（刑法253条）が成立する可能性がある。

④は適切である。秘密自体を他社に漏らした場合などは、**秘密の保管義務のある責任者**であれば**背任罪**（刑法247条）が成立する可能性がある。

■**関連知識**

不正競争防止法上の営業秘密に該当するための要件

営業秘密として保護されるためには、その情報が次の要件を充たしている必要がある。

秘密管理性	秘密として管理されていること
有用性	事業活動に有用であること
非公知性	公然と知られていないこと

企業活動に関する法規制

第 5 章

【第1問】・・・ 次の文中の [ ] の部分に、後記の語群から最も適切な語句を選びなさい。

　独占禁止法は、公正かつ自由な競争を促進することによって、一般消費者の利益の確保と民主的で健全な国民経済の発達を図ることを目的とし、この目的を達成するため[ア]や[イ]等の3つの行為を禁止の対象としている。

　[ア]とは、複数の事業者が対等の立場から一定の事業活動について協定を結び、その協定に従って行動することにより、公共の利益に反して一定の取引分野における競争を実質的に制限することをいう。[ア]には、事業者が協議して市場価格を引き上げたりする価格カルテルや、入札の際の受注予定者を決定するための事業者によるカルテル、いわゆる[ウ]などがある。

　[イ]は、それ自体は競争を制限していなくても、公正な競争を阻害する可能性のある行為であり、正当な理由がないのに不当にあるいは正常な商慣習に照らして不当に取引が行われた場合に違法になる。独占禁止法では[イ]として、共同供給拒絶など11種類を定めている。また、公正取引委員会は、告示により[エ]として、[イ]に該当する具体的な行為類型を定めている。

　これらに違反する行為に対しては、公正取引委員会から排除措置命令が出されるほか、一定の私的独占や[ア]については[オ]が課されることがある。

[語群]
　①ダンピング 　　　　②不公正な取引方法 　　③特別指定
　④ボイコット 　　　　⑤課徴金 　　　　　　　⑥不当な取引制限
　⑦寄付金 　　　　　　⑧談合 　　　　　　　　⑨一般指定
　⑩優越的地位の濫用 　⑪不当拘束条件付取引 　⑫公正競争規約

第5章 企業活動に関する法規制

CHAPTER FIVE

第1問　　　　　　　　　　　　　　　　　　（公式テキストP.278～P.284）

［正　解］ア⑥　　イ②　　ウ⑧　　エ⑨　　オ⑤

［解　説］

　　独占禁止法は、戦前の財閥等によるわが国の経済取引界における不当な支配、あるいは競争制限の反省の上に立って、米国の指導のもと制定された法律である。多数回の改正を経ているが、現在、**カルテルすなわち不当な取引制限、不公正な取引方法および私的独占という3類型の行為**を規制し、自由な取引秩序の保護を趣旨としている。

　　不当な取引制限としては、カルテルの中でも、いわゆる価格カルテルや受注者をあらかじめ事業者間で決めておく協定、すなわち談合等のように何種類かの類型が規制されている。これについては**公正取引委員会による課徴金納付命令**についての規定が設けられている。さらに一定の私的独占や不公正な取引方法についても課徴金納付命令が出されることがある。また、不公正な取引方法については、独占禁止法にも具体的な態様の一部が規定されているが、その他の**具体的な取引類型は、公正取引委員会の告示の形式で一般指定が、特にその指定になじまない業界に対しては特殊指定**が定められている。これは、告示の形で、時代の変化に伴って変わる不公正な取引方法を広く捕捉し、規制の実を上げようとするものである。

133

【第2問】・・・ 独占禁止法上の概念に関する次の①〜④の記述のうち、その内容が最も適切でないものを1つだけ選びなさい。

①事業者団体とは、事業者としての共通の利益を増進することを主たる目的とする2以上の事業者の結合体またはその連合体をいい、その組織形態や名称を問わない。

②私的独占とは、ある事業者が他の事業者の事業活動を排除または支配することにより、公共の利益に反して一定の取引分野における競争を実質的に制限することをいう。例えば、競争入札に参加する事業者の間であらかじめ受注予定者を決定する談合は、この私的独占に該当するとされる。

③不当な取引制限とは、複数の事業者が対等な立場から一定の事業活動について協定を結び、その協定に従って行動することにより、公共の利益に反して一定の取引分野における競争を実質的に制限することをいう。事業者が協議して市場価格を引き上げる価格カルテルは、不当な取引制限に該当する。

④不公正な取引方法は、それ自体は競争を直接制限していなくても、公正な競争を阻害する可能性のある行為である。独占禁止法では、不公正な取引方法として、その類型を定め、公正取引委員会の告示により、不公正な取引方法に該当する具体的な行為類型が定められている。

第5章 企業活動に関する法規制

CHAPTER FIVE

第5章

第2問　　　　　　　　　　　　　　　（公式テキストP.278〜P.284）

［正　解］②

［解　説］

①は適切である。**事業者団体は、その組織形態や名称は問わない**とされており、一般社団法人、一般財団法人、組合等の形態の組織も事業者団体に含まれる。

②は最も適切でない。いわゆる**談合は、不当な取引制限の一態様で**あり、私的独占の態様ではない。なお、私的独占における「他の事業者の排除」は、不当な競争制限的行為により他の事業者の事業活動に圧力を加え、その事業活動の継続を困難にして、その事業者を市場から実質的に締め出すことである。また、「他の事業者の支配」は、他の事業者に圧力を加え、自己の意思に従わせたり、自由な判断に基づいた事業活動を行えなくすることである。

③は適切である。不当な取引制限の定義およびその主なものとして価格カルテルがあることについては本肢記載の通りである。

④は適切である。独占禁止法は、不公正な取引方法として、下記の11種類を定めている（独占禁止法2条9項）。そして、不公正な取引方法の具体的な行為類型については、**公正取引委員会の告示である一般指定、特殊指定**によって定められている。

（不公正な取引方法）

①	共同供給拒絶	⑦	不当対価取引
②	差別対価	⑧	不当な顧客誘引および不当強制
③	不当廉売	⑨	不当拘束条件付取引
④	再販売価格の拘束	⑩	取引上の優越的地位の不当利用
⑤	優越的地位の濫用	⑪	競争者に対する不当妨害
⑥	不当な差別的取扱い		

135

【第3問】‥‥ 次の事項のうち、その内容が正しいものには○を、誤っているものには×を解答しなさい。

ア. 大規模小売店舗立地法は、大規模小売店舗について、その周辺地域の生活環境を保持するため、その立地について一定の調整等を図る法律である。

イ. 個人事業者が自己の事業のために他の事業者と契約を締結した場合、当該契約には消費者契約法が適用されない。

ウ. 割賦販売業者が、購入者との間で、割賦販売法上の割賦販売に該当する契約を締結した。この場合、当該割賦販売業者は購入者に対して、所定の事項について当該契約内容を明示しなければならないが、この明示は口頭で行えば足り、書面の交付等による必要はない。

エ. 特定商取引法上、販売業者は、訪問販売を行うに際し、販売の勧誘に先立って、その氏名、勧誘目的である旨、販売する商品の種類等を相手方に明らかにしなければならない。

オ. 特定商取引法上の訪問販売について、消費者が、特定商取引法に基づきクーリング・オフを行使し、事業者との間の契約を解除するには、消費者は、クーリング・オフを行使する旨を口頭で事業者に通知すればよい。

CHAPTER FIVE
第5章 企業活動に関する法規制

第3問　　　　　　　　　　　（公式テキストP.285、P.287〜P.299）

[正　解]　ア○　　イ○　　ウ×　　エ○　　オ×

[解　説]

アは正しい。大規模小売店舗立地法（大店立地法）は、大規模小売店舗の立地に関し、**その周辺の地域の生活環境の保持**のため、大規模小売店舗を設置する者によりその施設の配置および運営方法について適正な配慮がなされることを確保することにより、小売業の健全な発達を図り、もって国民経済および地域社会の健全な発展ならびに国民生活の向上に寄与することを目的とする（大店立地法1条）。

イは正しい。消費者契約法は、消費者と事業者との間で締結される契約（消費者契約）について適用される。消費者契約法上、消費者とは個人をいうが、そのうち**事業としてまたは事業のために契約の当事者となる場合における者**は消費者契約法上の個人から除かれる（消費者契約法2条1項）。したがって、自己の事業のために個人事業者が他の事業者と契約をしても、個人事業者は消費者に当たらないため、消費者契約法は適用されない。

ウは誤り。割賦販売業者は、割賦販売法所定の割賦販売の方法により指定商品・指定権利を販売する契約または指定役務を提供する契約を締結したときは、原則として、遅滞なく、経済産業省令・内閣府令で定めるところにより、一定の事項について、**その契約の内容を明らかにする書面**を購入者または役務の提供を受ける者に交付しなければならない（割賦販売法4条1項2項）。

エは正しい。訪問販売業者は、訪問販売をしようとするときは、**その勧誘に先立って**、相手方に対し、訪問販売業者の氏名または名称、契約について勧誘をする目的である旨、および商品や役務の種類等を明らかにしなければならない（特定商取引法3条）。主務大臣は、訪問販売業者がこれに違反し、訪問販売にかかる取引の公正および相手方の利益が著しく害されるおそれがあると認めるときは、その訪問販売業者に対し、1年以内の期間を限り、訪問販売に関する業務の全部または一部を停止すべきことを命ずることができる（特定商取引法8条1項）。

オは誤り。**特定商取引法に基づくクーリング・オフは、必ず書面で行わなければならず**、口頭で行っても、クーリング・オフの効果は生じない。

【第4問】・・・ 次の①～④の記述のうち、その内容が最も適切でないものを
1つだけ選びなさい。

①事業者が、個人消費者を誤認させたり困惑させたりする方法によって契約を締結させた場合、その消費者は消費者契約法に基づき当該契約を取り消すことができる。

②割賦販売業者は、割賦販売の方法により契約を締結したときは、賦払金の額等の事項につき、契約内容を明らかにする書面を割賦販売法に基づき購入者に交付する必要がある。

③特定商取引法の適用される訪問販売とは、営業所以外の場所で行われる商品・権利の販売、役務の有償提供であり、業者の配布したビラを見て営業所に来た者に対する商品・権利の販売、役務の有償提供は一切含まれない。

④特定商取引法の適用される取引においては、契約の履行等をめぐってトラブルが生じた場合に、事業者が高額な損害賠償金を消費者に請求する例があるので、消費者の利益が損なわれないよう、損害賠償額の上限が定められている。

CHAPTER FIVE
第5章 企業活動に関する法規制

第4問 （公式テキストP.287〜P.299）

[正　解]　③

[解　説]

①は適切である。現在の消費者取引においては、事業者が圧倒的な知識と交渉力を有する一方で、消費者は、そのような状況から疎外されている。そして、特に**事業者によって不実の情報を伝達されたり、あるいは断定的判断を提供されたり、または事業者の不退去や退去妨害等の行為により、誤認または困惑して契約を締結した場合や、過量な内容の契約を締結した場合に、消費者を保護するため、消費者契約法によって取消権が定められている**（消費者契約法4条）。

②は適切である。賦払金の額等の情報は、契約を締結するにあたって極めて重要な事項である。これらを含む一定の事項について、**書面で交付する義務**が規定されている（割賦販売法4条）。

③は最も適切でない。特定商取引法のうち、訪問販売の適用対象は、原則的に**営業所等以外の場所での販売**であるが、特定の方法・態様での取引については、営業所等において取引がなされても適用の対象となる。その中には、例えば、**販売目的を隠匿して、ビラ、パンフレット等を配り店舗への勧誘をする行為**も含まれている。したがって、「一切含まれない」ということはない。

④は適切である。事業者が消費者と取引する際に交わされる契約書に、債務不履行の場合に支払うべき損害賠償金額をあらかじめ定めておく条項を入れることもある。そのような場合、当事者の力関係から事業者に一方的に有利で、かつ過大な金額を要求されたのでは、消費者の保護に欠ける。そこで、あらかじめ、**損害金の上限**が定められている（特定商取引法10条）。

【第5問】・・・ 次の文中の [　] の部分に、後記の語群から最も適切な語句を選びなさい。

　取引の細分化・複雑化した経済社会では、企業などの事業者と消費者との間に専門的知識や技術の有無において格差が生じている。こうした状況では、消費者が、契約条件や内容について十分な理解を得ないままで契約をしてしまうといった問題が生じるおそれがある。

　このような事態に対処するために、個人消費者と事業者との間で締結される契約に、一般的に適用される [ア] が定められている。

　また、訪問販売や通信販売、連鎖販売取引などについて規制する [イ] が定められている。[イ] の適用がある訪問販売に該当すると、まず販売に際して、販売業者はその氏名、販売する商品等の種類等を相手方に明らかにしなければならない。また消費者は、契約の申込みまたは契約の締結から一定期間は、[ウ] で契約を解除できる。これを一般に [エ] という。ここで [ウ] とは、契約の解除に伴って消費者が一切の不利益を受けないという意味であり、消費者は、損害賠償金や [オ] を支払う必要がなく、また商品が引き渡されていても、事業者の負担で引き取らせることができる。

　[語群]
　　①トレード・シークレット　　②違約金　　　　③製造物責任法
　　④個人情報保護法　　⑤セクシュアル・ハラスメント
　　⑥特定商取引法　　　⑦大店立地法　　　⑧代理権
　　⑨無条件　　　　　　⑩公正証書　　　　⑪消費者契約法
　　⑫停止条件付　　　　⑬クーリング・オフ
　　⑭割賦販売法　　　　⑮解除条件付

140

CHAPTER FIVE
第**5**章 **企業活動に関する法規制**

第5問　　　　　　　　（公式テキストP.287～P.291、P.295～P.299）
［正　解］ア⑪　　イ⑥　　ウ⑨　　エ⑬　　オ②
［解　説］
　　取引の細分化・複雑化した経済社会では、企業などの事業者と消費者との間に専門的知識や技術の有無において格差が生じている。こうした状況では、消費者が契約条件や内容について十分な理解を得ないままで契約をしてしまうといった問題が生じるおそれがある。

　　このような事態に対処するために、**個人消費者と事業者との間で締結される契約に、一般的に適用される消費者契約法**が定められている。よって、アには⑪消費者契約法が入る。

　　また、**訪問販売や通信販売、連鎖販売取引などについて規制する特定商取引法**が定められている。特定商取引法の適用がある訪問販売に該当すると、まず、販売に際して販売業者は、その氏名、販売する商品等の種類等を相手方に明らかにしなければならない（特定商取引法3条）。また消費者は、契約の申込みまたは契約の締結から一定期間は**無条件で契約を解除することができる**（特定商取引法9条）。これを一般にクーリング・オフという。ここで無条件とは、契約の解除に伴って消費者が一切の不利益を受けないという意味であり、**消費者は、損害賠償金や違約金を支払う必要がなく、また商品が引き渡されていても事業者の負担で引き取らせることができる**。よって、イには⑥特定商取引法、ウには⑨無条件、エには⑬クーリング・オフ、オには②違約金が入る。

【第6問】・・・ 消費者契約法に関する次の①～④の記述のうち、その内容が最も適切でないものを1つだけ選びなさい。

①消費者契約法は、事業者が消費者に商品を販売する契約だけでなく、事業者が消費者に役務を提供する契約にも適用される。

②消費者契約法上の事業者には、法人その他の団体のほか、個人事業主のように、事業としてまたは事業のために契約の当事者となる個人も含まれる。

③消費者が消費者契約法に基づき事業者との間の消費者契約を取り消した場合、事業者は当該契約に基づきすでに消費者から受領していた代金を返還する必要はない。

④消費者契約において、例えば、事業者の債務不履行により消費者に損害が生じたときに事業者が負うべき責任の全部を免除する条項のように、消費者にとって一方的に不利益な条項が含まれている場合、当該条項は無効である。

第5章 企業活動に関する法規制

CHAPTER FIVE

第6問　　　　　　　　　　　　　　　（公式テキストP.287〜P.291）

［正　解］③

［解　説］

①は適切である。消費者契約法にいう**消費者契約とは、消費者と事業者との間で締結される契約をいい**（消費者契約法2条3項）、取引の対象は特に限定されていない。したがって、消費者契約法は、事業者が消費者に役務を提供する契約にも適用される。ただし、**労働契約については、労働契約法・労働基準法による規律があるため、消費者契約法は適用されない**（消費者契約法48条）。

②は適切である。消費者契約法にいう**事業者とは、法人その他の団体および事業としてまたは事業のために契約の当事者となる場合における個人をいう**（消費者契約法2条2項）。

③は最も適切でない。消費者契約法に基づき契約が取り消された場合、**その契約は初めから無効であったものとされ**（消費者契約法11条1項、民法121条）、両当事者は原状回復義務を負うため（民法121条の2）、事業者は、すでに消費者から受領していた代金を消費者に返還しなければならない。

④は適切である。消費者契約法では、消費者にとって一方的に不利な一定の条項が消費者契約に含まれている場合、その条項を**無効**とする旨が定められており、本肢のような条項はこれに当たる（消費者契約法8条1項1号）。

143

【第7問】・・・ **Xは、宝石販売を営むY社の営業担当者から電話で「抽選に当選しましたので、Y社においで下さい」と勧誘を受け、Y社の事務所に赴き、宝石を購入したが、数日経ってこの購入を後悔している。この場合に関する次の①～④の記述のうち、その内容が最も適切なものを1つだけ選びなさい。**

①この場合、Y社の事務所における契約なので、特定商取引法の適用のある訪問販売とはならない。

②Xがクーリング・オフを行う場合には、XがY社に対し、所定の期間内にその旨を書面で通知しなければならない。

③Xがクーリング・オフを行った場合でも、契約解除に伴う違約金が定められている場合には、XがY社に対しその違約金を支払わなければならない。

④Xがクーリング・オフを行った場合、Xは購入した宝石をY社に返還しなければならず、その返還のための送料はXが負担しなければならない。

CHAPTER FIVE
第**5**章 企業活動に関する法規制

第7問　　　　　　　　　　　　　　　　　　　（公式テキストP.295〜P.299）

　［正　解］②

　［解　説］

　　①は適切でない。営業所における契約であっても、**事業者が電話、郵便、電報等によって呼びかけて営業所に来させた者との間の契約**は、特定商取引法上の訪問販売に該当するとされている。

　　②は最も適切である。クーリング・オフの行使は、一定期間内に**書面により解約等の通知を発送すること**が要件とされている。

　　③は適切でない。クーリング・オフの行使により、消費者は契約の申込みまたは契約の締結から一定期間は、**無条件で契約関係を解消すること**ができ、違約金等の定めがあってもその違約金を支払う必要はない。

　　④は適切でない。クーリング・オフを行使した場合、商品が引き渡されていても、購入者は**事業者の負担で**購入した商品を引き取らせることができる。

■ポイント
（特定商取引法上の訪問販売に関する規制）

①販売をする際、販売業者は氏名・販売目的などを相手方に告げなければならない。		
②**クーリング・オフ**	要件	ア）営業所等以外の場所で契約の申込みを受けたり、契約を締結した場合であること
		イ）**書面で**クーリング・オフできる旨の告知を受けた日から一定期間内であること
		ウ）上記イ）の期間内に**書面による解約の告知を発信すること**
		エ）契約対象の金額が一定額以上であること
		オ）契約の目的が政令所定の商品・役務ではないこと、または特定権利であること
	効果	**無条件での申込みの撤回や解除が認められる**
		・損害賠償金や違約金を支払う必要がない。
		・引渡しを受けた商品を業者の負担で引き取らせることができる。
③解除に伴う損害賠償などの額が制限される。		

【第8問】・・・ 次の文中の [　] の部分に、後記の語群から最も適切な語句を選びなさい。

　Aが家電量販店でパソコンを購入し、取扱説明書に従って使用していたところ、部品の一部の不具合が原因でパソコンが突然発火し、Aは火傷を負った。この場合、Aは民法上の [ア] の規定を根拠として、パソコンの製造業者に損害賠償を請求することができる。しかし、民法上の [ア] に基づく損害賠償請求においては、被害者が製造業者の故意または [イ] を立証しなければならない。実際はその立証が困難であるため、製造物責任法が制定されており、被害者の立証責任は軽減されている。

　製造物責任法では、製造物に [ウ] があり、これによって人の生命、身体または財産に [エ] が生じた場合、被害者は、原則として、製造業者の故意または [イ] を立証しなくても、製造業者に損害賠償を請求することができる。ただし、[エ] が当該製造物についてのみ生じた場合には、製造物責任法は適用されない。

　なお、[ウ] とは、製造物が通常有すべき安全性を欠いていることをいう。また、製造物とは、製造または加工された [オ] をいい、製造物に該当しないものについては、製造物責任法の適用対象とはならない。

[語群]
①知的財産　②不法行為　③資力　④進歩性　⑤利息
⑥損害　⑦役務　⑧欠陥　⑨善意　⑩催告
⑪不当利得　⑫過失　⑬債務不履行　⑭動産　⑮不動産

第**5**章 CHAPTER FIVE
企業活動に関する法規制

第8問　　　　　　　　　　　　　　　　　　　　（公式テキストP.300）

[正　解] ア② 　イ⑫　 ウ⑧ 　エ⑥ 　オ⑭
[解　説]

　問題文の事例におけるAは**民法上の不法行為**の規定を根拠として、パソコンの製造業者に損害賠償を請求することができる（民法709条）。したがって、アには②不法行為が入る。

　しかし、民法上の不法行為に基づく損害賠償請求においては、**被害者が製造業者の故意または過失を立証しなければならない**。実際はその立証が困難であるため、製造物責任法が制定されており、被害者の立証責任は軽減されている。したがって、イには⑫過失が入る。

　製造物責任法では、製造物に欠陥があり、これによって人の生命、身体または財産に損害が生じた場合、**被害者は、原則として、製造業者の故意または過失を立証しなくても、製造物に欠陥があることを立証することにより、製造業者に損害賠償を請求することができる**。ただし、損害が当該製造物についてのみ生じた場合には、製造物責任法は適用されない（製造物責任法3条）。

　なお、欠陥とは、**製造物が通常有すべき安全性を欠いていることをいう**（製造物責任法2条2項）。また、**製造物とは、製造または加工された動産をいい**（製造物責任法2条1項）、製造物に該当しないものについては、製造物責任法の適用対象とはならない。したがって、ウには⑧欠陥が、エには⑥損害が、オには⑭動産が、それぞれ入る。

【第9問】‥‥ 次の文中の [ ] の部分に、後記の語群から最も適切な語句を選びなさい。

　個人情報保護法上の個人情報は、一般に、[ア]に関する情報であって、当該情報に含まれる氏名、生年月日その他の記述等により特定の個人を識別することができるものまたは個人識別符号が含まれるものをいう。

　そして、個人情報を含む情報の集合物であって、特定の個人情報を電子計算機を用いて検索することができるように体系的に構成したものは、個人情報保護法上の[イ]に当たる。例えば、企業がその保有する顧客の氏名、住所、生年月日等の個人情報をデータベース化して、コンピュータで容易に検索できるように体系的に構成した顧客リストは、[イ]に該当する。なお、この顧客リストが事業活動に有用な営業上の情報であり、秘密として管理され、かつ公然と知られていない場合、当該顧客リストは、不正競争防止法上の[ウ]にも該当し、企業の役員、従業員、第三者などによる不正使用からの保護が図られている。

　[イ]を事業の用に供している者は、原則として、個人情報保護法上の個人情報取扱事業者に当たり、同法所定の様々な義務を負う。例えば、個人情報取扱事業者は、個人情報を取り扱うにあたり、その[エ]をできる限り特定しなければならない。また、個人情報取扱事業者は、あらかじめ本人の同意を得ずに、[エ]の達成に必要な範囲を超えて個人情報を取り扱ってはならない。さらに、法令に基づく場合など一定の場合を除き、あらかじめ本人の同意を得ずに、個人データを第三者に提供してはならない。

　ただし、個人情報取扱事業者は、第三者に提供される個人データについて、本人の求めに応じて当該本人が識別される個人データの第三者への提供を停止することとしている場合であって、一定の事項について、あらかじめ本人に通知しまたは本人が容易に知り得る状態に置くともに、個人情報保護委員会に届け出たときは、あらかじめ本人の同意を得ずに、当該個人データを第三者に提供することができる。第三者への個人データの提供に関して行われるこのようなやり方を一般に[オ]という。

[語群]
　①取得方法　　②個人情報データベース等　　③譲渡価格
　④組合　　⑤顧客管理台帳　　⑥利用目的　　⑦営業秘密
　⑧クーリング・オフ　　⑨株主名簿　　⑩生存する個人
　⑪法人　　⑫プログラムの著作物　　⑬リニエンシー
　⑭特許発明　　⑮オプトアウト

第9問　　　　　　　　　　　　（公式テキストP.300～P.304）

[正　解] ア⑩　イ②　ウ⑦　エ⑥　オ⑮
[解　説]
　高度情報通信社会の進展に伴い、個人情報の利用が著しく拡大していることから、個人情報の有用性に配慮しつつ、個人の権利利益の保護を図ることを目的として「個人情報の保護に関する法律」（個人情報保護法）が定められている。

個人情報	生存する個人に関する情報であって、次のいずれかに該当するものをいう。 ・当該情報に含まれる氏名、生年月日その他の記述等により特定の個人を識別することができるもの ・個人識別符号（※1）が含まれるもの
個人情報取扱事業者	個人情報データベース等（個人情報を含む情報の集合物であり、特定の個人情報をコンピュータで検索できるよう体系的に構成したもの等）を事業の用に供している者。ただし、一定の者は除かれる。
個人情報取扱事業者の義務	●利用目的に関する義務 　・利用目的を特定すること 　・原則として、あらかじめ本人の同意を得ずに利用目的の達成に必要な範囲を超えて個人情報を取り扱ってはならない ●個人情報取得に関する義務 　・偽りその他不正の手段により個人情報を取得してはならない ●第三者提供に関する義務 　・原則として、あらかじめ本人の同意を得ずに個人データを第三者に提供してはならない 　・オプトアウトの手続をとっている場合、個人データを第三者に提供することができる（ただし、要配慮個人情報（※2）を除く） ●安全管理に関する義務 　・取り扱う個人データの漏えい・滅失等の防止等、安全管理のために必要かつ適切な措置を講じる義務 　・従業者に個人データを取り扱わせる際、安全管理が図られるよう、必要かつ適切な監督をする義務　　　　　　　　　　　　　　　　　　など

（※1）個人識別符号とは、次のいずれかに該当する符号のうち、政令で定めるものをいう。
　　・指紋データや顔認識データなど特定の個人の身体的特徴を変換した符号であって、当該特定の個人を識別することができるもの
　　・運転免許証番号やパスポート番号など個人に割り当てられた番号、記号その他の符号であって、特定の者を識別することができるもの
（※2）要配慮個人情報とは、人種、信条、社会的身分、病歴、犯罪の経歴その他本人に対する不当な差別、偏見その他の不利益が生じないようにその取扱いに特に配慮を要するものとして政令で定める記述等が含まれる個人情報をいう。

【第10問】・・・ 個人情報保護法に関する次の①～④の記述のうち、その内容が最も適切なものを1つだけ選びなさい。

①個人情報保護法に定める個人情報には、会社等の法人の情報や死者に関する情報も当然に含まれる。

②個人情報取扱事業者は、利用目的の達成に必要な範囲内において、個人データを正確かつ最新の内容に保つとともに、利用する必要がなくなった場合においても、当該利用する必要がなくなった日から10年間、営業所において保管しなければならない。

③個人情報取扱事業者は、個人情報を取り扱うにあたり、その利用目的を特定しそれを本人に通知していれば、個人データの漏えいや滅失を防止するための措置を講じる必要はまったくない。

④個人情報取扱事業者は、個人データの取扱いの全部または一部を委託する場合は、その取扱いを委託された個人データの安全管理が図られるよう、委託を受けた者に対する必要かつ適切な監督を行わなければならない。

第5章 企業活動に関する法規制

CHAPTER FIVE

第10問 　　　　　　　　　　　　（公式テキストP.300〜P.304）

[正　解] ④

[解　説]

①は適切でない。個人情報保護法に定める**個人情報とは、生存する個人に関する情報であって、当該情報に含まれる氏名、生年月日その他の記述等により特定の個人を識別することができるものまたは個人識別符号が含まれるものである**（個人情報保護法2条1項）から、会社等の法人の情報や死者に関する情報は、当然に個人情報に含まれるわけではない。

②は適切でない。個人情報取扱事業者は、**利用目的の達成に必要な範囲内において、個人データを正確かつ最新の内容に保つとともに、利用する必要がなくなったときは、当該個人データを遅滞なく消去するよう努めなければならない**（個人情報保護法19条）。

③は適切でない。**個人情報取扱事業者は、個人データの漏えいや滅失を防止するための措置を講じなければならない**とされており（個人情報保護法20条）、利用目的を特定し、それを本人に通知しているからといって、上記の義務は減免されない。

④は最も適切である。**個人情報取扱事業者が、その保有する個人データの取扱いの全部または一部を他者に委託する場合、その個人データの安全管理が図られるよう、当該委託を受けた者に対し必要かつ適切な管理を行わなければならない**（個人情報保護法22条）。

企業と会社のしくみ　第６章

【第1問】・・・ 次の①～④の記述のうち、その内容が最も適切なものを1つだけ選びなさい。

①消費者が小売店で物品を購入する場合のように、当事者の一方が商人ではない場合にも商法が適用されることがある。

②主債務者の債務が主債務者の商行為によって生じた場合でも、商法上、保証債務は連帯保証債務とはならない。

③代理による取引を行う場合、その取引が商行為に該当するときも代理人の顕名がなければ原則として本人に取引の効果は帰属しない。

④債権者が債務者の債務不履行を理由に損害賠償を請求する場合、商行為についての賠償方法は金銭賠償が原則であるが、商行為でない取引についての賠償方法は原状回復が原則である。

154

第6章 CHAPTER SIX
企業と会社のしくみ

第1問　　　　　　　　　　　　　　（公式テキストP.323〜P.326）

［正　解］①

［解　説］

①は最も適切である。一般の消費者が小売店で物品を購入する場合には、小売店の販売行為は商行為であるが、消費者が商品を購入する行為は商行為ではない。このように、**当事者の一方にとってのみ商行為となるものを一方的商行為という。一方的商行為では、当事者双方に商法が適用される**（商法3条1項）。よって、本肢は適切である。

②は適切でない。**連帯保証は、通常の保証債務に認められる催告の抗弁権・検索の抗弁権を持たないため**、債権者側からすれば、通常の保証と比べはるかに有利である。保証人が主たる債務者と連帯して履行することを特に合意した場合の保証は連帯保証となるが、このような合意がなくても、**債務が主たる債務者の商行為によって生じた場合や、保証が商行為の場合には、保証債務は当然に連帯保証債務となる**（商法511条2項）。よって、本肢は適切でない。

③は適切でない。代理が成立するためには、i) 代理権の存在、ii) 顕名、iii) 代理行為の3つの要件がすべて充たされることが必要である。しかし、**その代理行為が商行為である場合には、代理人の顕名がなくても原則として本人に取引の効果は帰属する**（商法504条）。よって、本肢は適切でない。

④は適切でない。**民法では、損害賠償は別段の意思表示がない場合には、金銭をもってその額を定める**（民法417条）とする。つまり、損害賠償を請求する場合には、その賠償方法は金銭賠償が原則とされている。よって、商行為でない取引については原状回復が原則であるとする本肢は適切でない。商行為に関する損害賠償請求についても、商法に規定がない限り、民法が適用されるため、民法417条により金銭賠償が原則である。

155

【第2問】・・・
次の文中の [ ] の部分に、後記の語群から最も適切な語句を選びなさい。

　商法によれば、商行為は、[ア] 商行為、[イ] 商行為、[ウ] 商行為に分けられる。
　[ア] 商行為には、例えば売却して利益を得るために不動産や有価証券を取得する行為などが当たり、[ア] 商行為は強度の営利性があるために、商人でない者が行っても商行為となる。[イ] 商行為は、例えば賃貸して利益を得るための不動産や動産の取得、作業の請負、運送契約などであり、営業として反復的に営まれたときに商行為となる。また、[ウ] 商行為は、商人が営業のためにする補助的な商行為である。
　消費者が小売店で商品を購入する場合、小売店が商品を販売する行為は商行為であるが、消費者が商品を購入する行為は商行為ではない。このように一方の当事者にとってのみ商行為となるものを [エ] 商行為という。[エ] 商行為については [オ] に商法が適用される。

　[語群]
　　①当事者双方　　②直接的　　　③絶対的　　　④永続的
　　⑤商人のみ　　　⑥断続的　　　⑦事業者のみ　⑧附属的
　　⑨一方的　　　　⑩間接的　　　⑪法人のみ　　⑫営業的
　　⑬消費者のみ　　⑭有害的　　　⑮無益的

第6章 CHAPTER SIX
企業と会社のしくみ

第2問　　　　　　　　　　　　　　（公式テキストP.323〜P.325）

［正　解］ア③　　イ⑫　　ウ⑧　　エ⑨　　オ①

［解　説］

　　商法上、商行為は次のように分けることができる。

　　ⅰ.**絶対的商行為**・・・例えば、売却して利益を得るための不動産や有
　　　価証券などの取得や取引所の取引等、**強度の営利性があるため
　　　に、商人でない者が行っても商行為となるもの**がこれに当たる。

　　ⅱ.**営業的商行為**・・・例えば、賃貸して利益を得るための不動産や動
　　　産の取得、作業の請負、運送契約などのように、**営業として反復
　　　的に営まれたときに商行為となるもの**がこれに当たる。

　　ⅲ.**附属的商行為**・・・商人が営業のためにする補助的な行為、すな
　　　わち営利の目的を実現するために行われる企業の対外的取引
　　　活動をいう。例えば、不動産業者が不動産購入のための資金を
　　　銀行から借りる行為等がこれに当たる。

　したがって、アには③、イには⑫、ウには⑧がそれぞれ入る。

　　また、例えば消費者が小売店で商品を購入する場合など、**取引の
一方の当事者にとってのみ商行為となるものを一方的商行為とい
う**。一方的商行為については当事者双方、つまり商人ではない消費
者にも商法が適用される。したがって、エには⑨、オには①がそれぞれ
入る。

【第3問】・・・ **商業登記に関する次の記述のうち、その内容が正しいものには○を、誤っているものには×を解答しなさい。**

ア. 商業登記とは、商号、商人の規模、取引の権限を持つ者（代表取締役や支配人）の氏名など、商人の営業に関する取引上重要な事項を公示して、集団的・大量的に行われる営業活動の円滑と安全を確保するため、商業登記簿に行う登記をいう。

イ. 登記事項は法定されていないが、例えば株式会社の場合には、設立時に会社の目的、商号などを登記するのが一般である。

ウ. 株式会社については、会社の内容を表す重要事項が登記されているので、新たに重要取引を行うにあたって相手方企業について調査する場合には、相手方企業の登記事項証明書を登記所（法務局）で入手し、確認するという方法が実務上一般に行われる。

エ. 商業登記をすれば、正当の事由（交通途絶など）により知らなかった者を除き、善意の第三者に対しても、登記した事項の存在を主張することができる。

オ. 登記制度は、登記事項が真実であることを前提に成立しているから、登記事項が真実に反する不実の登記は無効である。したがって、会社が支配人に選任していない者を支配人として登記してもその登記は無効であり、その登記を信じて取引を行った者は一切保護されない。

第6章 企業と会社のしくみ

CHAPTER SIX

第3問　　　　　　　　　　　　　　　　　（公式テキストP.326〜P.329）

[正　解] ア○　イ×　ウ○　エ○　オ×

[解　説]

アは正しい。本肢の記述の通りである。会社は、商業登記により、法で定められた事項を一般に公開しなければならない。そのため、会社の設立時には設立登記を申請しなければならず、登記事項に変更が生じた場合には変更登記の申請をしなければならない。これらの登記を怠った場合、過料に処せられる。

イは誤り。**登記事項は法定されており**、株式会社の場合には、会社の目的や商号などは登記事項として法定されている（会社法911条3項）。

ウは正しい。本肢の記述の通りである。

エは正しい（商法9条1項、会社法908条1項）。**このような登記の効力を積極的公示力という。**

オは誤り。問題文の前半は正しい。しかし、後半については、故意または過失により**不実の登記をした者は、その事項が不実であることをもって、その事実を知らない善意の第三者に対抗することができない**（商法9条2項、会社法908条2項）。

■ポイント
（商業登記の効力）

一般的効力	消極的公示力	登記事項については、登記がない限り善意の第三者に対抗できない。
	積極的公示力	登記があれば、正当の事由（交通途絶など）により知らなかった者を除き、善意の第三者に対しても、登記した事項の存在を主張することができる。
特別な効力		①商号の譲渡は登記をすることにより、第三者に対抗することができる。 ②会社は本店所在地において設立の登記をすることによって成立する。

159

【第4問】・・・ 商号に関する次の記述のうち、その内容が正しいものには○を、誤っているものには×を解答しなさい。

ア. 会社は、商号の中にその会社の種類を示す文字（株式会社、合名会社、合資会社、合同会社）を使用しなければならない。

イ. 商法では原則として商号は自由に選定できる旨を定めているが、商号は商人を他の商人と区別する機能を持つことから、1個の営業についての商号は原則として1個に限られる。

ウ. 不正の目的で、他人の営業と誤認されるような商号を使用することは禁じられており、これに違反して商号を使用すると商号使用の差止請求を受けることがある。

エ. 商号は設立時の登記事項とされており、個人企業の場合も会社の場合も常に登記しなければならないと定められている。

オ. 商号が登記された場合には、他の者は、同一の都道府県内においては同一の営業のために同一あるいは類似の商号を登記することはできなくなる。

第6章 企業と会社のしくみ

CHAPTER SIX

第4問　　　　　　　　　　　　（公式テキストP.329～P.330）

[正　解] ア○　　イ○　　ウ○　　エ×　　オ×

[解　説]

アは正しい（会社法6条2項）。問題文の記述とは逆に、**会社でない者はその商号中に会社であると誤認されるおそれのある文字を用いてはならない**（会社法7条）。また、銀行業や保険業など、一定の業種の会社は、商号中にその業種を表す特定の名称を用いなければならず、それ以外の者がその業種を表す文字を商号に用いることは禁じられている。

イは正しい。このことを**商号単一の原則**という。

ウは正しい。このことを**同一・類似商号の使用禁止**という。

エは誤り。個人の場合には、商号を登記するか否かは自由である。

オは誤り。**商号が登記された場合、同一の営業所（会社の場合は本店）の所在場所で同一の商号を登記することはできない**（商業登記法27条）。

■関連知識

不正競争防止法による商号の保護

広く認識されている商号と同一あるいは類似の商号を使用して、その商品・営業と混同を生じさせる行為がなされ、それによって営業上の利益が侵害されるおそれがある場合には、その侵害の停止・予防を請求することができる。また、そうした行為により営業上の信用が侵害された場合、損害賠償請求・信用回復措置請求をすることができる（不正競争防止法2条1項1号2号・3条・4条・14条）。

| 第1章 | 第2章 | 第3章 | 第4章 | 第5章 | 第6章 | 第7章 | 第8章 | 第9章 |

【第5問】・・・ 次の文中の[ ]の部分に、後記の語群から最も適切な語句を選びなさい。

　株式会社は、多人数の出資者から巨額の資本を動員して大規模かつ長期的に事業を行うことを本来の目的としていることから、多数の出資者が参加しやすいしくみが工夫されている。

　例えば、会社の実質的所有者である社員（株主）の地位は、細分化され、均一的な割合的単位の形（株式）で表されており、出資者は、資力に応じて適当な額を出資できるしくみになっている。そして、株主はその持株数に応じて会社から平等に取り扱われるという[ア]が採られている。また、株主の責任は[イ]なので、責任の面からも出資が得やすくなっている。さらに、株主に対する資本の払戻しは認められていないが、原則として株式の自由な譲渡を認めることによって投下資本の回収の途を開いている。これを[ウ]という。他方、株式会社では、性質上株主の個性は問題とならず、また人数も多いのが本来であるので、株主は必ずしも会社経営に適しているとはいえない。そこで、会社の経営は、株主総会で選任した取締役などに委ねることとしている。これを[エ]という。

　しかしながら、このように株主が[イ]しか負わない結果、会社債権者に対する財産的基礎は、会社財産だけということになる。そこで、会社財産確保の観点から[オ]が設けられ、その確保や充実、維持に関する規定が設けられている。

　[語群]
　　①忠実義務　　　　　②所有と経営の分離　　③直接・無限・連帯責任
　　④資本制度　　　　　⑤会計監査制度　　　　⑥商号単一の原則
　　⑦間接有限責任　　　⑧株主平等の原則　　　⑨共同代表取締役制度
　　⑩株式譲渡自由の原則　⑪債権者平等の原則　　⑫退社制度
　　⑬私的自治の原則　　⑭無過失責任　　　　　⑮権利能力平等の原則

第6章 CHAPTER SIX
企業と会社のしくみ

第5問　　　　　　　　　　　　　　　（公式テキストP.335〜P.336）

[正　解] ア⑧　　イ⑦　　ウ⑩　　エ②　　オ④

[解　説]

　　株式会社の実質的所有者である社員（株主）の地位は、細分化され、均一的な割合的単位の形で表されている。そして、出資者は、資力に応じて適当な額を出資できるしくみになっており、**株主はその持株数に応じて会社から平等に取り扱われる**（会社法109条1項）。これを**株主平等の原則**という。したがって、アには⑧株主平等の原則が入る。

　　また、株主の責任は間接有限責任なので（会社法104条）、出資が得やすくなっている。したがって、イには⑦間接有限責任が入る。

　　さらに、会社資本の確保の観点から、株主に対する資本の払戻しは認められていない。しかし、**原則として株式の自由な譲渡を認める**（会社法127条）ことによって株主の投下資本の回収の途を開いている。これを**株式譲渡自由の原則**という。したがって、ウには⑩株式譲渡自由の原則が入る。

　　他方、株主は必ずしも会社経営を担当することに適していないことから、**会社経営を株主総会で選任した取締役などに委ねることとしている**。これを**所有と経営の分離**という。したがって、エには②所有と経営の分離が入る。

　　しかしながら、このように株主が間接有限責任しか負わない結果、会社債権者に対する財産的基礎は、会社財産だけということになる。そこで、**会社財産確保の観点から資本制度が設けられ、その確保や充実、維持に関する規定が設けられている**。したがって、オには④資本制度が入る。

163

【第6問】・・・

次の文中の [ ] の部分に、後記の語群から最も適切な語句を選びなさい。なお、機関構成については、監査等委員会設置会社および指名委員会等設置会社ではない形態を前提として解答すること。

会社法の規定によれば、株式会社は [ア] を設置することができる。[ア] はすべての [イ] で構成され、業務執行に関する意思決定を行う。また、[イ] が2名以上いる場合に、[イ] の互選または株主総会で（[ア] 設置会社では [ア] が）[ウ] を選定することができる。[ウ] は対外的に会社を代表する機関である。そして、株式会社の [エ] である株主で構成される株主総会には、[イ] の選任・解任などの事項の決定権限が与えられている。

このように、株式会社では、会社の経営を株主から切り離して経営の専門家に委ねているが、これを [オ] という。

[語群]
　①代表取締役　　　②従業員　　　　　③管理者
　④支配人　　　　　⑤取締役　　　　　⑥常務会
　⑦取締役会　　　　⑧監査役会　　　　⑨株主総会
　⑩資本制度　　　　⑪所有と経営の分離　⑫株主平等の原則
　⑬実質的所有者　　⑭委任者　　　　　⑮株主の間接有限責任

第6章 企業と会社のしくみ

CHAPTER SIX

第6問　　　　　　　　　　　　　　　（公式テキストP.339〜P.344）

［正　解］ア⑦　イ⑤　ウ①　エ⑬　オ⑪

［解　説］

ア. 株式会社が**任意に設置**することができ、その**業務執行に関する意思決定を行う機関**は、「取締役会」である。なお、取締役会の設置は、原則として任意であるが、公開会社では取締役会の設置が義務付けられている。

イ. **株主総会において選任あるいは解任**され、**取締役会を構成**するのは「取締役」である。取締役は、すべての会社で必ず選任しなければならない。

ウ. **取締役の互選・株主総会・取締役会で選定**され、**会社の業務執行を担当し、対外的に会社を代表**するのは、「代表取締役」である。

エ. 株主は、**株式会社の出資者**であり、「**実質的所有者**」である。なお、株主総会は、すべての会社で必ず設置されなければならない機関であり、株式会社の組織・運営・管理その他株式会社に関する一切の事項について決議することのできる意思決定の最高機関である。ただし、取締役会設置会社の株主総会で決議できる事項は、会社法および定款に定められた株式会社の基本的事項に限られる。

オ. 会社の実質的所有者である**株主から経営を切り離し、専門家である取締役などに任せる**ことを、「所有と経営の分離」という。

【第7問】・・・ 次の①～④の記述のうち、その内容が最も適切でないものを1つだけ選びなさい。

①取締役は、その職務の執行について、会社に対して損害賠償責任を負うことはあっても、第三者に対して損害賠償責任を負うことはあり得ない。

②取締役の責任は、本来会社自身が追及すべきであるが、会社がその追及を怠っている場合、原則として引き続き6か月以上株式を有する株主は自ら会社のために取締役の責任を追及する訴えを提起することが認められている。

③取締役が会社から金銭を借り入れたり、取締役が会社に商品等を売ったりする、利益相反取引を行うには、株主総会（取締役会設置会社では取締役会）の承認が必要とされている。

④配当可能な利益がないのに剰余金の配当議案を株主総会に提出して違法な配当がなされた場合、取締役はその配当額に相当する金銭を会社に支払わなければならない。

第6章 企業と会社のしくみ

CHAPTER SIX

第7問 （公式テキストP.340〜P.344）

[正　解]　①

[解　説]

①は最も適切でない。取締役は、会社との関係で忠実義務（会社法355条）ないし委任関係に基づく善管注意義務（会社法330条、民法644条）があり、契約法上は会社に対してのみ責任を負い、第三者に対しては、一般の不法行為責任を負うだけである。しかし、取締役の権限の強大さに鑑み、不法行為責任とは別に法が特別に定めたのが取締役の第三者に対する責任である。**取締役が職務を執行するにあたり、悪意・重過失によって第三者に損害を与えた場合、当該取締役はそれと相当因果関係のある損害について賠償責任を負う**（会社法429条）。

②は適切である。いわゆる株主代表訴訟（責任追及等の訴え）である（会社法847条）。委任者である会社に対して責任を負う取締役は、会社からその責任を追及されるのが本来の形である。しかし、会社とのなれ合いやその他の人的な事情等から、会社が取締役に対して厳しく責任を追及しないことも予想される。そこで、**会社の実質的な所有者である株主に、会社に代わって取締役の責任を追及する手段を与えた**のである。

③は適切である。利益相反取引については、取締役の利益のために会社が損害を受けるおそれがある。そこで、**利益相反取引を行うには、株主総会または取締役会の承認が必要とされている**（会社法356条1項・365条1項）。

④は適切である。違法配当については、取締役には自らその職務を行うについて注意を怠らなかったことを証明すべき極めて重い責任が課せられている。**違法配当をした取締役は、その交付した金銭等の帳簿価額に相当する金銭を会社に弁済しなければならない**（会社法462条）。

【第8問】・・・ 次の事項のうち、その内容が正しいものには○を、誤っているものには×を解答しなさい。

ア. 取締役会設置会社の株主総会においては、会社法や定款に定められた株式会社の基本的事項に限り、決議することができる。

イ. 会社法の規定に基づき、株主が会社に対し取締役の責任を追及する訴えの提起を請求したにもかかわらず、所定の期間内に会社が訴えを提起しなかった場合、当該株主は、会社に対する取締役の責任を追及する訴え(株主代表訴訟)を提起することができる。

ウ. 株式会社の監査役は、取締役および会計参与の職務執行や会社の計算書類を監査する権限を有するが、取締役、会計参与および支配人等の使用人に対して事業の報告を求める権限は有しない。

エ. 会社法上、複数の監査役を置く株式会社は、すべて監査役会を設置しなければならない。

オ. 会計参与を設置した株式会社では、取締役が作成した計算書類等について、会計参与の監査を受けなければならない。

第6章 CHAPTER SIX 企業と会社のしくみ

第8問　　　　　　　　　　　　　（公式テキストP.339、P.344〜P.346）

[正　解] ア○　　イ○　　ウ×　　エ×　　オ×

[解　説]

アは正しい。会社法上、株主総会は、会社法に規定する事項および株式会社の組織、運営、管理その他株式会社に関する一切の事項について決議をすることができるとされているが（会社法295条1項）、**取締役会が設置されている会社においては、株主総会は会社法に規定する事項および定款で定めた事項に限り決議をすることができる**とされている（会社法295条2項）。

イは正しい。6か月（これを下回る期間を定款で定めた場合にあっては、その期間）前から引き続き株式を有する株主は、株式会社に対し、書面その他の法務省令で定める方法により、役員等の責任を追及する訴えの提起を請求することができる（会社法847条1項本文）。そして、株式会社がこの請求の日から60日以内に責任追及等の訴えを提起しないときは、当該請求をした株主は、株式会社のために、責任追及等の訴えを提起することができる（会社法847条3項）。

ウは誤り。**監査役は、いつでも取締役および会計参与ならびに支配人その他の使用人に対して事業の報告を求めることができる**（会社法381条2項）。

エは誤り。株式会社は、定款の定めによって監査役および監査役会を置くことができる（会社法326条2項）。監査役会については、一定の大会社において設置が義務付けられているが、**それ以外の株式会社では、複数の監査役を置く場合でも、監査役会の設置を義務付けられない。**

オは誤り。**会計参与は、取締役と共同して計算書類を作成する権限を有する会社法上の機関であり**（会社法374条1項）、監査役や会計監査人と異なり、計算書類を監査する立場にはない。

169

【第9問】・・・ 　会社法上の会社の使用人に関する次の①〜④の記述のうち、その内容が最も適切でないものを1つだけ選びなさい。

①事業に関するある種類または特定の事項の委任を受けた使用人は、会社に代わって当該事項に関する一切の裁判外の行為をする権限を有する。

②支配人は、会社の許可を受けなくても、自己または第三者のために会社の事業の部類に属する取引をすることができる。

③支配人が有する包括的代理権に、会社が何らかの制限を加えたとしても、会社はその制限を善意の第三者に対抗することはできない。

④物品の販売等を目的とする店舗の使用人は、相手方が悪意であるときを除き、その店舗にある物品の販売等をする権限を有するものとみなされる。

第6章 企業と会社のしくみ
CHAPTER SIX

第9問　　　　　　　　　　　　　　　　　　（公式テキストP.349～P.352）

[正　解]　②

[解　説]

①は適切である。事業に関するある種類または特定の事項の委任を受けた使用人は、一般に、部長、課長、係長、主任などが該当すると考えられているが、これらの者は、**当該事項に関しては、会社に代わって一切の裁判外の行為をする権限を有する**とされる（会社法14条1項）。

②は最も適切でない。支配人は、競業避止義務を課せられており、**会社の許可を受けなければ、自己または第三者のために会社の事業の部類に属する取引を行うことはできない**（会社法12条）。

③は適切である。会社が支配人に加えた権限の制限については、これを**善意の第三者**に対抗することができない（会社法11条3項）。

④は適切である。**物品の販売等を目的とする店舗の使用人は、その店舗にある物品の販売等をする権限を有するものとみなされる**ため（会社法15条）、実際にはその権限がなかったとしても、その権限がないことにつき善意の相手方には、権限がないことを主張することができない。ただし、**権限がないことにつき悪意の相手方**に対しては、その権限がないことを主張することができる。

企業と従業員の関係　第７章

【第1問】・・・　次の文中の[　]の部分に、後記の語群から最も適切な語句を選びなさい。

　労働者が使用者に使用されて労働し、使用者がこれに対して賃金を支払うことについて、両者が合意することによって成立する契約を労働契約といい、労働契約に適用される法律として、労働契約法が定められている。労働契約法は、民法上の[ア]に関する規定の特則である。

　労働契約が成立すると、使用者は、労働者がその生命、身体等の安全を確保しつつ労働することができるよう、必要な配慮をすることが求められる。これを一般に[イ]という。

　労働契約に基づき使用者が労働者に支払う賃金とは、労働基準法上、賃金、給料、手当、賞与その他名称の如何を問わず、[ウ]として使用者が労働者に支払うすべてのものをいう。労働基準法は、賃金が確実に労働者に支払われるように、賃金の支払方法について規制している。

　また、労働基準法では、長時間労働を防止するため、労働者の労働時間についても規制している。ただし、労働者と使用者との間で時間外労働に関する協定(いわゆる[エ])を締結しこれを所轄労働基準監督署長に届け出た場合、労働基準法所定の労働時間(法定労働時間)を超えて労働をさせることができる。

　労働契約は、様々な事由により終了するが、特に使用者の一方的な意思表示により労働契約を終了させる[オ]については、労働者の生活等への影響を考慮して、一定の規制がなされている。例えば、使用者による労働者の[オ]は、少なくとも30日前に予告して行うこと等が必要である。また、[オ]が客観的に合理的な理由を欠き、社会通念上相当であると認められない場合は、無効とされる。

[語群]
①秘密保持義務　　②就業規則　　③雇用契約　　④商品の対価
⑤労働の対償　　⑥解雇　　⑦仕事完成義務　　⑧三六協定
⑨定年　　⑩請負代金　　⑪消費貸借契約　　⑫安全配慮義務
⑬紳士協定　　⑭売買契約　　⑮再雇用

第7章 企業と従業員の関係

第7章 CHAPTER SEVEN
企業と従業員の関係

第1問　　　　　　　　　　　　　　　（公式テキストP.356〜P.376）

［正　解］ア③　イ⑫　ウ⑤　エ⑧　オ⑥

［解　説］

　　労働契約に適用される法律として、**労働契約法**が定められている。労働契約法は、民法上の雇用契約に関する規定の特則である。したがって、アには③雇用契約が入る。

　　労働契約が成立すると、使用者は、**労働者がその生命、身体等の安全を確保しつつ労働することができるよう、必要な配慮をすることが求められる**（労働契約法5条）。これを一般に**安全配慮義務**という。したがって、イには⑫安全配慮義務が入る。

　　労働契約に基づき使用者が労働者に支払う賃金とは、労働基準法上、賃金、給料、手当、賞与その他名称の如何を問わず、**労働の対償として使用者が労働者に支払うすべてのもの**をいう（労働基準法11条）。したがって、ウには⑤労働の対償が入る。

　　労働基準法では、長時間労働を防止するため、労働者の労働時間についても規制しているが、**労働者と使用者との間で時間外労働に関する協定（いわゆる三六協定）を締結しこれを所轄労働基準監督署長に届け出れば、法定労働時間を超えて労働をさせることができる**（労働基準法36条）。したがって、エには⑧三六協定が入る。

　　また、**解雇**については、労働者の生活等への影響を考慮して、労働基準法により厳格な規制がなされている。また、労働契約法上、使用者による労働者の解雇は、**客観的に合理的な理由を欠き、社会通念上相当であると認められない場合は、無効とされる**（労働契約法16条）。したがって、オには⑥解雇が入る。

【第2問】・・・ 次の文中の [　] の部分に、後記の語群から最も適切な語句を選びなさい。

　労働基準法上、常時10人以上の労働者を使用する使用者は、労働条件や職場の規律などを定めた [ア] を作成しなければならない。

　[ア] に必ず記載しなければならない事項として、労働基準法は、始業・終業の時刻に関する事項や、使用者が労働の対償として労働者に支払う [イ] に関する事項などを定めている。[イ] について、使用者は、その全額を、通貨で、毎月1回以上一定の期日を定めて、直接、労働者に支払わなければならない。

　また、使用者は、労働時間が一定の長さを超える場合、労働時間の途中に所定の [ウ] を労働者に与えなければならないとされている。労働基準法上、この [ウ] に関する事項も [ア] に必ず記載しなければならない事項とされている。

　なお、使用者が、その事業場の労働組合との間で労働条件等について [エ] を締結した場合、当該事業場の [ア] は、その [エ] に反してはならない。[ア] の内容が [エ] に牴触する場合、当該事業場を管轄する [オ] は、[ア] の変更命令を出すことができる。

[語群]
　①休憩時間　　②労働委員会　　③災害補償　　④労働争議
　⑤賃金　　⑥裁判所書記官　　⑦労働者名簿　　⑧労働協約
　⑨年次有給休暇　　⑩厚生年金　　⑪労働基準監督署長
　⑫定款　　⑬就業規則　　⑭労働者派遣契約
　⑮公共職業安定所長

	CHAPTER SEVEN
7 第章	**企業と従業員の関係**

第2問 （公式テキストP.363〜P.366、P.369〜P.370）

[正　解] ア⑬　イ⑤　ウ①　エ⑧　オ⑪

[解　説]

　常時10人以上の労働者を使用する使用者は、労働条件や職場の規律などを定めた就業規則を作成し、行政官庁（所轄の労働基準監督署長）に届け出なければならない（労働基準法89条）。したがって、アには⑬就業規則が入る。

　労働基準法には、就業規則に必ず記載しなければならない事項が定められている（絶対的必要記載事項）。このような記載事項として、始業・終業の時刻に関する事項や、使用者が労働の対償として労働者に支払う賃金に関する事項などがある。また、賃金について、使用者は、その全額を、通貨で、毎月1回以上一定の期日を定めて、直接、労働者に支払わなければならない（労働基準法24条）。したがって、イには⑤賃金が入る。

　また、使用者は、労働時間が一定の長さを超える場合、労働時間の途中に所定の休憩時間を労働者に与えなければならない（労働基準法34条）。労働基準法上、この休憩時間に関する事項も就業規則に必ず記載しなければならない事項とされている。したがって、ウには①休憩時間が入る。

　なお、使用者が、その事業場の労働組合との間で労働条件等について労働協約を締結した場合、当該事業場の就業規則は、その労働協約に反してはならない（労働基準法92条1項）。就業規則の内容が労働協約に牴触する場合、当該事業場を管轄する労働基準監督署長は、就業規則の変更命令を出すことができる（労働基準法92条2項）。したがって、エには⑧労働協約、オには⑪労働基準監督署長がそれぞれ入る。

【第3問】・・・ 労働関連法規に関する次の①～④の記述のうち、その内容が最も適切なものを1つだけ選びなさい。

①A社は未成年労働者の生活態度が乱れるのをおそれ、給与の大部分は使用者が管理する銀行口座に繰り入れ、小遣いだけを毎月渡すことにしている。このような取扱いは、未成年労働者が成年に達するまでの短期間に限り、やむを得ないものとして労働基準法上認められている。

②労働者は、2人以上集まれば労働組合を結成して組合活動をすることができるが、労働組合への加入・脱退は各労働者の自由である。

③労働者派遣法上の派遣元事業主であるB社は、雇用契約を締結しているDを派遣先であるC社に派遣している。この場合、C社はDに対して労働時間等に関する労働基準法上の責任は負わない。

④使用者が労働者を法定労働時間を超えて労働させるには、公共職業安定所長の許可を得なければならない。

CHAPTER SEVEN
7 第章 企業と従業員の関係

第3問 （公式テキストP.365～P.369、P.375、P.387～P.388）

[正 解] ②

[解 説]

①は適切でない。たとえ未成年でも、労働者である以上、**賃金を通貨で・本人に直接・全額を・毎月1回以上・一定期日に支払うという、賃金支払いの原則**が適用される（労働基準法24条）。

②は最も適切である。**労働者は2人以上集まれば労働組合を結成し組合活動をすることができ、自由に加入・脱退することもできる。**

③は適切でない。派遣先は派遣労働者に対して**労働時間、休憩等の労働条件に関する労働基準法上の責任を負う。**

④は適切でない。労働者を法定労働時間を超えて労働させるのには、**時間外労働に関する労使協定（いわゆる三六協定）の締結が必要であり、所轄労働基準監督署長に届け出る必要がある**（労働基準法36条）が、公共職業安定所長の許可を得るものではない。

■キーワード

法定労働時間

法定労働時間は、労働基準法32条に次の通り規定されており、使用者は、これを超えて労働者に労働させることは原則としてできない。

- ・1週間について……休憩時間を除き40時間
- ・1週間の各日について……休憩時間を除き1日について8時間

【第4問】・・・ 企業と従業員の労働関係を律する各種の法律に関する次の事項のうち、その内容が正しいものには○を、誤っているものには×を解答しなさい。

ア. 三六協定を締結すれば、使用者は、労働者に法定労働時間を超えて労働させても割増賃金を支払う必要はない。

イ. 労働基準法は、労働組合に加入している労働者を保護するための法律であり、労働組合に加入していない労働者には労働基準法の規定は適用されない。

ウ. 賃金は、労働者に直接支払わなければならない。

エ. 期間の定めのない労働契約においては、使用者はいつでも当該労働契約を解約することができる。この場合、使用者側からの労働契約の解除（解雇）について、労働法上の制限は一切ない。

オ. 労働関係調整法は、労働者の労働条件や待遇等に関する最低基準を定めるとともに、それに違反した使用者に対する刑事罰を定めている。

第7章 企業と従業員の関係

CHAPTER SEVEN

第4問　（公式テキストP.359、P.366、P.367、P.371〜P.373、P.377）

［正　解］ア×　イ×　ウ○　エ×　オ×

［解　説］

　　労働基準法は、原則として、労働組合が存在するか否かにかかわらず、労働者を1人でも使用するすべての事業または事務所に適用される。同法は、労働条件の最低基準を定め、これに違反する使用者を罰則と行政官庁による監督指導をもって取り締まる法律である。労働基準法に定める基準が遵守されているかどうかを監督するために、労働基準監督署が設置されている。

アは誤り。いわゆる三六協定を締結しても、使用者が**法定労働時間を超えて労働者に労働をさせた場合、所定の割増賃金を支払わなければならない**。

イは誤り。労働基準法は、労働者、すなわち、職業の種類を問わず事業または事務所に使用される者で賃金を支払われる者（労働基準法9条）の保護を中心に定められた法律であって、**労働者が労働組合に加入しているかどうかにかかわりなく**適用される。

ウは正しい。**賃金の直接払いの原則**である。

エは誤り。使用者からの労働契約の解除（解雇）について、解雇権濫用法理の適用、解雇制限、解雇予告等の制限がある。

オは誤り。この説明は労働基準法に関するものである。

【第5問】・・・ 労働組合法に関する次の①～④の記述のうち、その内容が最も適切でないものを1つだけ選びなさい。

①労働組合を結成した者を使用者が人事等で不利益に扱うことは労働組合法で禁じられている。

②労働者は、2人以上集まれば労働組合を結成でき、また労働組合への加入、脱退は原則として自由である。

③労働組合は、団体交渉で労働条件等の交渉ができ、使用者と労働協約を定めることができる。

④労働組合は、労使関係について使用者と団体交渉をする権利を有しており、使用者側はいかなる場合でも団体交渉を拒否することは認められない。

第7章 企業と従業員の関係

CHAPTER SEVEN

第5問　　　　　　　　　　　　　　　（公式テキストP.376～P.377）

[正　解] ④

[解　説]

　　労働組合とは、労働者が主体となって自主的に労働条件の維持改善その他経済的地位の向上を図ることを主たる目的として組織する団体または連合団体である（労働組合法2条）。

　　労働組合を結成し、使用者と交渉することは、労働者の正当な権利であり、この権利を不当に侵害する使用者の行為は、労働組合法により不当労働行為として禁止されている（労働組合法7条）。

　（不当労働行為の類型）

・正当な組合活動などを理由とする不利益取扱いおよび黄犬契約の締結

　　使用者は、労働者が労働組合の組合員であること、労働組合に加入もしくは結成しようとしたことなどを理由として、人事、給与等について不利益な取扱いをしてはならない。

　　また、黄犬契約（労働組合への不加入または脱退を条件とする労働契約）を締結してはならない。

・正当な理由がない団体交渉の拒否

　　労働組合は、労働組合または労働者のために、労使関係事項について使用者と団体交渉をする権利を有し、使用者は団体交渉の申入れを正当な理由なく拒否してはならない。

・労働組合の結成、運営に対する支配介入および労働組合の運営経費に対する経理上の援助

　　労働組合は自主的に運営されなければならない。したがって、労働組合の経費の支払いにつき使用者が経理上の援助を与えることは原則として許されない。

・労働委員会の手続に関与したことを理由とする不利益取扱い

　　したがって、①、②、③は適切である。④は、「いかなる場合でも」という記述が適切でない。正当な理由があれば拒否することができる。

【第6問】・・・ 労働者派遣法および男女雇用機会均等法に関する次の事項のうち、その内容が正しいものには○を、誤っているものには×を解答しなさい。

ア. 労働者派遣とは、自己の雇用する労働者を、当該雇用関係の下に、かつ、他人の指揮命令を受けて、当該他人のために労働に従事させることをいう。ただし、当該他人に対し、当該労働者を雇用させることを約してするものは含まれない。

イ. 派遣労働者と派遣先の関係は、当該労働者が派遣先の指揮命令を受けて労働に従事する点で、請負契約関係にあるといえる。

ウ. 労働者派遣事業を行うことのできる業務には、特に種類の制限はなく、すべての業務が労働者派遣事業の対象となる。

エ. 派遣先は、派遣労働者と雇用関係はないが、労働時間や休憩などの労働法上の責任を負う。

オ. 派遣元事業主と派遣労働者との間には労働契約が締結されるが、年次有給休暇・割増賃金・災害補償等の労働法上の義務については、すべて派遣先が負うことになるので、派遣元事業主はこれらの義務を負わない。

カ. 男女雇用機会均等法上、事業主は、職場において行われる性的な言動により労働者の就業環境が害されることのないよう、雇用管理上必要な措置を講じなければならない。

キ. 男女雇用機会均等法上、事業主は、労働者の配置、昇進、降格、教育訓練等一定の事項について、労働者の性別を理由として、差別的取扱いをしてはならない。

ク. 男女雇用機会均等法上、事業主は、女性労働者が婚姻し、妊娠し、または出産したことを退職理由として予定する定めをしてはならない。

7	CHAPTER SEVEN
第 **章**	企業と従業員の関係

第6問　　　　　　　　　　（公式テキストP.379〜P.384、P.385〜P.388）

［正　解］ア○　　イ×　　ウ×　　エ○　　オ×　　カ○　　キ○
　　　　　　ク○

［解　説］

　　アは正しい。本肢の記述の通りである。

　　イは誤り。**派遣労働者は派遣先の指揮命令を受けるが、両者の間に**
　　は雇用関係はもちろん請負契約関係もない。

　　ウは誤り。労働者派遣事業を行うことのできる業務は、労働者派遣法に
　　より**港湾運送業務、建設業務、警備業務その他政令で定める業務**
　　以外の業務とされている。

　　エは正しい。**労働時間や休憩のほか、時間外、休日労働などについ**
　　ても労働法上の責任を負う。

　　オは誤り。**派遣元事業主は派遣労働者と雇用契約関係にあるので、**
　　派遣労働者に対して労働法上の義務を負う。

　　カは正しい。**事業主は、職場において行われる性的な言動により労**
　　働者の就業環境が害されることのないよう、その労働者からの相
　　談に応じ、適切に対応するために必要な体制の整備をするなど、
　　雇用管理上必要な措置を講じなければならないとされる（男女雇
　　用機会均等法11条1項）。

　　キは正しい。男女雇用機会均等法により、事業主は、労働者の募集、
　　採用から定年、解雇に至るまでの**雇用管理の局面において、性別**
　　を理由とする差別的取扱いを禁止されている。

　　クは正しい。男女雇用機会均等法上、「事業主は、女性労働者が婚
　　姻し、妊娠し、または出産したことを退職理由として予定する定めを
　　してはならない」（男女雇用機会均等法9条1項）とされている。

ビジネスに関連する家族法

第 8 章

【第1問】・・・ 次の事項のうち、その内容が正しいものには○を、誤っているものには×を解答しなさい。

ア. 婚姻がその効力を認められるためには、当事者の合意だけでは足りず、婚姻の届出をする必要がある。

イ. 離婚が成立すると、男性および女性のいずれも、一定の再婚禁止期間内は婚姻することができない。

ウ. 夫婦のいずれに属するか明らかでない財産は、その共有に属するものと推定される。

エ. 婚姻費用の支出など日常必要な家事について生じた債務については、夫婦は連帯して責任を負う。

オ. 夫婦が離婚した場合、夫婦の財産関係は、婚姻の時に遡って消滅する。

第8章 ビジネスに関連する家族法

CHAPTER EIGHT

第1問　　　　　　　　　　　　　　　　　　（公式テキストP.390〜P.395）

［正　解］ア○　　イ×　　ウ○　　エ○　　オ×

［解　説］

アは正しい。民法上、婚姻は、婚姻意思などの実質的要件を備えているだけでは足りず、**婚姻届の提出・受理という法律で定める方式を**とらなければ成立しない（民法739条1項）。このように届出が必要とされているのは、婚姻による身分関係の変動を明確にする必要があるためである。なお、婚姻意思などの実質的要件は備えているが、届出をしていない場合、婚姻関係は成立しないが、いわゆる内縁関係として、婚姻に準じた関係であると認められ、正式の婚姻に近い法的効果が与えられる。

イは誤り。離婚が成立した場合、原則として、女性は**再婚禁止期間**内は再婚することができない（民法733条）が、男性には**再婚禁止期間**は設けられていない。この規定の趣旨は、離婚後生まれてくる子の父親が誰であるか不分明になるのを避けることにあるため、**再婚禁止期間は、女性についてのみ定められている**。

ウは正しい。夫婦財産契約がない場合、夫婦間の財産関係は、民法が定める基準に従って決定される（法定財産制）。そして、民法では、夫婦別産制がとられており、夫婦の一方が、婚姻前から有する財産や婚姻中自己の名で得た財産は、特有財産とされる（民法762条1項）。他方、夫婦のいずれに属するか明らかでない財産は、**その共有に属するもの**と推定される（民法762条2項）。

エは正しい。法定財産制の下では、婚姻生活を維持していくのに必要な費用（婚姻費用）は、配偶者間で分担するものとされている（民法760条）。これに基づき、日常の家事に関する債務は、夫婦が共同で負担するものとされている。すなわち、**夫婦の一方が日常の家事に関して第三者と法律行為をしたとき**は、他の一方は、これによって生じた債務について、連帯して責任を負う（民法761条本文）。このような債務を、日常家事債務という。

オは誤り。夫婦が離婚した場合、夫婦の財産関係は、婚姻の時に遡って消滅するのではなく、将来に向かって消滅する。夫婦の共有財産や帰属不明財産、寄与分などは、夫婦の一方が、相手方に対して財産分与（民法768条・771条）により調整される。なお、財産分与は、慰謝料請求とともに、あるいは慰謝料を含めて請求することができるとされている。

【第2問】・・・ 次の文中の [ ] の部分に、後記の語群から最も適切な語句を選びなさい。

夫婦間の財産関係は、婚姻中の財産上の権利義務に関する契約である[ア]を婚姻前に締結しない限り、民法の定めに従って決せられる。これを法定財産制という。

例えば、夫婦の一方が、婚姻前から有する預金等の財産や、婚姻中に親から相続した財産のように婚姻中に自己の名で取得した財産は、民法上、その者が単独で所有する、[イ]となると定められている。このように、夫婦がそれぞれ自分の財産を所有し管理する制度を[ウ]という。

また、婚姻生活を維持していくためには、生計費や医療費などの[エ]が必要となるが、民法上、[エ]は、夫婦間で分担すると定められている。

さらに、食料や衣類の購入など、日常で必要な家事に関して生じた債務については、民法上、夫婦が連帯して責任を負うと定められている。判例は、この責任の根拠について、夫婦は日常の家事に関して、互いに相手方配偶者の[オ]を有するから、法律行為をしていない配偶者も責任を負うことになるとしている。

[語群]
①夫婦別産制　　　　②責任財産　　　　③損害賠償契約
④扶養請求権　　　　⑤代理権　　　　　⑥共益費
⑦求償権　　　　　　⑧共有財産　　　　⑨婚姻費用
⑩夫婦財産契約　　　⑪寄与分制度　　　⑫法律婚制度
⑬財産分与契約　　　⑭特有財産　　　　⑮養育費

第8章 ビジネスに関連する家族法 CHAPTER EIGHT

第2問　　　　　　　　　　　　　　（公式テキストP.390～P.395）

[正　解] ア⑩　　イ⑭　　ウ①　　エ⑨　　オ⑤

[解　説]

　夫婦間の婚姻中の財産関係については、婚姻中の財産上の権利義務に関する契約である**夫婦財産契約**を婚姻前に締結しない限り、民法の定めに従って決せられる（民法755条）。これを**法定財産制**という。したがって、アには⑩夫婦財産契約が入る。

　例えば、夫婦の一方が、婚姻前から有する預金等の財産や、婚姻中に親から相続した財産のように婚姻中に自己の名で取得した財産は、民法上、その者が単独で所有する、**特有財産**となる（民法762条）。このように、夫婦がそれぞれ自分の財産を所有し管理する制度を**夫婦別産制**という。したがって、イには⑭特有財産、ウには①夫婦別産制が入る。

　また、婚姻生活を維持していくためには、生計費や医療費などの**婚姻費用**が必要となるが、民法上、婚姻費用は、夫婦間で分担すると定められている（民法760条）。したがって、エには⑨婚姻費用が入る。

　さらに、食料や衣類の購入など、**日常で必要な家事に関して生じた債務については、民法上、夫婦が連帯して責任を負う**と定められている（民法761条）。判例は、この責任の根拠について、夫婦は日常の家事に関して、互いに相手方配偶者の代理権を有するから、法律行為をしていない配偶者も責任を負うことになるとしている。したがって、オには⑤代理権が入る。

【第3問】・・・ **AとBが夫婦である場合に関する次の①～④の記述のうち、その内容が最も適切なものを1つだけ選びなさい。**

①婚姻後にAがA名義で取得した財産であっても、A個人の財産ではなく、夫婦共有の財産とされることがある。

②Aが物を購入したことによって負った債務につき、Bが支払義務を負うことは一切ない。

③婚姻後にAB間で取り交わされた契約は、夫婦といえども、一切取り消すことはできない。

④AとBが離婚した場合、婚姻に際して改氏していたBは、婚姻前の氏に復し、いかなる場合でも、離婚時に称していた氏をそのまま称することはできない。

第**8**章 CHAPTER EIGHT
ビジネスに関連する家族法

第3問　　　　　　　　　　　　　　　　　（公式テキストP.393～P.395）

［正　解］①

［解　説］

　①は最も適切である。婚姻中に取得した財産が誰の所有になるのかということは、**その名義ではなく、どのように取得したのかという実態によって判断される**ので、AがA名義で取得した財産だからといって必ずしもA個人の財産と認定されるわけではない。

　②は適切でない。**日常家事債務については、夫婦は、連帯して責任を負う**とされており（民法761条）、本件Aの負った債務が日常家事債務に該当すれば、Bも支払義務を負うこととなる。

　③は適切でない。**夫婦間の契約は、婚姻中はいつでも取り消すことができる**とされている（民法754条）。

　④は適切でない。婚姻に際して改氏した配偶者は婚姻前の氏に復するのが原則であるが、**離婚のときから3か月以内に本籍地または住所地の市区町村役場に届け出る**ことによって離婚時に称していた氏をそのまま称することができる（民法767条）。

【第4問】・・・ 次の事項のうち、その内容が正しいものには○を、誤っているものには×を解答しなさい。

ア. 相続により相続人に承継される財産は、不動産、動産、預金等の積極財産に限られ、金銭債務等の消極財産は相続されない。

イ. Xが配偶者Yに自己の財産をすべて相続させる旨の遺言を作成した。この場合、民法上、Xは、その生存中に遺言を撤回することができない。

ウ. 遺留分権利者は、被相続人の配偶者、子および兄弟姉妹に限られ、直系尊属は遺留分権利者ではない。

エ. 相続人が複数いる場合、個々の相続人が単独で限定承認をすることはできないが、相続放棄は個々の相続人が単独ですることができる。

オ. 遺産分割協議は、相続を放棄した者を含む共同相続人の全員の合意がなければ成立しない。

第8章 ビジネスに関連する家族法

CHAPTER EIGHT

第4問　　　　　　　　　　　　　　（公式テキストP.396〜P.412）

[正　解] ア×　イ×　ウ×　エ○　オ×

[解　説]

 アは誤り。相続により相続人に承継される財産には、被相続人に帰属していたすべての財産が含まれ（民法896条）、**不動産、動産、預金等のプラスの財産（積極財産）だけでなく、金銭債務のようなマイナスの財産（消極財産）**も相続される。

イは誤り。遺言は、被相続人の最終の意思を尊重することを目的としているので、いったん遺言を作成した場合も、その遺言書を破棄するなどして**遺言を撤回することは、理由の如何を問わず自由に認められている**（民法1022条・1024条）。

ウは誤り。遺留分権利者、すなわち遺留分の保障を受けることができる者は、**兄弟姉妹以外の相続人**であるから（民法1042条）、遺留分権利者に兄弟姉妹を含んでいる点および直系尊属を除いている点で誤っている。

エは正しい。相続放棄は、個々の相続人が単独で行うことができるため、複数の相続人がいる場合、相続放棄を行う相続人と行わない相続人とにわかれる可能性がある。これに対し、限定承認は、**相続人全員が共同して行わなければならず**（民法923条）、相続人の一部のみ限定承認をするという事態は生じ得ない。

オは誤り。遺産分割協議は、相続人の全員によってなされなければ有効とはならない。しかし、**相続放棄をした相続人は、相続放棄をした時点で相続人ではなくなる**ため（民法939条）、その者を含めずに遺産分割協議を行うことができる。

【第5問】…	次の文中の [　] の部分に、後記の語群から最も適切な語句を選びなさい。

　人が死亡すると、生前にその人が所有していた財産は、相続人に包括的に承継される。

　相続に関する民法の規定によれば、[ア] は常に相続人となる。また、第1順位の法定相続人は [イ] であり、第2順位の法定相続人は [ウ] であり、第3順位の法定相続人は兄弟姉妹である。

　相続の開始によって生じた相続の効力を家庭裁判所に申述して拒絶することを [エ] という。[エ] をした者は、その相続に関しては、初めから相続人とならなかったものとみなされる。複数の相続人がいる場合には、[エ] は各相続人がそれぞれ個別に選択できる。

　また、相続によって承継した財産の限度で被相続人の債務を弁済することを留保したうえで権利義務を承継することを [オ] という。[オ] は、相続人が自己のために相続の開始があったことを知ったときから一定の期間内に家庭裁判所に申述して行わなければならない。複数の相続人がいる場合、[オ] は、相続人全員が共同して行わなければならない。

　[語群]
　①特別受益者　　②直系尊属　　③財産分与　　④配偶者
　⑤廃除　　⑥遺留分　　⑦姻族　　⑧相続の放棄
　⑨遺産分割協議　　⑩使用者　　⑪遺留分権利者　　⑫限定承認
　⑬単純承認　　⑭子　　⑮受贈者

第8章 ビジネスに関連する家族法

CHAPTER EIGHT

第5問　　　　　　　　　（公式テキストP.396〜P.398、P.405〜P.407）

[正　解] ア④　　イ⑭　　ウ②　　エ⑧　　オ⑫

[解　説]

　　人が死亡すると、生前にその人が所有していた財産は、相続人に包括的に承継される。

　　相続に関する民法の規定によれば、配偶者は常に相続人となる。また、第1順位の法定相続人は子であり、第2順位の法定相続人は直系尊属であり、第3順位の法定相続人は兄弟姉妹である（民法887条・889条・890条）。したがって、アには④配偶者、イには⑭子、ウには②直系尊属がそれぞれ入る。

　　相続の開始によって生じた相続の効力を家庭裁判所に申述して拒絶することを相続の放棄という。したがって、エには⑧相続の放棄が入る。**相続の放棄をした者は、その相続に関しては、初めから相続人とならなかったものとみなされる**（民法939条）。複数の相続人がいる場合には、相続の放棄は各相続人がそれぞれ個別に選択できる。

　　また、相続によって承継した財産の限度で被相続人の債務を弁済することを留保した上で権利義務を承継することを限定承認という。したがって、オには⑫限定承認が入る。限定承認は、相続人が自己のために相続の開始があったことを知ったときから一定の期間内に家庭裁判所に申述して行わなければならない（民法915条・924条）。**複数の相続人がいる場合、限定承認は、相続人全員が共同して行わなければならない**（民法923条）。

【第6問】

Aには、配偶者Bとの間に長男C、長女Dがいる。また、Aには父E、母F、弟Gがいる。Cには妻Hとの間に長男Iがいる（Aにはそのほかに親族がいないものとする）が、Cは3年前に交通事故ですでに死亡している。
この場合において、Aが死亡したときに相続人となる者の組合せとして最も適切なものを①〜④の中から1つだけ選びなさい。

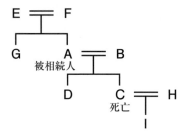

① B D I
② B D H
③ B D H I
④ D E F G

		第8章 CHAPTER EIGHT
	第**8**章	ビジネスに関連する家族法

第6問　　　　　　　　　　　　　　（公式テキストP.397～P.398）

　［正　解］　①

　［解　説］

　　配偶者は常に相続人となる（民法890条）。よってBは相続人となる。次に、子は第一順位の相続人であるから（民法887条1項）、Dは相続人となる。また、Cはすでに死亡しているので、その子のIが代襲相続する（民法887条2項）。子が相続人となる場合には、直系尊属や兄弟姉妹は相続人になれない。

■ポイント
（法定相続人の範囲）

配偶者は常に相続人となる		
配偶者以外	第一順位	被相続人の子 （子が先に死亡していて孫がいる場合は代襲相続がなされる）
	第二順位 （被相続人に子がいない場合）	被相続人の直系尊属
	第三順位 （被相続人に子も直系尊属もいない場合）	兄弟姉妹 （兄弟姉妹が先に死亡している場合はその子（被相続人の甥・姪）が代襲相続する）

199

【第7問】・・・ **Aには配偶者Bがおり、AB間には長男C、長女Dがいる。また、Aには、父E、姉Fがいる（そのほかに親族はいないものとする）。Aが6,000万円の財産を残して死亡した。この場合に関する次の①〜④の記述のうち、その内容が最も適切なものを1つだけ選びなさい。**

①法定相続人になるのは、B・C・D・E・Fであり、それぞれの法定相続分は、Bが3,000万円、C・D・E・Fがそれぞれ750万円である。

②AがDにすべての財産を遺贈するとの遺言をした場合、遺留分権利者はB・C・E・Fであり、その額はBが1,500万円、C・E・Fがそれぞれ500万円である。

③法定相続人になるのは、B・C・Dであり、それぞれの法定相続分は、Bが3,000万円、C・Dがそれぞれ1,500万円である。

④AがDにすべての財産を遺贈するとの遺言をした場合、遺留分権利者はB・C・Eであり、その額はBが1,500万円、C・Eがそれぞれ750万円である。

第7問　（公式テキストP.397〜P.398、P.403〜P.404）

[正　解] ③

[解　説]

　本問において、**法定相続人になるのは配偶者であるB、長男Cおよび長女D**であり、それぞれの法定相続分は、Bが3,000万円、C・Dがそれぞれ1,500万円である。よって、①は適切でなく、③が適切である。

　なお、AがDにすべての財産を遺贈するとの遺言をした場合、遺留分権利者はB・Cであり、その額はBが1,500万円、Cが750万円である。よって、②、④ともに適切でない。

■ポイント
（法定相続分）

配偶者と子が相続人である場合	配偶者＝2分の1　子＝2分の1 （子が複数いる場合は、相続分を人数で均等に分ける）
配偶者と直系尊属が相続人である場合	配偶者＝3分の2　直系尊属＝3分の1 （直系尊属が複数いる場合は、相続分を人数で均等に分ける）
配偶者と兄弟姉妹が相続人である場合	配偶者＝4分の3　兄弟姉妹＝4分の1 （兄弟姉妹が複数いる場合は、相続分を人数で均等に分ける）

総合問題

第９章

【第1問】・・・ **Aは自己の所有する土地を3000万円でBに売却する契約を、○○年3月5日に締結した。このAB間の契約に関する次の①〜④の記述のうち、その内容が最も適切でないものを1つだけ選びなさい。**

①AとBとの契約では同年4月10日に、BはAに売買代金を支払い、それと引換えにAはBに土地の引渡しと登記の移転を行うことになっている。この場合、Aの土地引渡債務・登記移転債務とBの代金支払債務は同時履行の関係にあるので、4月10日にBが売買代金を用意せずに土地の引渡しと登記の移転を請求しても、Aはその請求に応じる必要はない。

②AとBとの契約では、契約締結時にBがAに解約手付として300万円を支払っている。この場合、BはAが債務の履行に着手するまでは、手付を放棄することにより、この契約を解除することができる。

③AとBとの契約では、土地の所有権はBが売買代金を全額支払ったときに移転することになっている。AとBとの間でこのような合意があっても、民法の規定では所有権は意思表示のとき（契約締結のとき）に移転すると規定されているので、土地の所有権は、同年3月5日にAからBに移転する。

④Aは、同年3月10日に、同じ土地を4000万円で購入したいといってきたCとの間で土地の売買契約を締結した。この場合、BがCに対して自分がこの土地の所有権者であることを主張するには、土地の所有権の登記をしておく必要がある。

第9章 総合問題

第1問　（公式テキストP.53、P.89、P.238～P.239）

[正　解] ③

[解　説]

①は適切である。売買契約のような双務契約では、契約当事者双方が債務を負っており、一方だけが債務を履行したのに他方が債務を履行しないというような不公平を防止するために、**民法は同時履行の抗弁権を定めている**（民法533条）。

②は適切である。解約手付の効力として、**契約の相手方が履行に着手するまでは買主は手付を放棄して契約を解除することができる**（民法557条）。

③は最も適切でない。民法の所有権の移転時期についての規定（民法176条）は、任意法規であり、**その規定と異なる特約（合意）があれば特約の方が優先する**。

④は適切である。同一の不動産が二重に譲渡された場合、どちらが土地の所有者となるかは対抗問題として処理され、**その土地の登記を先に備えた者が土地の所有権を主張できる**。

■キーワード

同時履行の抗弁権

売買契約のような双務契約において、双方の債務の履行期が同一である場合、当事者の一方は、自己の債務の履行期が到来しても、相手方がその債務の履行（債務の履行に代わる損害賠償の債務の履行を含む）の提供をするまで自己の債務を拒むことができる（民法533条）。

| 【第2問】・・・ | **AはB株式会社の従業員として、主にB社商品の販売を担当している。次の①～④の記述のうち、その内容が最も適切なものを1つだけ選びなさい。** |

①AとB社との法律関係は、原則としてAとB社との間の請負契約に基づいて発生する。

②Aは、B社の社有車で取引先へ向かう途中、前方不注意で交通事故を起こし、通行人Cを負傷させた。この場合、B社にCに対する損害賠償責任が生じるほか、A自身にもCに対する損害賠償責任が生じる。

③Aが、B社の社有車で取引先に商品の納入に向かう途中で、商品を路上に落として破損し、商品が所定の納期に間に合わなくなった。この場合、取引先に対して債務不履行責任を負うのはAである。

④Aは、B社の商品製造に関するノウハウを記載した秘密文書を無断で持ち出し、ライバル会社であるC株式会社に渡し報酬を得た。この場合、Aには刑法上の犯罪の成立する余地はない。

第9章 総合問題

第2問 （公式テキストP.90、P.153～P.154、P.307、P.358～P.359）

[正　解] ②

[解　説]

①は適切でない。AとB社の契約は、一般に**雇用契約**である。そして、雇用契約には、特別法である労働基準法が適用される。B社は使用者として、Aの労働条件について、労働基準法に定められた様々な規制に従わなければならない。

②は最も適切である。Aは、直接の加害者として、民法上の一般不法行為（民法709条）に基づく損害賠償責任を負う。**B社は、Aの使用者として不法行為責任の1つである使用者責任（民法715条）としての損害賠償責任を負う。**

③は適切でない。取引先と契約関係があり直接債務を負っているのはB社であり、**AはB社の履行補助者にすぎないので、取引先に対して債務不履行責任を負うのはB社である。**

④は適切でない。Aが**秘密文書の保管権限**を有していれば、それを無断で持ち出す行為は**業務上横領罪**に当たり（刑法253条）、**そのような地位になければ窃盗罪に当たる**（刑法235条）。どちらにしても、このような行為は犯罪行為である。

■キーワード

使用者責任

ある事業のために他人を使用する者（使用者）は、被用者がその事業の執行について第三者に加えた損害を賠償する責任を負う（民法715条）。これは、使用者は、その事業のために被用者を使用して利益をあげている以上、被用者が事業の執行について第三者に損害を与えた場合は、使用者もその責任を負うべきであるとの考え方に基づくものである。

【第3問】・・・ 買主Xは売主Yとの間で中古車の売買契約を締結した。Xは、約定に従い、Yに対してその代金を支払ったが、Yは車の引渡時期が到来しても、当該車を使用し続け引渡しをしないまま、1年が経過した。この場合に関する次の①～④の記述のうち、その内容が最も適切でないものを1つだけ選びなさい。

①代金を支払済みだからといって、Xが当該中古車をYのもとから勝手に持ち出すことは、原則として認められない。

②Xが当該中古車を利用できなかったため、やむを得ずレンタカーを借りた場合、Xは、原則として少なくともその利用代金の相当額をYに請求することができる。

③Xが、この売買契約を解除するためには、原則として、一定の期間を定めて、Yに対して履行を催告する必要がある。

④Yは、その後当該中古車を廃車してスクラップにしてしまった。この場合でも、Xは一定期間を定めて催告した上でなければ契約を解除できない。

第9章 総合問題

CHAPTER NINE

第3問　（公式テキストP.35〜P.36、P.86〜P.87、P.91、P.93〜P.94）

［正　解］④

［解　説］

①は適切である。本肢のように、XがYのもとから当該中古車を勝手に持ち出すこと（自力救済）を認めると、社会秩序が保たれなくなるおそれがある（不法行為や犯罪が成立するおそれもある）。そのため、**原則として自力救済は禁止されている。**

②は適切である。本問におけるYの行為は債務不履行のうち履行遅滞に該当する。この場合、債権者であるXは、Yに対して**本来の債務の履行を請求できる**ほか、履行が遅れたことによる損害の賠償（**遅延賠償）を請求できる**。また、一定の期間を定めて履行を催告しても履行がなされないときは、契約を解除して債務が履行されたなら得られたであろう利益の賠償（**てん補賠償**）を請求できる。本肢において、Yの履行が遅れたためにXが支払ったレンタカーの利用代金を請求するのは、遅延賠償の請求に当たる。

③は適切である。Xが契約を解除するためには、履行不能の場合と異なり、その前提として、**一定の期間を定めて履行を催告することが必要である**（民法541条）。

④は最も適切でない。本肢の場合、債務不履行のうち履行不能に該当する。債務を履行することは不可能なので催告は無意味であり、履行遅滞の場合と異なり**履行の催告をしなくても直ちに契約を解除できる**（民法542条1項1号3号）。

【第4問】・・・　Aには、配偶者であるB、Bとの間に子C（16歳）とD（6歳）がいる。また、Aには父親Eがいる。
この場合に関する次の①〜④の記述のうち、その内容が最も適切でないものを1つだけ選びなさい。

①Cがオートバイを購入するに際しては、原則としてAとBの両方の同意を得る必要がある。

②Dが自宅で一人で遊んでいて、誤って2階の窓からおもちゃを落とし、偶然その下を通行中のFに怪我を負わせた場合、AとBが共同してFに対して不法行為責任を負うことがある。

③Aが死亡し遺言書がなかった場合には、Aの財産はB・C・D・Eが相続する。

④Aが自己の名義のクレジットカードでDの学習机を購入した場合、原則としてその債務はBも負担する。

第9章 総合問題

9 CHAPTER NINE
第9章 **総合問題**

第4問　　（公式テキストP.56〜P.58、P.153、P.394、P.397〜P.398）

[正　解] ③

[解　説]

①は適切である。Cは未成年で制限行為能力者であるから、オートバイを購入するにあたっては、原則として、法定代理人（親権者）の同意が必要である（民法5条1項）。そして、**親権者である両親が婚姻中の場合は、その両方の同意が必要である**（民法818条）。

②は適切である。Dは6歳であり、不法行為の成立要件の1つである責任能力が認められない。そのため、その保護者であるAとBが**その監督義務者として共同して不法行為責任を負う場合がある**（民法714条）。

③は最も適切でない。**死亡したAに子がいる場合には、直系尊属である父Eは相続人とならない**（民法887条・889条）。相続人となるのは、配偶者Bと子C・Dの3人である。

④は適切である。学習机の購入は、一般に日常家事債務に当たると考えられるため、**夫婦の一方が負う債務は他の一方も連帯して負う**（民法761条）。

■**キーワード**

責任能力

自分のした行為がどのような結果をもたらすかを予測でき、かつそれを回避するのに必要な行動をとることができる精神的能力。未成年者のうち責任能力を備えていない者が他人に損害を与えても、その行為について賠償の責任を負わない（民法712条）。ただし、親権者や後見人などの監督義務者に監督義務違反があれば、これらの監督義務者が損害賠償責任を負う（民法714条）。

【第5問】・・・ Xは、Yに対して1,000万円を貸与するにあたり、その担保としてZを連帯保証人にするとともに、Y所有の甲土地（時価3,000万円）に仮登記担保の設定を受けることにした。仮登記担保の内容は、1,000万円が弁済期に弁済されない場合には当然に甲土地の所有権がXに移転する旨を合意し、甲土地につきYからXへの所有権移転仮登記を行うものであった。この場合に関する次の①〜④の記述のうち、その内容が最も適切でないものを1つだけ選びなさい。

①XとZとの間で連帯保証契約が締結されれば、特にYの同意がなくても、ZはYの連帯保証人となる。

②Yが弁済期に債務を弁済しない場合、Xは直ちにZに対して1,000万円の支払いを請求することができる。

③Xが仮登記担保権を実行する場合、Xは甲土地の時価とYに対する債権の額との差額を清算する必要はまったくない。

④Xが仮登記担保権を実行する場合に、甲土地について競売手続を踏まなくてもよい。

第9章 CHAPTER NINE 総合問題

第5問　　　　　　　　（公式テキストP.225～P.226、P.227～P.228）

［正　解］③

［解　説］

①は適切である。連帯保証契約は、債権者と連帯保証人との間で連帯保証契約を締結することによって成立する。**主債務者の同意等は必要とされていない。**

②は適切である。通常の保証と異なり、**連帯保証人には、催告の抗弁権・検索の抗弁権がない**（民法454条）。したがって、主債務者が弁済期に債務を弁済しない場合、債権者は直ちに連帯保証人に弁済を請求できる。

③は最も適切でない。仮登記担保権を実行する場合において、金銭債権の額を担保物の価額が超えるときは、**債権者はその超過部分を債務者に返還しなければならない**（清算義務、仮登記担保法3条）。

④は適切である。仮登記担保の特徴として、所有権移転の場合に比較して、登記費用が安いということのほか、問題文の通り、**担保権実行の際も裁判所における競売手続を踏む必要がないこと**（私的実行）が挙げられる。

【第6問】・・・ 次の①〜④の記述のうち、その内容が最も適切でないものを
1つだけ選びなさい。

①善管注意義務とは、善良な管理者の注意義務のことをいい、一定の職業ま
たは地位にある者が社会生活上一般に要求される程度の客観的注意を払う
ことをいう。

②民法上の寄託契約に基づき寄託物を保管する受寄者は、有償無償にかかわ
らず、寄託者のために善管注意義務をもって品物を保管しなければならな
い。

③株式会社における取締役は、会社に対して善管注意義務をもって職務を遂
行しなければならない。

④委任契約に基づく受任者は、委任者から報酬を受取るか否か（有償無償）
にかかわらず、委任の本旨に従って善良なる管理者の注意をもってその委
任事務を処理する義務を負う。

第9章 総合問題

第6問　（公式テキストP.115～P.116、P.341）

[正　解] ②

[解　説]

①は適切である。善管注意義務とは、「善良な管理者の注意義務」を略したもので、**取引において一般的・客観的に要求される程度の注意をしなければならないという注意義務**のことである。

②は最も適切でない。民法上、受寄者に善管注意義務が課せられるのは有償寄託の場合だけであり、**無償寄託契約では、その者の具体的な注意能力に応じた注意義務（自己の財産に対するのと同一の注意義務）に軽減される**（民法659条）。

③は適切である。取締役と会社の関係は委任の関係であり、**取締役は会社との関係において、受任者として善管注意義務を負い、その具体的表現として会社法により忠実義務を負う**（会社法355条、民法644条）。

④は適切である。委任契約は、当事者間の信頼関係に基づく契約であり、**無償委任の場合でも受任者は善管注意義務を負うとされている**（民法644条）。

■キーワード
（委任契約における受任者と寄託契約における受寄者の義務）

	委任契約	寄託契約
有償	善管注意義務（民法644条）	善管注意義務（民法400条）
無償		自己の財産に対するのと同一の注意義務（民法659条）（注）

（注）ただし、商人が寄託を受ける場合には、有償・無償を問わず、善管注意義務を負う（商法595条）。

【第7問】・・・ Aは、B電気店でC社製のテレビを1台購入した。B電気店からテレビを配送してもらった翌日、テレビを見ようとAがスイッチを入れたところ突然発火し、テレビは使いものにならなくなった。この場合に関する次の①〜④の記述のうち、その内容が最も適切でないものを1つだけ選びなさい。

①発火の原因は、B電気店がA宅にそのテレビを配送してきた際に、誤って廊下に落としたために、内部の配線に異常が生じたことであった。テレビは発火したものの、火災には至らず、Aの被った損害はそのテレビだけであった場合、Aは、B電気店に債務不履行に基づく損害賠償を請求することができる。

②発火の原因は、テレビの部品に欠陥があったことであった。テレビからの発火が近くのカーテンに燃え移り、A宅が全焼した場合、AはC社に債務不履行に基づく損害賠償を請求することはできない。

③発火の原因は、製造工程において部品の取付が不十分だったことであった。テレビは発火したものの、火災には至らず、Aの被害はそのテレビだけであった場合、AはC社に対して民法の一般の不法行為の規定に基づき損害賠償を請求することはできるが、製造物責任法に基づき損害賠償を請求することはできない。

④発火の原因は、テレビに取り付けられている部品に設計上の欠陥があったことであった。テレビからの発火が近くのカーテンに燃え移り、A宅が全焼した場合、AはC社に対して製造物責任法に基づき損害賠償を請求することはできるが、民法の一般の不法行為の規定に基づき損害賠償を請求することはできない。

第9章 総合問題

CHAPTER NINE

第7問 （公式テキストP.154〜P.155、P.300）

[正　解] ④

[解　説]

　企業が製造した製品に欠陥があり、その欠陥が原因で消費者に損害が発生した場合のように、製造業者と消費者とが直接の契約関係にないときは、被害者である消費者は、製造業者に対し、民法上の不法行為責任の規定を根拠として損害賠償請求を行うことができる（民法709条）。その場合、被害者は、製造業者に故意または過失があったことを証明しなければならないが、実際はその証明が困難であるため、製造物責任法が制定されており、被害者の証明責任は軽減されている。

　製造物責任法では、製造物の欠陥により人の生命、身体または財産に損害が生じた場合、被害者は、原則として、製造業者の故意または欠陥を証明しなくても、製造物の欠陥によって損害が生じたこと等を証明して、製造業者に損害賠償を請求することができる。ただし、損害が当該製造物についてのみ生じた場合には、製造物責任法は適用されない（製造物責任法3条）。

　設計上の欠陥が、製造者の故意過失により生じたものと**被害者の側で証明することができれば、民法上の不法行為責任も追及することができる**。よって、④は最も適切でない。

　債務不履行責任が追及できるのは、契約関係に立つ当事者間であるから、②は適切である。

　そのテレビから**拡大損害が発生していなければ、製造物責任は追及できない**。よって、③は適切である。

　なお、①では、Bが誤って落としたことが原因で、テレビが発火しており、Bに不完全履行が認められる。よって、①は適切である。

過去問題

（注意）検定試験実施時の問題をそのまま掲載しています。
また、解答は検定試験実施時の法令に基づいていますので、試験実施
後の法令改正等により、現在では解答が異なる場合や、問題が成立し
ない場合があります。

第44回ビジネス実務法務検定試験3級問題

第1問 （10点）

　次の事項のうち、その内容が正しいものには①を、誤っているものには②を、解答用紙の所定欄にその番号をマークしなさい。

ア. 特定商取引法上、消費者がいわゆるクーリング・オフを行使して事業者との間の契約を解除するには、所定の書面を経済産業大臣に提出し、経済産業大臣により、クーリング・オフの行使が消費者の利益を保護するために特に必要であることが認められなければならない。

イ. 債権者は、債務者の承諾を得なければ、債務者が債権者に対して負う債務を免除することはできない。

ウ. 民法上、賃貸借契約の目的物について、使用および収益に必要な修繕をする義務を負うのは、賃借人ではなく、賃貸人である。

エ. 特許権は、その設定登録によりその効力を生じるが、設定登録の後、1年を経過するごとに登録の更新手続を経る必要があり、更新手続を怠ると特許権は消滅する。

オ. 契約当事者間において、法律の規定中の強行法規の内容と異なる内容の特約が定められた場合、当該特約は強行法規よりも優先して適用される。

カ. 不動産登記に関し、不動産の登記記録の権利部のうち、甲区には、不動産の所有権に関する登記の登記事項が記録される。

キ. 土地を賃借している者が、その土地上に建築した建物に抵当権を設

定した場合、当該抵当権の効力は、当該建物の敷地である土地の
賃借権には及ばない。

ク．民法上、寄託者Aから物の寄託を受けた受寄者Bは、Aから報酬の
支払いを受けるか否かにかかわらず、受寄物の保管について善良な
管理者の注意義務（善管注意義務）を負う。

ケ．使用者が労働者に支払う賃金の額に関しては、最低賃金法により、
その最低基準について規制されている。

コ．2017年（平成29年）5月26日に成立し同年6月2日に公布された「民
法の一部を改正する法律」により改正された後の民法では、売買契
約における売主の担保責任について、売主から買主に引き渡された
目的物の種類、品質、数量が契約の内容に適合しない場合、買主
は、売主に対して、目的物の修補、代替物の引渡しまたは不足分の
引渡しによる履行の追完を請求できることとされた。

第2問　2−1　（5点）

次の文中の［　］の部分に、後記の語群から最も適切な語句を選び、解答
用紙の所定欄にその番号をマークしなさい。

　契約は、当事者間の合意によって成立するものであり、当事者間でどのよ
うな契約を締結するかは、原則として自由である。すなわち、契約を締結す
るか否か、誰と契約を締結するか、どのような契約内容とするか等につい
て、当事者は、原則として自由に決めることができ、これを［ア］という。［ア］
により、どのような内容の契約を締結することも自由であるが、民法上、典型
的な契約として、売買契約、消費貸借契約、請負契約、委任契約などが定
められている。

契約は、様々な観点から分類することができる。例えば、売買契約のように当事者の合意のみで成立する契約のことを[イ]といい、消費貸借契約のように当事者の合意と物の引渡しによって成立する契約のことを[ウ]という。また、契約当事者が相互に対価的な財産的価値を支出することを内容とする契約を[エ]といい、契約が成立することによって当事者双方が対価的な債務を負担する契約を[オ]という。したがって、契約当事者の双方が対価的な財産的価値を支出することを内容とする契約であり、契約当事者の双方が対価的な債務を負担する契約である売買契約は、[エ]であり、かつ、[オ]である。

[語群]
①権利能力平等の原則　　②片務契約　　　　③要物契約
④双務契約　　　　　　　⑤継続的契約　　　⑥契約書作成の原則
⑦基本契約　　　　　　　⑧無名契約　　　　⑨無償契約
⑩有償契約　　　　　　　⑪有名契約　　　　⑫一時的契約
⑬附合契約　　　　　　　⑭契約自由の原則　⑮諾成契約

第2問　2-2　(5点)
次の文中の[　]の部分に、後記の語群から最も適切な語句を選び、解答用紙の所定欄にその番号をマークしなさい。

独占禁止法は、規制の対象となる主要な行為として私的独占、不当な取引制限、不公正な取引方法を規定している。私的独占および不当な取引制限が、いずれも[ア]に反して、一定の取引分野における競争を実質的に制限するものであるのに対し、不公正な取引方法は、それ自体は競争を直接制限していなくても、公正な競争を阻害する可能性のある行為をいう。

不公正な取引方法に該当する行為として、例えば、正常な価格競争の観点から見て不当に低い価格で商品や役務を提供し、競争者の販売活動を

困難にさせる行為である［イ］が挙げられる。また、ある商品やサービスを販売する際に、別の商品やサービスを同時に購入するよう義務付ける行為である［ウ］も不公正な取引方法に該当し得る行為である。

　事業者による行為が不公正な取引方法に該当する場合、行政上の措置として、公正取引委員会から［エ］命令や［オ］納付命令が出されることがある。ここで［エ］命令は、速やかにその行為をやめ、市場における競争を回復させるために必要な措置を命じるものであり、［オ］納付命令は、違反行為を行った事業者に対して金銭的不利益を課すものである。

　また、不公正な取引方法に該当する行為を行った事業者は、民事上の措置として差止請求や損害賠償請求を受けることがある。

　［語群］
　　①優越的地位の濫用　　②公序良俗　　　　　③公共の利益
　　④排他条件付取引　　　⑤排除措置　　　　　⑥罰金
　　⑦不当顧客誘引　　　　⑧再販売価格の拘束　⑨課徴金
　　⑩不当廉売　　　　　　⑪剰余金　　　　　　⑫業務停止
　　⑬公的扶助　　　　　　⑭抱き合わせ販売　　⑮免許返納

第3問　（10点）
次のア〜オの設問に答えなさい。

ア．X社は、Y社との間で、X社を貸主、Y社を借主とする金銭消費貸借契約を締結し、Y社に事業資金を貸し付けた。この場合に関する次の①〜④の記述のうち、その内容が最も適切でないものを1つだけ選び、解答用紙の所定欄にその番号をマークしなさい。

　①本件金銭消費貸借契約において、借入金を返済する場所に関する約定がなされていない場合、商法上、Y社は、X社の現在の営

業所で借入金債務を弁済しなければならない。

②本件金銭消費貸借契約において、借入金の返済期限に関する約定がなされていない場合、民法上、X社は、Y社に対して、相当の期間を定めて借入金債務の弁済を催告することができる。

③本件金銭消費貸借契約において、借入金の返済期限に関する約定がなされており、Y社が当該借入金を返済する前に破産手続開始決定を受けた場合、民法上、Y社は、X社に対する借入金債務について有する期限の利益を失う。

④本件金銭消費貸借契約において、X社とY社との間でいかなる利率の約定をしたとしても、法律上、利息付金銭消費貸借の利息の上限は規制されていないため、X社は、Y社に対して、当該約定の利率により計算した利息を請求することができる。

イ. 個人情報保護法に関する次の①～④の記述のうち、その内容が最も適切なものを1つだけ選び、解答用紙の所定欄にその番号をマークしなさい。

①個人識別符号は、顔認識データなどの特定の個人の身体的特徴を電子計算機の用に供するために変換した符号をいい、特定の個人を識別することができるものである必要はない。

②個人情報取扱事業者は、個人情報を取得した場合は、あらかじめその利用目的を公表しているか否かを問わず、その利用目的を本人に通知しなければならない。

③個人情報取扱事業者は、本人から、当該本人が識別される保有個人データの利用目的の通知を求められたときは、原則として、本人に対し、遅滞なく、これを通知しなければならない。

④個人情報取扱事業者は、本人の同意がある場合であっても、個人データを第三者に提供することはできない。

ウ. 民法上の相殺に関する次のa〜dの記述のうち、その内容が適切な
ものの組み合わせを①〜④の中から1つだけ選び、解答用紙の所
定欄にその番号をマークしなさい。なお、本問の各債権について
相殺に関する特約は付されていないものとする。

a. A社はB社に対して履行期の到来した土地の引渡請求権を有し、
B社はA社に対して履行期の到来した貸金債権を有している。こ
の場合、A社は、両債権を対当額で相殺することができる。

b. A社はB社に対して履行期の到来した賃料債権を有し、B社はA
社に対して履行期の到来した貸金債権を有している。この場合、
A社は、両債権を対当額で相殺することができる。

c. A社はB社に対して履行期の到来していない賃料債権を有し、B
社はA社に対して履行期の到来した貸金債権を有している。この
場合、A社は、両債権を対当額で相殺することができない。

d. A社はB社に対して履行期の到来した賃料債権を有し、B社はA
社に対して履行期が到来していない貸金債権を有している。この
場合、A社は、両債権を対当額で相殺することができない。

① a b　　② a d　　③ b c　　④ c d

エ. 売買契約における意思表示に関する次の①〜④の記述のうち、そ
の内容が最も適切でないものを1つだけ選び、解答用紙の所定欄
にその番号をマークしなさい。

①　表意者は、相手方に対して、実際には目的物を売却する意思が
ないにもかかわらず、あえて目的物を相手方に売却する旨の意思
表示をした。この場合、表意者には目的物を売却する意思がない
ことを相手方が知っていたときは、表意者の目的物を売却する旨の
意思表示は無効である。

225

②　表意者は、相手方と通謀して、実際には目的物を売却する意思がないにもかかわらず、相手方に目的物を売却する旨の虚偽の意思表示をした。この場合、表意者の目的物を売却する旨の意思表示は有効である。

③　表意者は、相手方の詐欺により相手方に目的物を売却する旨の意思表示をした。この場合、表意者は、その意思表示を取り消すことができる。

④　表意者は、相手方の強迫により相手方に目的物を売却する旨の意思表示をした。この場合、表意者は、その意思表示を取り消すことができる。

オ．A社における労働関係に関する次のa～dの記述のうち、その内容が適切なものを○、適切でないものを×とした場合の組み合わせを①～④の中から1つだけ選び、解答用紙の所定欄にその番号をマークしなさい。なお、A社には、同社の労働者の過半数で組織するB労働組合が存在するものとする。

　　a．A社は、B労働組合から団体交渉の申入れがなされた場合、正当な理由なくこれを拒否してはならない。

　　b．労働組合法上、B労働組合は、A社から労働基準法所定の労働時間（法定労働時間）を超えて労働者に労働させるよう指示を受けたときは、労働者に法定労働時間を超えて労働させなければならない。

　　c．A社の労働者のうち、雇入れの日から5年を経過していない者には、労働基準法は適用されない。

　　d．労働基準法上、A社の労働者は、有給休暇を取得するためには、A社の取締役会において、有給休暇に関する重要な事実を開示し、その承認を受けることが必要である。

① a － ○ b － × c － ○ d － ×

② a － ○ b － × c － × d － ×

③ a － × b － ○ c － ○ d － ○

④ a － × b － ○ c － × d － ○

第4問 （10点）

次の事項のうち、その内容が正しいものには①を、誤っているものには②を、解答用紙の所定欄にその番号をマークしなさい。

ア. 商法上の商人Aは、その営業の範囲内で、商人Bとの間で委任契約を締結し、Bから委任された事務の処理を行った。この場合、Aは、Bとの間に報酬を受け取ることができる旨の特約がない限り、Bに報酬を請求することができない。

イ. 民法上、夫婦が婚姻中に得た財産はすべて夫婦の共有財産となるため、婚姻中に夫婦の一方が相続によって取得した財産は夫婦の共有財産となる。

ウ. 所有権は、他人によっても国家権力によっても侵害されないのが原則であるが、公共の福祉の観点から、一定の制約を受けることがある。

エ. 労働者派遣法上、派遣元事業主と派遣先との間で労働者派遣契約が締結されると、これにより、派遣元事業主と派遣労働者との間の労働契約が消滅するとともに、派遣先と派遣労働者との間の労働契約が成立する。

オ. A社の取締役Bは、C市における公共工事の指名競争入札に関し、A社に対する便宜を図ってもらうため、C市の担当者Dに多額の金銭

を供与した。この場合、Bには贈賄罪、Dには収賄罪が成立し得る。

カ．株式会社では所有と経営が分離されているため、会社法上、株式会社の株主は、当該株式会社の取締役に就任することができない。

キ．未成年者Xは、家電販売店Yで大型液晶テレビを購入するにあたり、法定代理人Zの同意を得られなかったため、自己を成年者であると偽るなどの詐術を用い、これを信じたYとの間で売買契約を締結した。この場合、XおよびZは、ともに当該売買契約を取り消すことができない。

ク．小切手は、もっぱら支払いのための手段であるため、支払期日については、支払いのための呈示がなされた日を満期とする一覧払いとされている。

ケ．Aは、父親Bから30万円を借り入れた。その後、Bが死亡し、Aがその唯一の相続人としてBを相続した。この場合であっても、AのBに対する借入金債務は消滅しない。

コ．法律上の原因なく他人の財産または労務により利益を受けた者は、原則として、これにより損失を被った者に対して、その利益を不当利得として返還する義務を負う。

第5問 5−1 （5点）
　次の文中の[　]の部分に、後記の語群から最も適切な語句を選び、解答用紙の所定欄にその番号をマークしなさい。

　製造物を購入した消費者が当該製造物に起因して被害を受けた場合に

は、損害賠償請求が認められる。例えば、消費者Aが、家電量販店で家電製品メーカーであるB社が製造した電子レンジを購入し、取扱説明書に従って使用していた場合に、当該電子レンジがその不具合により発火し、A宅の一部が損傷したとする。この事例のように、消費者と製造業者との間に直接の契約関係がないときは、被害者である消費者は、製造業者に対し、民法上の［ア］の規定を根拠として損害賠償を請求することができる。しかし、民事訴訟において、この民法上の［ア］に基づく損害賠償の請求をする場合には、被害者が製造業者の［イ］または過失を証明しなければならない。ここで［イ］とは、他人の権利や利益を侵害することを認識しながらあえて加害行為を行うことをいう。

被害者が、民事訴訟において製造業者の［イ］または過失を証明するのは、実際には困難なことがある。そのため、被害者を保護する観点から、製造物責任法が制定されている。

製造物責任法では、製造物に［ウ］があること、すなわち、製造物が通常有すべき安全性を欠いていることによって人の生命、身体または財産に［エ］が生じた場合、被害者は、原則として、製造業者の［イ］または過失を証明しなくても、［ウ］によって［エ］が生じたこと等を証明して、製造業者に損害賠償を請求することができる。ただし、［エ］が当該製造物についてのみ生じた場合には、製造物責任法は適用されない。

製造物責任法上、製造物とは、製造または加工された［オ］をいい、製造物に該当しないものについては、製造物責任法の適用対象とはならない。

［語群］

①故意　　　　　②不当利得　　　　③知的財産

④不法行為　　　⑤進歩性　　　　　⑥動産

⑦新規性　　　　⑧不動産　　　　　⑨善意

⑩付加価値　　　⑪損害　　　　　　⑫資力

⑬欠陥　　　　　⑭利息　　　　　　⑮債務不履行

第5問　5-2　（5点）

次の文中の [　] の部分に、後記の語群から最も適切な語句を選び、解答用紙の所定欄にその番号をマークしなさい。

人や企業の知的な活動によって生み出される知的財産は、各種の法律により、その保護が図られている。

このうち、実用新案法に基づく実用新案制度は、[ア]、すなわち自然法則を利用した技術的思想の創作であって、物品の形状、構造または組み合わせに関するものを法的保護の対象としている。

また、意匠法上の意匠とは、物品の形状、模様もしくは色彩またはこれらの結合であって、[イ] を通じて美感を起こさせるものをいう。意匠権は、意匠の登録を受けることにより成立する。意匠登録を受けるための要件の1つとして、その意匠が出願前に公知となっていないこと、すなわち [ウ] が認められることが必要である。

これらのほか、[エ] を創作的に表現したものであって、文芸、学術、美術または音楽の範囲に属するものは、著作物として著作権法による保護の対象となる。著作物を創作した者は著作者と呼ばれ、著作者の有する権利は、著作権と著作者人格権に大別することができる。著作権および著作者人格権は、著作物を [オ] で成立する。

[語群]

①産業上利用可能性　②商品または役務　③味覚

④登録した時点　　　⑤思想または感情　⑥考案

⑦標章　　　　　　　⑧視覚　　　　　　⑨公表した時点

⑩新規性　　　　　　⑪文字または記号　⑫有用性

⑬聴覚　　　　　　　⑭創作した時点　　⑮発明

第6問　（10点）
次のア～オの設問に答えなさい。

ア．X社は、Y社から事業資金を借り入れるにあたり、X社がY社に対して負う借入金債務を主たる債務として、Z社に連帯保証人となることを委託することとした。この場合に関する次の①～④の記述のうち、その内容が最も適切でないものを1つだけ選び、解答用紙の所定欄にその番号をマークしなさい。

　①民法上、Z社が連帯保証人となって保証債務を負うには、X社、Y社およびZ社の三者が当事者となって保証契約を締結する必要がある。
　②Z社がX社の連帯保証人となった場合であっても、Y社は、Z社に対し債権を有する他の債権者に優先して、Z社から弁済を受けることはできない。
　③Z社がX社の連帯保証人となった場合において、Y社が、X社に債務の履行を請求することなく、Z社に保証債務の履行を請求した。この場合、Z社は、Y社に対し、まずX社に催告をすべき旨を請求することができない。
　④Z社がX社の連帯保証人となった場合において、X社からY社への弁済により、主たる債務である本件借入金債務が消滅したときは、Z社の負う保証債務も消滅する。

イ．民法709条の不法行為に基づく損害賠償責任に関する次の①～④の記述のうち、その内容が最も適切でないものを1つだけ選び、解答用紙の所定欄にその番号をマークしなさい。

　①Xは、前方不注視により自転車をYに衝突させ、Yを負傷させた。XのYに対する不法行為が成立する場合、民法上、XのYに対する

231

損害賠償は、金銭によるのが原則である。

②Xは、前方不注視により自転車をYに衝突させ、Yを負傷させた。Yは負傷の治療のため仕事を休んだため収入を得られなかった。XのYに対する不法行為が成立する場合、Yは、現実に支出した治療費に加え、得られるはずであった収入のうち仕事を休んだことにより得られなかった額についても、Xに対して不法行為に基づく損害賠償を請求することができる。

③Xは、SNS（Social Networking Service）における投稿で、Yの名誉を毀損した。XのYに対する不法行為が成立する場合、Yは、Xに対し、名誉毀損によって受けた精神的苦痛について、慰謝料を請求することができる。

④Xは、Yに暴行を加え負傷させた。Xが未成年者である場合、Xに責任能力が認められても、Xは、Yに対して不法行為に基づく損害賠償責任を負わない。

ウ. 消費者契約法に関する次の①〜④の記述のうち、その内容が最も適切なものを1つだけ選び、解答用紙の所定欄にその番号をマークしなさい。

①消費者契約法上の事業者に該当するのは法人その他の団体のみであり、個人事業主のように、事業としてまたは事業のために契約の当事者となる個人は、事業者に該当しない。

②消費者契約法は、事業者が消費者に商品を販売する契約のみに適用され、事業者が消費者に役務を提供する契約には適用されない。

③消費者が消費者契約法に基づき事業者との間の売買契約を取り消した場合、事業者は当該売買契約に基づきすでに消費者から受領していた売買代金を返還する必要はない。

④消費者契約において、事業者の債務の履行に際してされた当該

事業者の不法行為により消費者に生じた損害を賠償する責任の全部を免除する条項が定められている場合、当該条項は無効である。

エ. 取締役会設置会社であるX株式会社では、代表取締役Yが選定されている。この場合に関する次のa～dの記述のうち、その内容が適切なものの組み合わせを①～④の中から1つだけ選び、解答用紙の所定欄にその番号をマークしなさい。

　　a. X社の株主総会において決議することができる事項は、会社法および定款に定められた株式会社の基本的な事項に限られる。
　　b. 会社法上、取締役会設置会社における取締役の員数については規定されていないため、X社は、取締役を1人選任すれば足りる。
　　c. X社は、その取締役会決議により、X社の業務執行に関するすべての事項の決定を代表取締役Yに委任し、取締役会は業務執行に関する決定を何ら行わないとすることができる。
　　d. 代表取締役Yが、その任務を怠り、X社に損害を生じさせたときは、Yは、原則として、X社に対し、その損害を賠償する責任を負う。

　　①ab　　②ad　　③bc　　④cd

オ. Xは、Y社との間で、Y社の所有する自動車を購入する旨の売買契約を締結し、Y社に対し、手付として10万円を交付した。この場合に関する次のa～dの記述のうち、その内容が適切なものの組み合わせを①～④の中から1つだけ選び、解答用紙の所定欄にその番号をマークしなさい。

a．XがY社に交付した手付には、本件売買契約が成立した証拠としての意味が認められる。

b．XがY社に交付した手付が解約手付としての意味を有する場合、Xは、Y社から当該自動車を受領した後であっても、手付と同額の10万円をY社に交付することによって本件売買契約を解除することができる。

c．XがY社に交付した手付が解約手付としての意味を有する場合、Y社は、Xが本件売買契約の履行に着手する前であれば、交付を受けた10万円のみをXに返還することによって本件売買契約を解除することができる。

d．XがY社に交付した手付が違約手付としての意味を有する場合、Xに債務不履行があったときは、Y社は、手付を違約罰として没収することができる。

① a b　　② a d　　③ b c　　④ c d

第7問　7−1　（5点）

次の文中の［　］の部分に、後記の語群から最も適切な語句を選び、解答用紙の所定欄にその番号をマークしなさい。

商法上、自己の名をもって商行為をすることを業とする者を［ア］という。

商行為には、強度の営利性があるため［ア］でない者が行っても常に商行為となる絶対的商行為、営業として反復的に営まれたときに商行為となる［イ］、［ア］が営業のためにする補助的な行為である［ウ］がある。

絶対的商行為の例として、売却して利益を得るための不動産や有価証券の有償取得などが挙げられる。［イ］の例としては、賃貸して利益を得るための不動産や動産の有償取得、作業の請負、運送契約などが挙げられる。

また、小売店と消費者との間の商品の売買契約において、小売店が商品を販売する行為は商行為であるが、消費者が小売店で商品を購入する行為は商行為ではない。このように一方の当事者にとってのみ商行為となるものに関し、商法が、その適用について定めており、上記の小売店と消費者との間の売買契約においては、商法は［エ］に適用される。

　なお、［ア］が営業上の活動において自己を表すために用いる名称として［オ］がある。商法は、原則として［オ］は自由に選択できる旨を定めている。また、1個の営業についての［オ］の数は、原則として1個に限られている。

　　［語群］
　　　①顕名　　　　　　　　②商人　　　　　　　　③商号
　　　④使用人　　　　　　　⑤消費者の行為のみ　　⑥問屋
　　　⑦業務提携行為　　　　⑧附属的商行為　　　　⑨持続的商行為
　　　⑩営業的商行為　　　　⑪小売店の行為のみ　　⑫経営者
　　　⑬小売店と消費者の双方の行為　　　　　　　⑭事業主
　　　⑮補充的商行為

第7問　7－2　（5点）

次の文中の［　］の部分に、後記の語群から最も適切な語句を選び、解答用紙の所定欄にその番号をマークしなさい。

　民法の定める担保物権には、留置権、先取特権、［ア］、［イ］がある。これらの担保物権のうち、［ア］は、債権者がその債権の担保として債務者などから受け取った物を、債務が弁済されるまで債権者の手元に留め置き、弁済がないときはその物を競売して売却代金から他の債権者に優先して弁済を受ける担保物権である。また、［イ］は、債権者がその債権を担保するために、債務者または第三者（物上保証人）が占有を移さずに自ら使用したままで不動産等を債務の担保に供し、債務者が弁済をしない場合に、その

目的物を競売に付し、その代金から優先弁済を受けることのできる担保物権である。

担保物権に認められる一般的な効力として、[ウ]と[エ]が挙げられる。[ウ]は、担保権者が、担保目的物から他の債権者に優先して弁済を受けられるという効力であり、留置権以外の担保物権すべてに共通する効力である。また、[エ]は、目的物を留置することによって事実上債務者の弁済を促す効力であり、留置権や[ア]にはこの効力が認められる。

担保物権に共通する性質として、附従性や[オ]などが挙げられる。これらの性質のうち、附従性は、担保物権が存在するためには被担保債権が存在していなければならず、被担保債権が消滅すれば担保物権も消滅するという性質である。また、[オ]は、被担保債権が他人に移転すれば担保物権もそれに伴って移転するという性質である。附従性および[オ]のいずれも、担保物権が債権を担保する目的のものであることに由来する。

[語群]
①随伴性　　　　　②優先弁済的効力　　③地上権
④譲渡担保　　　　⑤抵当権　　　　　　⑥所有権留保
⑦債権者平等効　　⑧仮登記担保　　　　⑨権利移転的効力
⑩追及効　　　　　⑪債権的効力　　　　⑫留置的効力
⑬質権　　　　　　⑭不可分性　　　　　⑮物上代位性

第8問　（10点）
次の事項のうち、その内容が正しいものには①を、誤っているものには②を、解答用紙の所定欄にその番号をマークしなさい。

ア.特許法上の発明をした者が当該発明について特許出願をした後、第三者が当該発明と同じ内容の発明につき特許出願をした。この場合において、当該第三者が先に発明を完成させていたときは、特許法

上、当該第三者のみがその発明について特許を受けることができる。

イ. 割賦販売法上、割賦販売業者は、割賦販売の方法により指定商品を販売しようとするときは、その相手方に対して、現金販売価格や割賦販売価格などの所定の事項を書面の提示等により示さなければならない。

ウ. 請負契約は、民法上、請負人がある仕事を完成することを約束し、注文者がその仕事の結果に対して報酬を支払うことを約束することによって、その効力を生ずる。

エ. 商業登記をなすべき事項についてその登記がなされていれば、交通途絶などの正当な事由により登記事項を知らなかった者を除き、善意の第三者に対しても、登記した事項の存在を主張することができる。

オ. 男女雇用機会均等法上、事業主は、男性労働者が女性労働者に対して行う性的な言動により女性労働者の就業環境が害されることのないよう、職場における雇用管理上必要な措置を講じる義務を負うが、女性労働者が男性労働者に対して行う性的な言動については、当該措置を講じる義務を負わない。

カ. 婚姻が法的効力を認められるためには、当事者の合意だけでは足りず、婚姻の届出をする必要がある。

キ. 会社の従業員が独占禁止法に違反する行為をした場合、当該会社に刑事罰が科されることはあるが、当該従業員自身に刑事罰が科されることはない。

ク. 建物賃貸借契約において、賃借人は、当該建物に改良を加えるな

ど、契約の目的物の価値を高める費用を支出した場合、民法上、有益費として、直ちに賃貸人に対してその支出した費用の全額の償還を請求することができる。

ケ. 経済政策や行政目的に基づき、国民に対してある行為を制限し、または禁止することを定める規定を、一般に取締規定という。

コ. 会社法上、支配人は、会社の許可を受けなければ、他の会社の取締役、執行役または業務を執行する社員となってはならない。

第9問　9-1　（5点）
次の文中の[　]の部分に、後記の語群から最も適切な語句を選び、解答用紙の所定欄にその番号をマークしなさい。

　人が死亡すると、相続が発生し、生前にその人（被相続人）が所有していた財産は、相続人に包括的に承継される。

　被相続人には、自分の死後に財産を相続させる者や相続させる財産の内容などを、生前のうちに定めることが認められている。被相続人が、自分の死後に財産を相続させる者や相続させる財産の内容などについて生前に行う意思表示を[ア]という。

　もっとも、相続については、一定の財産を承継できるという相続人の期待も保護する必要があり、また、相続人の生活保障という側面もある。そこで、被相続人が[ア]を遺している場合であっても、相続財産の一定部分を一定の相続人のために留保する[イ]の制度が、民法上定められている。

　被相続人が[ア]を遺さずに死亡した場合には、被相続人の財産は、相続に関する民法の規定に従って相続人に承継される。

　民法上、被相続人の[ウ]は常に相続人となる。そして、被相続人の子がいる場合は、子が第1順位の相続人となる。子が被相続人より先に死亡し

ており、死亡した子に子（被相続人の孫）がいるときは、当該孫が相続人となる。これを[エ]という。被相続人に子がいない場合には、被相続人の直系尊属が第2順位の相続人となり、子も直系尊属もいない場合には、被相続人の兄弟姉妹が第3順位の相続人となる。

　相続財産には被相続人が生前に負った債務が含まれる。そのため、被相続人が多額の債務を負って死亡した場合、その債務は、原則として相続人にすべて承継される。しかし、相続人が被相続人の一切の債務を相続するとすれば、相続人の生活が脅かされることもある。そこで、相続人には、一定の範囲で相続財産を承継しないことが認められる。例えば、相続人は、相続の開始によって生ずる相続の効力を一切拒絶することができる。この相続の効果を一切拒絶する意思表示を[オ]といい、[オ]をした者は、その相続に関しては、初めから相続人とならなかったものとみなされる。

　　[語群]
　　　①生前贈与　　　　②遺産分割　　　　③配偶者
　　　④財産譲渡　　　　⑤相続の放棄　　　⑥限定承認
　　　⑦財産分与　　　　⑧後見人　　　　　⑨遺言執行者
　　　⑩単純承認　　　　⑪代襲相続　　　　⑫伯父伯母
　　　⑬遺言　　　　　　⑭寄与分　　　　　⑮遺留分

第9問　9－2　（5点）

次の文中の[　]の部分に、後記の語群から最も適切な語句を選び、解答用紙の所定欄にその番号をマークしなさい。

　契約は、一般に、当事者の一方による契約の[ア]の意思表示と、これに対する他方当事者の承諾の意思表示とが合致することによって成立する。ただし、商法上、商人が平常取引をしている相手方からその営業の部類に属する契約の[ア]を受けた場合には、遅滞なくこれに応じるか否かの通知

をしなければならず、これを怠ったときは、[ア]を承諾したものとみなすとして、[ア]を受けた者に[イ]が課されている。

当事者間で契約が締結されると、その効力は原則として契約成立と同時に発生する。しかし、当事者の合意により、契約に期限や条件が付された場合には、その期限や条件に従って、契約の効力の発生または消滅を将来の事実にかからしめることができる。

期限とは、例えば、「借りた金銭を本年12月20日に返済する」というように、契約の効力の発生・消滅または債務の履行を将来発生することが確実な事実にかからせる特約のことである。期限のうち、例えば、「自分が死んだら、所有している土地を譲り渡す」という契約における「自分が死んだら」のように、到来することは確実であるがいつ到来するかはわからないものを[ウ]という。そして、期限が到来するまでは履行遅滞とならないなど、期限が付されていることにより享受することができる利益を期限の利益といい、民法上、期限は[エ]の利益のために定めたものと推定される。

他方、条件とは、契約の効力の発生・消滅または債務の履行を、将来発生するかどうか不確実な事実にかからせる特約をいう。例えば、「来年1月に実施される○○試験に合格したら手当を支給する」という契約を締結した場合、その契約の効力は、○○試験に合格しない限り発生せず、しかも合格するかどうかは不確実である。このように、条件の成就によって契約などの効力が生じる場合、その条件を[オ]という。

[語群]

①停止条件　　　　②誘引　　　　　　③検査通知義務

④債権者　　　　　⑤不確定期限　　　⑥申込み

⑦質問応答義務　　⑧債務者　　　　　⑨取消条件

⑩勧誘　　　　　　⑪所有権者　　　　⑫確定期限

⑬告知期限　　　　⑭解除条件　　　　⑮諾否通知義務

第10問　（10点）
　次のア～オの設問に答えなさい。

　　ア．ビジネス実務法務に関する次のa～cの記述のうち、その内容が適切なものを○、適切でないものを×とした場合の組み合わせを①～④の中から1つだけ選び、解答用紙の所定欄にその番号をマークしなさい。

　　　　a．コンプライアンス（Compliance）は、一般に、法令等の遵守ともいわれるが、これは、法令等のみを遵守すればよいわけではなく、その背景等にある法令等の趣旨や精神に沿った活動が求められているということである。

　　　　b．リスクマネジメント（Risk Management）は、一般に、企業活動に支障を来すおそれのある不確定な要素を的確に把握し、その不確定要素の顕在化による損失の発生を効率的に予防する施策を講じるとともに、顕在化したときの効果的な対処方法をあらかじめ講じる、一連の経営管理手法をいう。

　　　　c．CSR（Corporate Social Responsibility）は、一般に、企業の社会的責任と訳され、企業が、利益の追求だけでなく、様々なステークホルダー（利害関係者）との関係で企業としての行動規範を策定し、これに従い適切に行動することを求める考え方のことをいう。

　　　　① a －○　　　b －○　　　c －○
　　　　② a －○　　　b －×　　　c －×
　　　　③ a －×　　　b －○　　　c －×
　　　　④ a －×　　　b －×　　　c －○

イ. 商標法に関する次の①～④の記述のうち、その内容が最も適切で
ないものを1つだけ選び、解答用紙の所定欄にその番号をマーク
しなさい。

①商標法上、事業者は、その提供する役務に使用する標章につい
て商標登録を受けることができる。

②商標登録を受けることができる標章には、人の知覚によって認識す
ることができるもののうち、文字、図形、記号、立体的形状もしくは
色彩またはこれらの結合のほか、音が含まれる。

③同一の商標について異なった日に2以上の商標登録出願があった
ときは、最先の商標登録出願人のみがその商標について商標登
録を受けることができる。

④商標権は、存続期間の満了によって当然に消滅するため、商標権
者は、商標登録を更新することはできない。

ウ. Aは、B社の代理人として、土地を購入する旨の売買契約を締結す
ることを内容とする代理権をB社から付与されている。この場合に
関する次のa～dの記述のうち、その内容が適切なものを○、適切
でないものを×とした場合の組み合わせを①～④の中から1つだけ
選び、解答用紙の所定欄にその番号をマークしなさい。

a . Aは、B社から2000万円以下の価格の土地を購入する代理権を
付与されていたが、B社の代理人と称してC社との間で甲土地を
3000万円で購入する旨の売買契約を締結した。この場合、C社
は、本件売買契約の締結がAの代理権の範囲内の行為であると
信じ、かつそう信じたことについて正当な理由があるときは、表見
代理の成立を主張することができる。

b . Aは、B社の代理人と称して、C社との間で乙建物を購入する旨
の売買契約を締結した。この場合において、C社は、Aに乙建物

の購入に関する代理権がないことを知っていたとしても、C社の選択により、Aに対し、履行または損害賠償を請求することができる。

c．Aは、B社の代理人と称して、C社との間で乙建物を購入する旨の売買契約を締結した。この場合において、C社は、Aに乙建物の購入に関する代理権がないことを知っていたときは、無権代理を理由に本件売買契約を取り消すことができない。

d．Aは、土地を購入するにあたって、B社の代理人と称して、D銀行から融資を受ける旨の金銭消費貸借契約をD銀行との間で締結したが、B社から金銭消費貸借契約の締結については代理権を付与されていなかった。この場合、D銀行は、Aに金銭消費貸借契約を締結する代理権がないことを知っていたとしても、B社に対し本件金銭消費貸借契約を追認するか否かを催告することができる。

① a － ○ 　　 b － ○ 　　 c － × 　　 d － ×

② a － ○ 　　 b － × 　　 c － ○ 　　 d － ○

③ a － × 　　 b － ○ 　　 c － ○ 　　 d － ○

④ a － × 　　 b － × 　　 c － × 　　 d － ×

エ．債権の回収手続に関する次の①〜④の記述のうち、その内容が最も適切でないものを1つだけ選び、解答用紙の所定欄にその番号をマークしなさい。

①民事訴訟において判決が確定すると、その判決を債務名義として強制執行をすることが可能となる。

②調停は、民事上の紛争の当事者またはその代理人が裁判所に出頭し、話し合いをする手続であり、調停の成立により作成される調停調書は、確定判決と同一の効力を有する。

③即決和解は、法的な紛争の解決に向け、裁判所がまったく関与す

ることなく、紛争の当事者が自主的に話し合い、和解を成立させる
手続である。

④債務者が債務の履行期を過ぎてもその履行をしない場合、原則と
して、債権者が自らの実力を行使し、自力救済により自己の債権を
回収することが禁止されている。

**オ. 商行為についての商法の特則に関する次の①〜④の記述のうち、
その内容が最も適切でないものを1つだけ選び、解答用紙の所定
欄にその番号をマークしなさい。**

①複数の債務者が、その全員のために商行為となる行為によって、1
人の債権者に対して代金支払債務を負担した。この場合、各債務
者は、当該債務の額をその人数に応じて分割した額を債権者に弁
済すれば、自己の債務を免れる。

②保証が商行為である場合、保証人と債権者との間で、保証人が主
たる債務者と連帯して債務を負担する旨の合意をしなくても、保証
人は連帯保証債務を負う。

③商人間においてその双方のために商行為となる行為によって生じ
た債権が弁済期にある場合、債権者は、その弁済を受けるまで、
当該商行為となる行為とは別個の商行為により自ら占有すること
となった債務者所有の物を留置することができ、留置権が成立する
ために牽連性が認められる必要はない。

④商行為の代理人が本人のためにすることを相手方に示さずに代理
行為をした場合、当該代理行為の効果は、原則として本人に帰属
する。

第45回ビジネス実務法務検定試験3級問題

第1問　（10点）

次の事項のうち、その内容が正しいものには①を、誤っているものには②を、解答用紙の所定欄にその番号をマークしなさい。

ア. 製造物責任法上、製造物に欠陥がある場合には、当該欠陥によって人の生命、身体または財産に損害が生じたときだけでなく、当該欠陥による損害が当該製造物についてのみ生じたときであっても、当該製造物の製造業者等は、製造物責任法に基づく損害賠償責任を負う。

イ. 株式会社の株主は、原則として、その所有する株式を自由に譲渡することが認められている。これを株式譲渡自由の原則という。

ウ. 特許権の設定登録を受けるためには、設定登録を受けようとする発明が、当該発明の属する技術分野における通常の知識を有する者が、特許出願時の技術常識に基づいて容易に発明をすることができないものであることを要するが、当該発明がいまだ社会に知られていないものである必要はない。

エ. 国際取引における民事上の法的紛争を解決するために適用される法を準拠法という。法の適用に関する通則法上、準拠法選択の決定を当事者の意思にゆだねる当事者自治の原則が採用されている。

オ. 労働者派遣法上、派遣先は、派遣先の業務に関し、必ず派遣元事業主を通じて派遣労働者に業務上の指揮命令を行わなければならず、派遣労働者に対して直接に業務上の指揮命令を行うことは禁止されている。

カ．Xは、YおよびZによる共同の不法行為によって100万円の損害を被った。この場合、民法上、Xは、YおよびZに対して、それぞれ50万円に限り、損害賠償を請求することができる。

キ．民事執行法上、強制執行の申立てをするには債務名義が必要であり、民事訴訟における裁判所の確定判決は、債務名義に該当する。

ク．ある事項に関する規定が一般法と特別法の関係にある法律の両方に存在する場合、特別法の規定が一般法の規定に優先してその事項に適用される。

ケ．Aが死亡し、Aの子BがAの相続人となった。この場合において、Bは、所定の期間内に単純承認または限定承認をしなかったときは、相続を放棄したものとみなされる。

コ．2017年5月26日に成立し同年6月2日に公布された「民法の一部を改正する法律」により改正された後の民法では、錯誤に基づく意思表示の効果が、無効から取消しへと変更された。

第2問　2－1　（5点）

次の文中の［　］の部分に、後記の語群から最も適切な語句を選び、解答用紙の所定欄にその番号をマークしなさい。

　個人情報の保護に関する法律（個人情報保護法）上、個人情報とは、［ア］に関する情報であって、(1)当該情報に含まれる氏名、生年月日その他の記述等により特定の個人を識別することができるもの、または、(2)個人識別符号が含まれるものをいう。そして、個人情報を含む情報の集合物であって、特定の個人情報を電子計算機を用いて検索することができるように体

系的に構成したものは、［イ］と呼ばれる。ただし、利用方法からみて個人の権利利益を害するおそれが少ないものとして政令で定めるものは、［イ］から除かれる。

　個人情報のうち、本人の人種、信条、社会的身分、病歴、犯罪の経歴、犯罪により害を被った事実その他本人に対する不当な差別、偏見その他の不利益が生じないようにその取扱いに特に配慮を要するものとして政令で定める記述等が含まれるものを［ウ］といい、個人情報保護法上、その取扱いには通常の個人情報よりも強い制限が課される。

　個人情報取扱事業者は、個人情報保護法所定の様々な義務を負う。

　例えば、個人情報取扱事業者は、個人情報を取り扱うにあたり、その［エ］をできる限り特定しなければならない。また、個人情報取扱事業者は、あらかじめ本人の同意を得ずに、［エ］の達成に必要な範囲を超えて個人情報を取り扱ってはならない。

　さらに、個人情報取扱事業者は、法令に基づく場合など一定の場合を除き、あらかじめ本人の同意を得ずに、個人データを第三者に提供してはならない。ただし、個人情報取扱事業者は、第三者に提供される個人データ（［ウ］を除く）について、本人の求めに応じて当該本人が識別される個人データの第三者への提供を停止することとしている場合であって、一定の事項について、あらかじめ本人に通知しまたは本人が容易に知り得る状態に置いているなど、所定の要件を充たすときは、あらかじめ本人の同意を得ずに、当該個人データを第三者に提供することができる。第三者への個人データの提供に関して行われるこの手続を、一般に［オ］という。

［語群］

　①顧客　　　　　　②利用目的　　　　　③エム・オー・ユー

　④リニエンシー　　⑤法人　　　　　　　⑥個人情報データベース等

　⑦個人番号　　　　⑧取得方法　　　　　⑨オプトアウト

　⑩生存する個人　　⑪営業秘密　　　　　⑫情報検索システム

　⑬利用期間　　　　⑭要配慮個人情報　　⑮商業帳簿

第2問　2－2　（5点）

次の文中の［　］の部分に、後記の語群から最も適切な語句を選び、解答用紙の所定欄にその番号をマークしなさい。

　代理のうち、任意代理が成立するためには、民法上、本人が他人（代理人）に［ア］を与えていること、代理人が相手方に対して本人のためにすることを示すこと（顕名）、および、代理人が有効に法律行為を行うこと（代理行為）が必要である。実務上、一般に、［ア］の授与の事実を証明するために、ある者に一定の事項を委任したことを記載した文書である［イ］が作成され、本人から代理人に交付される。

　本人から［ア］を授与されていない者が代理人と称して行った法律行為の効果は、原則として本人に帰属しない。このように、［ア］のない者が代理人として法律行為を行うことを無権代理といい、［ア］のない者を無権代理人という。

　無権代理が行われた場合に、本人が、無権代理人の法律行為を［ウ］すれば、行為の時に遡って本人に当該法律行為の効果が帰属する。これに対し、無権代理につき善意の相手方は、本人が［ウ］をしない間は、当該法律行為の［エ］をすることができる。

　また、無権代理が行われた場合において、本人が［ウ］をしなくても、相手方が無権代理人に［ア］があると信じ、かつ信じたことに正当な理由が認められるときは、法律行為の効果を本人に帰属させることにより、相手方を保護する制度が認められている。この制度を［オ］という。例えば、本人が、実際には［ア］を授与していないにもかかわらず、他人に［イ］を交付した場合において、その他人が［イ］に記載された範囲内の法律行為を行ったときは、［オ］が成立し、当該法律行為の効果が本人に帰属することがある。

　　［語群］
　　　　①調査権　　　　②間接代理　　　　③取消し
　　　　④否認　　　　　⑤表見代理　　　　⑥調停調書

⑦委任状　　　　　⑧実施権　　　　　⑨対抗

⑩放棄　　　　　　⑪法定代理　　　　⑫代理権

⑬公正証書　　　　⑭追認　　　　　　⑮開示

第3問　（10点）

次のア～オの設問に答えなさい。

ア. 独占禁止法により禁止される行為に関する次のa～dの記述のうち、その内容が適切なものの組み合わせを①～④の中から1つだけ選び、解答用紙の所定欄にその番号をマークしなさい。

a. 清涼飲料水メーカーであるX社は、X社から購入したX社製品を消費者に販売している小売店Yに対し、正当な理由がないのに、消費者に対するX社製品の販売価格を指定しその価格で販売することをYに強制した。この場合のX社の行為は、再販売価格の拘束には該当せず、独占禁止法に違反することはない。

b. 衣料品の卸売業者であるX社は、小売店Yに対し、取引を行う際の条件として、不当に、X社の競争事業者であるZ社と取引をしないことを定めることにより、Z社の取引の機会を減少させた。この場合のX社の行為は、排他条件付取引に該当し、独占禁止法に違反する。

c. 建材メーカーであるX社およびY社は、原材料費や物流費の高騰に伴い、両社間で協議等をすることなく、両社の独自の判断で、ほぼ同時期に建材の販売価格を値上げした結果、両社における同種の建材の販売価格は同一となった。この場合の両社の行為は、不当な取引制限に該当し、独占禁止法に違反する。

d. 関東地方でスーパーマーケットチェーンを営むX社、Y社およびZ社は、協定により、同一の取扱商品についてその価格を値引きし

て消費者に販売する場合には値引き額を絶えず同一の額とすることを取り決め、この協定に従ったことにより、公共の利益に反して、当該商品の市場における競争を実質的に制限した。この場合の三社の行為は、不当な取引制限に該当し、独占禁止法に違反する。

① a c ② a d ③ b c ④ b d

イ. 洋品店を営むA社は、Bからオーダーメイドのスーツ1着を仕立てる旨の注文を受け、Bとの間で請負契約を締結しようとしている。この場合に関する次の①〜④の記述のうち、民法の規定に照らし、その内容が最も適切なものを1つだけ選び、解答用紙の所定欄にその番号をマークしなさい。

①A社とBとの間の請負契約は、A社とBとの間における意思表示の合致だけでは成立せず、その内容を契約書等の書面にすることにより有効に成立する。

②A社とBとの間で本件請負契約が締結された場合、A社とBとの間で特段の約定をしない限り、A社がBから請負代金の支払いを受けることができるのは、完成したスーツをBに引き渡した時である。

③A社とBとの間で本件請負契約が締結された場合、A社は、Bの承諾を受けなければ、スーツの縫製作業の一部を下請業者であるC社に請け負わせることができない。

④A社とBとの間で本件請負契約が締結された場合、Bは、A社がスーツを完成させる前は、本件請負契約を解除することができない。

ウ. 労働基準法に関する次の①〜④の記述のうち、その内容が最も適切でないものを1つだけ選び、解答用紙の所定欄にその番号をマークしなさい。

①使用者は、原則として、賃金を毎月1回以上、一定の期日を定めて労働者に支払わなければならない。

②賃金および労働時間に関する事項は、労働契約の締結に際し、使用者が労働者に対して明示しなければならない事項であるが、当該事項の明示は、口頭で行えば足り、書面の交付による必要はない。

③常時10人以上の労働者を使用する使用者は、就業規則を作成し、これを所轄の労働基準監督署長に届け出なければならない。

④使用者は、原則として、労働者に、休憩時間を除き、1週間について40時間、1週間の各日については1日につき8時間を超えて、労働させてはならない。

エ. A社は、B社に金銭を貸し付けるにあたり、B社が所有する建物に抵当権の設定を受けることを検討している。この場合に関する次の①〜④の記述のうち、民法の規定に照らし、その内容が最も適切でないものを1つだけ選び、解答用紙の所定欄にその番号をマークしなさい。

①本件建物に設定される抵当権は、A社とB社との間で抵当権設定契約を締結することにより成立し、抵当権の設定登記は第三者に対する対抗要件である。

②A社がB社に金銭を貸し付けるに際し、B社は、本件建物にA社のために抵当権を設定し、その登記を経た。その後、B社がA社に借入金の一部を弁済した場合であっても、本件建物に設定された抵当権は、本件建物の全体に対してその効力が及び、弁済額の

251

割合に応じて効力の及ぶ範囲が縮小するわけではない。

③A社がB社に金銭を貸し付けるに際し、B社は、本件建物にA社のために抵当権を設定し、その登記を経た。その後、A社がB社に対して有する貸金債権を第三者であるC社に譲渡した場合、本件建物に設定された抵当権もC社に移転する。

④本件建物については、すでにD社が抵当権の設定を受け、その登記を経ている。この場合、A社は、本件建物に抵当権の設定を受けることはできない。

オ. 次の甲欄に示した記述と最も関連の深い語句を乙欄から選んだ場合の組み合わせを①～④の中から1つだけ選び、解答用紙の所定欄にその番号をマークしなさい。

(甲欄)

Ⅰ　X社は、Y社に売却した建設機械を、Y社との間の約定に従って、Y社の営業所でY社に引き渡した。

Ⅱ　X社は、Y社との間で、Y社に対して負う100万円の借入金債務の返済に代えて、X社が有する100万円相当の自社製品を給付する旨の契約を締結し、Y社に当該製品を給付して借入金債務を消滅させた。

Ⅲ　X社は、Y社に対し50万円の賃料債務を負っているが、別途Y社に対して30万円の請負代金債権を有しているため、「賃料から請負代金相当額30万円を差し引いた額を支払う」旨をY社に通知した。

Ⅳ　Xは、修理代金を5,000円とすることでY社に依頼したオートバイの修理が完了した旨の連絡を受けたため、オートバイを引き取りに行ったところ、Y社から「今回はサービスとして修理代金を請求しない」旨を告げられた。

（乙欄）

a．弁済　　b．代物弁済　　c．供託　　d．相殺

e．更改　　f．免除　　　　g．混同

① I － a　　Ⅱ － b　　Ⅲ － d　　Ⅳ － f

② I － a　　Ⅱ － b　　Ⅲ － c　　Ⅳ － f

③ I － b　　Ⅱ － g　　Ⅲ － d　　Ⅳ － e

④ I － c　　Ⅱ － a　　Ⅲ － e　　Ⅳ － g

第4問　（10点）

次の事項のうち、その内容が正しいものには①を、誤っているものには②を、解答用紙の所定欄にその番号をマークしなさい。

ア．A社は、B社との間で、B社から工作機械を購入する旨の売買契約を締結し、民法上の解約手付として50万円をB社に交付した。この場合、民法上、A社は、B社から当該工作機械の引渡しを受けた後であっても、解約手付として交付した50万円を放棄すれば、当該売買契約を解除することができる。

イ．商標につき商標登録を受けるには、商標登録出願をしなければならないが、例えば、同一の商品に使用する同一の商標につき、異なった日に2以上の商標登録出願があったときは、最先の商標登録出願人のみがその商標について商標登録を受けることができる。

ウ．民法上、留置権は、他人の物を占有している者が、その物に関して生じた債権を有している場合に、その債権の弁済期が到来しているときは、弁済を受けるまでその物を留置することにより、債務者の弁済を促す権利である。

エ. 夫婦が離婚したときは、夫婦のうち婚姻に際して改氏した者は、婚姻前の氏に復することとなり、いかなる場合でも離婚後は婚姻中に称していた氏を称することはできない。

オ. 債権とは、特定の人に対して一定の行為を請求することができる権利をいい、例えば、請負契約に基づき仕事を完成させた請負人が注文者に対して請負代金の支払いを請求する権利は、債権に該当する。

カ. X社において手形の振出権限を有しない従業員Yは、振出権限を有する経理部長Zに無断で手形を作成して振り出し、自己の債務の弁済に充てた。この場合、Yには有価証券偽造罪、偽造有価証券行使罪および詐欺罪が成立し得る。

キ. 自動車損害賠償保障法上、運行供用者が負う損害賠償責任は、運行供用者が自ら自動車を運転していた場合に限り成立する。

ク. 男女雇用機会均等法上、事業主は、労働者の配置、昇進、降格、教育訓練等一定の事項について、労働者の性別を理由として、差別的取扱いをしてはならない。

ケ. 法律上、特定の目的のために運用される財産の集合である財団は、法人となることができない。

コ. 民法上、弁済の提供をするにあたっては、原則として、債務の本旨に従って現実にしなければならない。

第5問　5−1　（5点）
　次の文中の［　］の部分に、後記の語群から最も適切な語句を選び、解答
用紙の所定欄にその番号をマークしなさい。

　賃貸借契約において、両当事者は、民法上、様々な義務を負う。賃貸人
は、賃借人に対して目的物を使用および収益させる義務を負い、目的物に
破損等が生じた場合には、これを修繕する義務を負う。他方、賃借人は、
賃貸人に対して、目的物の使用および収益の対価である［ア］を支払う義務
や、契約終了時に目的物を返還する義務のほか、目的物を返還するまで、
その管理につき［イ］を負う。

　賃貸借契約に基づき、賃借人は、目的物の使用および収益をする権利を
有するが、誰が目的物の使用および収益をするかにより態様が異なり得る
ため、賃借人が賃借権の譲渡や目的物の転貸をするためには、原則として、
［ウ］が必要である。

　不動産の賃貸借については、不動産が賃借人の生活基盤であることが
多いことから、賃借人の保護を目的として、借地借家法が制定されている。
借地借家法の適用対象となるのは、建物所有を目的とする土地の賃貸借
（借地）および建物の賃貸借（借家）である。

　例えば、民法の原則では、土地の賃貸借契約において、賃貸借期間が
満了すれば、両当事者が更新に合意しない限り賃貸借契約は終了する。こ
れに対し、借地借家法では、借地契約において賃貸人が契約の更新を拒
絶するには、原則として、賃貸人に正当事由がなければならない。ただし、
借地借家法では、借地契約において一定の要件を充たすことにより更新を
しない借地権を設定することも認められており、これを［エ］という。

　また、借家契約において、賃借人が賃貸人の同意を得て借家に建具な
どを設置した場合、当事者間に特約がない限り、賃借人は、契約終了時に
［オ］を行使して、借家に投下した費用を回収することができる。

［語群］

①賃借権の登記　　②善管注意義務　　③建物買取請求権

④権利金　　　　　⑤賃貸借契約書　　⑥定期借地権

⑦賃貸人の承諾　　⑧更新料　　　　　⑨造作買取請求権

⑩無期限賃借権　　⑪短期賃借権　　　⑫諾否通知義務

⑬賃料　　　　　　⑭求償権

⑮自己の財産に対するのと同一の注意義務

第5問　5－2　（5点）

　次の文中の［　］の部分に、後記の語群から最も適切な語句を選び、解答用紙の所定欄にその番号をマークしなさい。

　著作権法による保護の対象となる著作物とは、［ア］であって、文芸、学術、美術または音楽の範囲に属するものと定義されている。したがって、［ア］に当たらない、事実の伝達にすぎない雑報および時事の報道は、著作権法上の著作物に該当しない。

　著作物を創作する者を著作者という。著作者は、その著作物について、著作者人格権および著作権（著作財産権）を享有する。

　著作者人格権は、著作者の人格的な利益の保護に関する権利であり、著作権法上、［イ］、［ウ］、および［エ］が規定されている。［イ］は、まだ公表されていない著作物等を公衆に提供し、または提示する権利である。［ウ］は、著作者がその著作物の原作品に、またはその著作物の公衆への提供・提示に際し、著作者名を表示するか否かを決定する権利である。そして、［エ］は、著作者が自己の意に反して著作物およびその題号の変更、切除その他の改変を受けないことを内容とする権利である。

　また、著作権は、複製権や上演権等、複数の権利から構成される。

　なお、実演家や放送事業者等は、自ら著作物を創作する者ではないが、他人の創作した著作物を利用することに伴い、保護に値する一定の固有の

利益を有しているものと考えられることから、録音権や録画権、送信可能化権などの[オ]が認められている。

[語群]
①専用実施権 　②法定著作権 　③公表権
④二次的著作権 　⑤禁止権 　⑥同一性保持権
⑦職務著作権 　⑧氏名表示権 　⑨共有著作権
⑩著作隣接権 　⑪業務著作権 　⑫通常実施権
⑬事業活動に有用な情報で非公知のもの
⑭形状、模様もしくは色彩またはこれらが結合したもの
⑮思想または感情を創作的に表現したもの

第6問（10点）

次のア〜オの設問に答えなさい。

ア. Aは、Bに対して、Bが所有する彫刻をBから購入する旨の意思表示をした。この場合に関する次の①〜④の記述のうち、その内容が最も適切でないものを1つだけ選び、解答用紙の所定欄にその番号をマークしなさい。

①AとBは、通謀して彫刻の売買を仮装し、虚偽の売買契約を締結した。この場合、当該売買契約は無効である。

②Aは、実際には彫刻を購入する意思がないのに、Bに対して彫刻を購入する旨の意思表示をした。この場合、BがAには購入する意思がないことを知っていたとしても、Aの意思表示は有効である。

③Aは、Bの強迫により、Bに対し彫刻を購入する旨の意思表示をした。この場合、Aは、その意思表示を取り消すことができる。

④Aは、Bの詐欺により、Bに対し彫刻を購入する旨の意思表示をし

た。この場合、Aは、その意思表示を取り消すことができる。

イ. A株式会社における会社法上の「会社の使用人」に関する次のa〜
dの記述のうち、その内容が適切なものの組み合わせを①〜④の
中から1つだけ選び、解答用紙の所定欄にその番号をマークしなさ
い。

　　a. A社は、社内規程において、支配人Bに対し、一定の金額以下の
　　　自社製品の販売についてのみ権限を付与する旨の制限を定めた。
　　　この場合、A社は、その制限を善意の第三者に対抗することはで
　　　きない。
　　b. A社の支配人Cは、A社の許可を受けなくても、知人の経営する
　　　D株式会社の取締役となることができる。
　　c. 自社製品に使用する部品の購入という特定の事項の委任を受け
　　　たA社の使用人である調達課長Eは、当該部品の購入に関する
　　　一切の裁判外の行為をする権限を有する。
　　d. A社は、自社製品を販売する店舗Fを経営している。この場合に
　　　おいて、店舗Fに勤務するA社の使用人Gは、店舗F内の自社製
　　　品の販売に関するGの権限の有無につき、相手方が善意である
　　　か悪意であるかにかかわらず、当該販売に関する権限を有する
　　　ものとみなされる。

　　①a c　　②a d　　③b c　　④b d

ウ. 運送業者であるA社は、自動車ディーラーB社との間で、B社から
新車のトラック1台を購入する旨の売買契約を締結した。当該売買
契約では、約定の期日にA社のX営業所においてトラックの引渡し
と引換えに代金が支払われる約定となっている。この場合に関する
次の①〜④の記述のうち、民法の規定に照らし、その内容が最も

適切なものを1つだけ選び、解答用紙の所定欄にその番号をマークしなさい。

①売買契約の解除に関する事項は、A社とB社が契約を締結する際に定めておかなければならず、契約締結後に両者の間で売買契約を解除する旨の合意をしたとしても、当該合意は無効である。

②A社とB社との間の売買契約において、「B社は、B社の帰責事由により、約定の期日にトラックをA社に引き渡せなかったときは、トラックの売買代価の5%を違約金としてA社に支払う」旨の特約がなされていたとしても、当該特約は公序良俗に反するため無効である。

③B社は、約定の期日にトラックをA社に引き渡すことなく、A社に対しトラックの代金の支払いを請求した。この場合、A社は、B社がトラックの引渡しについて弁済の提供をするまでは、同時履行の抗弁権を主張して代金の支払いを拒むことができる。

④B社の従業員甲がトラックをA社に引き渡すため、トラックを運転してX営業所に向かっていたところ、甲の不注意で交通事故が発生して、トラックが破損し、B社は、約定の期日にA社にトラックを引き渡すことができなかった。この場合、A社に対して債務不履行責任を負うのは、B社ではなく、甲である。

エ. 宝飾品類の販売業者であるA社が指輪甲を消費者Bに販売する場合における特定商取引法の規制に関する次のa～dの記述のうち、その内容が適切なものの組み合わせを①～④の中から1つだけ選び、解答用紙の所定欄にその番号をマークしなさい。なお、Bは、甲の売買契約締結に関し、A社に自宅への訪問等の要請をしていないものとする。

a. A社の従業員Cは、消費者Bに甲の販売の勧誘をするため、Bの自宅を訪問した。この場合、Cは、販売の勧誘に先立って、A社

の名称、売買契約の締結について勧誘する目的である旨等の一定の事項をBに明らかにしなければならない。

b. A社の従業員Cは、消費者Bの自宅を訪問し、A社とBとの間の甲の売買契約を締結した。この場合において、Bがクーリング・オフを行うためには、所定の期間内に解約等の通知を発することが必要であるが、その通知は書面によるか否かを問わない。

c. A社の従業員Cは、消費者Bの自宅を訪問し、A社とBとの間の甲の売買契約を締結した。その後、Bは、所定の期間内にクーリング・オフを行った。この場合、Bは、甲をA社に返還する義務を負うが、その返還に要する費用はA社が負担しなければならない。

d. A社の従業員Cは、路上で消費者Bを呼び止め、A社の営業所に同行させ、当該営業所において、A社とBとの間の甲の売買契約を締結した。この場合、Bは、特定商取引法に基づきクーリング・オフを行うことができない。

①ａｃ　　②ａｄ　　③ｂｃ　　④ｂｄ

オ. 対抗要件に関する次のa〜dの記述のうち、その内容が適切なものの組み合わせを①〜④の中から1つだけ選び、解答用紙の所定欄にその番号をマークしなさい。

a. Aは、自己の所有する腕時計をBに譲渡したが、Bに当該腕時計を引き渡す前に、当該腕時計を善意のCに譲渡し現実に引き渡した。この場合、Cが当該腕時計の現実の引渡しを受ける前に、BがAに当該腕時計の代金を支払っていれば、Bは、原則として、Cに対して当該腕時計の所有権の取得を対抗することができる。

b. A社は、自社の所有する建物をBに賃貸し、当該建物をBに引き渡した。その後、A社は、当該建物をC社に譲渡し、その旨の所有権移転登記を経た。この場合、Bは、原則として、C社に対して

当該建物の賃借権を対抗することができる。

c．A社は、自社の所有する土地をB社に譲渡したが、B社が当該土地につき所有権移転登記を経る前に、当該土地を善意のC社に譲渡し、C社が当該土地につき所有権移転登記を経た。この場合、C社が当該土地につき所有権移転登記を経る前に、B社がA社から当該土地の引渡しを受けていても、B社は、原則として、C社に対して当該土地の所有権の取得を対抗することができない。

d．A社は、B社に対して負う債務を担保するため、自社の所有する土地に抵当権を設定した。B社が当該土地につき抵当権設定登記を経る前に、A社は、当該土地を善意のC社に譲渡し、C社が当該土地につき所有権移転登記を経た。この場合、B社は、原則として、C社に対して当該土地への抵当権の設定を対抗することができる。

① a b　　② a d　　③ b c　　④ c d

第7問　7－1　（5点）

次の文中の[　]の部分に、後記の語群から最も適切な語句を選び、解答用紙の所定欄にその番号をマークしなさい。

　民法709条は、不法行為責任について、[ア]または[イ]によって他人の権利または法律上保護される利益を侵害した者は、これによって生じた損害を賠償する責任を負うと定めている。[ア]とは、他人の権利や利益を侵害するだろうということを認識しながら、あえて加害行為をする意思をいう。これに対し、[イ]とは、自分の行為の結果他人に損害を与えるであろうということが予測できたのに、それを避けるための注意をしなかったことをいう。

　不法行為は、加害行為によって損害が生じることを要し、加害行為と損害との間に因果関係があることをその成立要件の1つとする。不法行為の

261

成立要件である因果関係は、一般に、加害行為と損害との間に、条件関係が存在することを前提として、その行為があれば通常そのような結果が発生したであろうと一般的に予見ができるという関係である[ウ]がある場合に認められる。

また、他人の権利または法律上保護される利益の侵害は、原則として違法とされ、加害行為が違法であることも不法行為の成立要件の1つとされる。ただし、例えば暴漢に襲われた人が身を守るために反撃して、その暴漢に軽傷を負わせた場合のように、加害行為が[エ]に該当するときには、当該行為は違法ではないとされ、不法行為は成立しない。

さらに、民法712条および民法713条は、自己の行為の責任を弁識する能力、すなわち[オ]を欠く者は、原則として、不法行為責任を負わないと定めている。そこで、加害者に[オ]があることも不法行為の成立要件の1つとされる。

[語群]
　①善意　　　　　②従属関係　　　　③責任能力
　④正当防衛　　　⑤瑕疵　　　　　　⑥過失
　⑦潜在能力　　　⑧危険負担　　　　⑨合意
　⑩故意　　　　　⑪相当因果関係　　⑫生活能力
　⑬信頼関係　　　⑭自力救済　　　　⑮欠陥

第7問　7−2　（5点）

次の文中の[　]の部分に、後記の語群から最も適切な語句を選び、解答用紙の所定欄にその番号をマークしなさい。

　株式会社においては、株主の個性が問題とならず、またその人数も多数となることが想定されており、株主は、必ずしも会社経営を担当することに適しているとは限らない。そこで、株式会社では、取締役などに経営を一任し

て、機動的に活動できる仕組みがとられている。これを一般に[ア]という。

　取締役は、原則として、株式会社の業務を執行し、対外的に会社を代表する機関である。取締役は、会社における意思決定の最高機関である[イ]の決議により選任され、会社との間の法的な関係は委任または準委任の関係にあるとされている。そのため、取締役は、会社に対して、民法の定める善管注意義務を負い、会社法上、それを具体化した[ウ]を負っている。

　例えば、取締役が会社を代表して、その会社と自分との間の取引を自由に行うことができれば、取締役と会社の利益が相反し、取締役の利益のために会社が損害を受けるおそれがある。そこで、このような[エ]は会社法により制限されており、例えば、[エ]を行う取締役は、取締役会設置会社では取締役会において、取締役会設置会社ではない株式会社では[イ]において、事前に、当該取引に関する重要な事実を開示し、その承認を受けなければならない。

　また、取締役は、会社の業務執行上、広汎な権限を有し、通常は会社の重要な機密等にも精通している者であることから、取締役が会社の事業と同種の取引つまり自分の会社と競合する取引を行うと、会社の取引先が奪われるなど会社の利益を害するおそれがある。そのため、取締役は、会社に対し、[オ]を負う。その内容の1つとして、取締役は、会社の事業と同種の取引をする場合には、取締役会設置会社では取締役会において、取締役会設置会社ではない株式会社では[イ]において、事前に、当該取引に関する重要な事実を開示し、その承認を受けなければならない。

　　[語群]
　　　①安全配慮義務　　②監査役会　　　　③競業避止義務
　　　④報酬委員会　　　⑤所有と経営の分離　⑥資本充実の原則
　　　⑦忠実義務　　　　⑧拘束条件付取引　　⑨秘密保持義務
　　　⑩間接有限責任　　⑪原状回復義務　　　⑫株主総会
　　　⑬利益相反取引　　⑭検査通知義務　　　⑮インサイダー取引

263

第8問 （10点）

次の事項のうち、その内容が正しいものには①を、誤っているものには②を、解答用紙の所定欄にその番号をマークしなさい。

ア. 民法上、成年被後見人は、日用品の購入その他日常生活に関する行為も含め、あらゆる行為を単独で有効に行うことができず、成年被後見人が単独で行ったすべての法律行為を取り消すことができる。

イ. 消費者契約法上の消費者とは個人をいうが、個人事業主のように、事業としてまたは事業のために契約の当事者となる場合における個人は、消費者に含まれない。

ウ. 倒産処理の手続には、すべて裁判所が関与することとされており、裁判所が関与することなく、当事者の協議のみによって倒産処理が行われることはない。

エ. 賭博行為の掛け金として支払った金銭は、不法原因給付に当たる。したがって、Aが賭博行為の掛け金としてBに金銭を支払った場合、Aは、賭博行為が公序良俗に反して無効であることを理由として、当該金銭につき、Bに対して、不当利得に基づく返還請求をすることができない。

オ. 日本の裁判所は、最高裁判所、高等裁判所、家庭裁判所、簡易裁判所の4種類に限られている。

カ. Aに配偶者Bと子Cがいる場合において、Aが遺言をせずに死亡したときは、BおよびCの法定相続分はそれぞれ相続財産の2分の1である。

キ. 特許権については、特許法上、存続期間は定められておらず、いったん成立した特許権が消滅することはない。

ク. A株式会社の代表取締役Bが、A社の決算において経理を不正に操作して架空の利益を計上し、株主に剰余金の配当をした場合、Bには、A社に対する民事上の損害賠償責任が生じるが、刑事上の責任は生じない。

ケ. 労働組合は、使用者との間で、労働条件その他の待遇について、労働協約を定めることができる。

コ. A社、B社およびC社は、いずれも、D社に対し金銭債権を有しているが、担保権は有していない。この場合において、D社の有する財産では、A社、B社およびC社の有する債権全額の弁済をすることができないときは、債権の種類、内容、履行期には関係なく、債権の発生の先後により債権者間の優劣が決せられるため、A社、B社およびC社のうち、債権の発生時期の最も早い者が、他の債権者に優先してD社の財産から弁済を受けることができる。

第9問　9−1　（5点）
　次の文中の［　］の部分に、後記の語群から最も適切な語句を選び、解答用紙の所定欄にその番号をマークしなさい。

　私法である民法上の原則や原理として、次のようなものが挙げられる。
　まず、［ア］の原則は、すべての個人は平等に権利主体として扱われるという原則である。［ア］の原則は、民法の「私権の享有は、出生に始まる」という規定に現れている。
　次に、［イ］の原則は、権利の主体は私的な法律関係を自己の意思に基

265

づいて自由に形成できるという原則である。[イ]の原則は、対等な力関係に立つ当事者間では健全に機能するが、企業と消費者、大企業と中小企業など当事者間に力の差が存在する場合には、強者の利益のため、弱者が犠牲とされるおそれがある。そこで、[イ]の原則を修正するものとして、当事者がこれと異なった内容を取り決めることができない、つまり当事者の意思にかかわりなくその適用が強制される規定である、[ウ]が様々な法律において設けられている。[ウ]の例として、所有権などの物権に関する規定や会社に関する規定などが挙げられる。

また、[エ]の原則は、個人が物を全面的に支配する私有の権利（所有権）は不可侵のものとして尊重され、他人によっても国家権力によっても侵害されないという原則である。もっとも、私有財産権は、憲法上、公共の福祉による制約を受けるとされており、[エ]の原則は修正されている。

さらに、[オ]主義は、人はたとえ他人に損害を与えたとしても、故意または過失がなければ損害賠償責任を負わないという原理である。[オ]主義は、[イ]の原則が不法行為の場面で現れたものといえる。

[語群]

① 信義誠実 ② 附合契約 ③ 過失責任

④ 任意法規 ⑤ 私的自治 ⑥ 連帯責任

⑦ 無過失責任 ⑧ 正当事由 ⑨ 債権者平等

⑩ 強行法規 ⑪ 実体法規 ⑫ 権利能力平等

⑬ 所有権絶対 ⑭ 物権法定 ⑮ 自己契約

第9問　9-2　（5点）

次の文中の[　]の部分に、後記の語群から最も適切な語句を選び、解答用紙の所定欄にその番号をマークしなさい。

小切手は、振出人が支払人に対して、一定期日に一定金額を受取人に

支払うよう委託した証券であり、その主な経済的役割は[ア]である。

　小切手は、手形と同様の法律的特徴を有する。例えば、小切手は、その記載事項が法律で定められているという性質、すなわち[イ]を有する。ただし、小切手は、手形とは異なり、支払方法として、振出後支払人に呈示して直ちに支払いを受けることができる[ウ]のみが認められており、小切手に支払期日（満期日）を記載しても、記載していないものとみなされる。

　小切手には、様々な用途で用いられる、特殊な小切手がある。例えば、小切手には、銀行などが自らを支払人として振り出すものがあり、このような小切手は、一般に[エ]と呼ばれる。[エ]は、預金小切手（預手）とも呼ばれ、支払人となっている銀行などに資金がないとは考えにくいことから、不渡りになるおそれが少なく、一般の小切手より信用力が高いといわれている。

　また、小切手の支払方法は[ウ]のみであるが、実際に小切手を振り出す日よりも後の日付を振出日として記載することで、取立てがその日以降となるように意図した小切手が作成されることがある。このような小切手は、一般に[オ]と呼ばれる。[オ]も小切手として有効であるが、[ウ]の趣旨を貫徹するために、小切手法では、振出しの日付として記載された日より前に支払呈示がされた小切手はその呈示の日に支払うべきものと定められている。

　[語群]
　　①預金の手段　　　　②自己宛小切手　　　③設権証券性
　　④一覧払い　　　　　⑤信用創造の手段　　⑥譲渡禁止小切手
　　⑦除権小切手　　　　⑧日付後定期払い　　⑨要式証券性
　　⑩現金取引の代替手段　⑪指図式小切手
　　⑫確定日払い　　　　⑬線引小切手　　　　⑭無因証券性
　　⑮先日付小切手

第10問　（10点）

次のア～オの設問に答えなさい。

ア．各種の契約に関する次の①～④の記述のうち、民法および商法の
規定に照らし、その内容が最も適切でないものを1つだけ選び、解
答用紙の所定欄にその番号をマークしなさい。

①X株式会社は、Y株式会社との間で、Y社に金銭を貸し付ける旨
の金銭消費貸借契約を締結した。この場合、X社とY社との間に
利息の約定がなくても、X社は、Y社に法定利息を請求すること
ができる。

②X株式会社は、Yとの間で、その営業の範囲内においてYの荷物
を預かる旨の寄託契約を締結した。この場合、X社は、Yから報酬
の支払いを受けるときに限り、善良な管理者の注意をもってYの荷
物を保管する義務を負う。

③Xは、Yとの間で、Xの所有する宝石を第三者に売却することをY
に委託する旨の委任契約を締結した。この場合、Yは、善良な管
理者の注意をもって委任事務を処理する義務を負う。

④Xは、Yとの間で、Yにクレジットカードの偽造を依頼し、これに対し
報酬を支払う旨の請負契約を締結した。この場合、本件請負契約
は、公序良俗に反し無効である。

イ．商号に関する次の①～④の記述のうち、その内容が最も適切でな
いものを1つだけ選び、解答用紙の所定欄にその番号をマークし
なさい。

①Aは、株式会社を設立する場合、その商号中に「株式会社」という
文字を用いなければならない。

②商人Aが自己の商号甲を使用して営業を行うことを商人Bに許諾

し、Bが商号甲を用いて営業を行っている場合において、第三者C
は、Aの営業と過失なく誤認してBと取引を行った。この場合、商
号甲の使用を許諾したAは、Cに対し、Bと連帯して、当該取引に
よって生じた債務を弁済する責任を負う。

③個人商人Aは、商号甲の登記をしようとしたが、商号甲は、他の個
人商人Bによって、乙地を営業所の所在場所として、すでに商号
の登記がなされていた。この場合、Aは、乙地を営業所の所在場
所として商号甲の登記をすることができない。

④Aは、株式会社を設立する場合、広く認識されている他社の商号
と同一の商号を使用すると不正競争防止法に違反するおそれが
あるが、広く認識されている他社の商号とまったく同一ではない、
類似の商号を使用しても不正競争防止法に違反するおそれはな
い。

ウ. X社は、取引先であるY社に対して有する売掛金債権の担保とし
て、Y社の所有する財産に質権の設定を受けることとした。この場
合に関する次の①〜④の記述のうち、民法の規定に照らし、その
内容が最も適切なものを1つだけ選び、解答用紙の所定欄にその
番号をマークしなさい。

①X社がY社の所有する絵画に質権の設定を受ける場合、X社とY
社との間の質権設定契約が有効に成立するためには、X社とY社
との間で質権を設定する旨の合意が成立すれば足り、当該絵画の
引渡しは不要である。

②X社は、Y社の所有する絵画に質権の設定を受けた場合において、
Y社が売掛金を支払わないときは、裁判所の手続を経ることなく、
当然に当該絵画の所有権を取得する。

③X社は、Y社がZ社に対して有する請負代金債権に質権の設定を
受けた場合において、Y社が売掛金を支払わないときは、当該請

負代金債権をZ社から直接取り立てることができる。

④不動産は質権の目的物とすることができないため、X社は、Y社が土地を所有していても、当該土地に質権の設定を受けることはできない。

エ. 夫婦間の法律関係に関する次のa～dの記述のうち、その内容が適切なものの組み合わせを①～④の中から1つだけ選び、解答用紙の所定欄にその番号をマークしなさい。

a. 夫婦間において夫婦財産契約が締結されていない場合、夫婦の一方が婚姻前から有する財産は、その者の特有財産となる。

b. 婚姻費用の支出など日常の家事に関して、夫婦の一方が第三者と法律行為をしたことによって生じた債務については、当該法律行為を行った者が責任を負い、夫婦の他方が責任を負うことはない。

c. 夫婦間で締結した契約は、原則として、婚姻中いつでも、夫婦の一方から取り消すことができる。

d. 夫婦間における夫婦財産関係は、離婚により婚姻時に遡って消滅する。

①ab　②ac　③bd　④cd

オ. 条件および期限に関する次のa～dの記述のうち、その内容が適切なものの組み合わせを①～④の中から1つだけ選び、解答用紙の所定欄にその番号をマークしなさい。

a. 条件のうち、例えば、「入学祝いに金銭を贈与するが、留年したら返還しなければならない」旨の特約は、停止条件に該当する。

b. 条件のうち、例えば、「入学試験に合格したら、万年筆を贈与す

る」旨の特約は、解除条件に該当する。

c．契約の効力の発生ないし債務の履行を、「人の死亡」のように、将来発生することは確実であるが、いつ発生するかは確定していない事実にかからせる特約は、不確定期限に該当する。

d．期限を定めることによって享受できる利益を期限の利益といい、民法上、期限の利益は債務者のために定めたものと推定される。

① a b　　② a c　　③ b d　　④ c d

第46回ビジネス実務法務検定試験3級問題

第1問 （10点）

次の事項のうち、その内容が正しいものには①を、誤っているものには②を、解答用紙の所定欄にその番号をマークしなさい。

ア. 企業は、その営業上の機密情報を第三者によって不正に利用されていても、当該情報を営業秘密として特許庁の登録を受けていなければ、当該第三者に対し、不正競争防止法に基づく差止めや損害賠償を請求することができない。

イ. 特許権の設定登録を受けるためには、設定登録を受けようとする発明が産業上利用し得るものであることを要するが、当該発明の属する技術分野における通常の知識を有する者が、特許出願時の技術常識に基づいて容易に発明をすることができないものであることは要しない。

ウ. 持参債務の場合、債務者は、債務の本旨に従い、約定の期日に目的物を所定の引渡場所に持参して債権者に提供すれば、債権者が目的物を現実に受領しなくても、債務不履行の責任を免れる。

エ. 独占禁止法を運用し執行するための行政機関として、公正取引委員会が設置されている。

オ. 民法上、先取特権は、債権者と債務者が設定契約を締結することにより発生し、当該債権者が他の債権者に優先して当該債務者の財産から弁済を受けることができる担保物権である。

カ. 消費者Xは、Y社が経営するコンビニエンスストアでサンドイッチを購

入した。この場合、Y社がXにサンドイッチを販売する行為のみが商行為に該当し、Y社の行為についてのみ商法が適用される。

キ. 公害を防止し、規制するための法律の中には、大気汚染防止法や水質汚濁防止法のように、公害により生じた損害について、事業者の無過失責任を定めているものがある。

ク. 著作物は、原則として、著作者が生存している間に限り、著作権法による保護を受け、著作者の死亡と同時に、その著作物の著作権（著作財産権）は消滅する。

ケ. 夫婦間で夫婦財産契約が締結されていない場合、夫婦のいずれに属するか明らかでない財産は、民法上、その共有に属するものと推定される。

コ. 労働者派遣法上、派遣労働者は、派遣先の業務に従事するためには、派遣元事業主との間で労働契約を締結するとともに、派遣先との間でも労働契約を締結する必要がある。

第2問　2−1　（5点）

次の文中の[　]の部分に、後記の語群から最も適切な語句を選び、解答用紙の所定欄にその番号をマークしなさい。

　契約が成立するには、申込みの意思表示と承諾の意思表示が合致することが必要であり、意思表示の合致がなければ、原則として、契約は成立しない。例えば、商店の壁に貼られたアルバイト募集の求人広告は、一般に、申込みの意思表示ではなく、相手方からの申込みの意思表示を促す[ア]とされている。したがって、当該求人広告を見た者がアルバイトをしたい旨の

意思を当該商店の店主に表示したとしても、当該商店の店主がこれを承諾しなければ、雇用契約は成立しない。

また、意思表示自体に問題があり、契約が成立しないことがある。

まず、意思の不存在、すなわち、意思表示は存在するがそれに対応する真意が存在しない場合がある。例えば、表意者が真意でないことを自分で知りながら、真意と異なる意思表示をする場合を[イ]という。[イ]による意思表示は、原則として、有効である。

意思の不存在に対し、意思表示に対応する真意は存在するものの、その真意が形成される過程に瑕疵がある場合がある。これを瑕疵ある意思表示という。例えば、他人の嘘を信じて意思表示をした場合を[ウ]による意思表示という。また、他人から脅されるなどして、やむなく意思表示をした場合を[エ]による意思表示という。[ウ]による意思表示および[エ]による意思表示について、表意者は、その意思表示を取り消すことができる。

なお、当事者間の意思表示の合致があっても、実際の取引の場面では、契約の効力が問題となることがある。例えば、契約の内容が社会的妥当性に欠ける場合、すなわち、[オ]に反する場合、民法上、その契約は無効とされる。通貨の偽造を依頼して報酬を支払う契約は、[オ]に反し、無効とされる。

[語群]

①任意表示　　　　②所有権絶対の原則　　③申込みの誘引

④偽装　　　　　　⑤商慣習　　　　　　　⑥公序良俗

⑦虚偽表示　　　　⑧継続的申込み　　　　⑨作為

⑩詐欺　　　　　　⑪心裡留保　　　　　　⑫錯誤

⑬申込みの撤回　　⑭意思の通知　　　　　⑮強迫

274

第2問　2－2　（5点）

次の文中の［　］の部分に、後記の語群から最も適切な語句を選び、解答用紙の所定欄にその番号をマークしなさい。

意匠法上の意匠とは、物品の形状、模様もしくは色彩またはこれらの結合であって、視覚を通じて美感を起こさせるものをいう。意匠権については、多様なデザインを保護するために、物品の全体ではなくその一部分のみを意匠登録の対象とする［ア］制度が採用されている。また、カフスボタンとネクタイピンのセットのように、同時に使用される2つ以上の物品の組合せについて、全体として統一性がある意匠、すなわち、［イ］も意匠登録の対象となる。なお、意匠登録を受けるためには、その意匠が工業的技術を用いて同一物を反復して多量に生産できるものであること、すなわち、［ウ］を備えることが必要である。

これに対し、商標法上の商標とは、人の知覚によって認識することができるもののうち、文字、図形、記号、立体的形状もしくは色彩またはこれらの結合、音その他政令で定める［エ］であって、業として商品を生産し、証明し、もしくは譲渡する者がその商品について使用するもの、または業として役務を提供し、もしくは証明する者がその役務について使用するものをいう。商標権の設定登録を受けた者は、商標登録出願に際して指定した商品・役務について登録商標を独占的に使用し、類似範囲における他人の使用を禁止することができる。

商標は、その使用が繰り返し継続されることにより、自他の商品または役務を識別する機能や出所表示機能などを発揮する。そして、経済面における価値に対する社会的信頼が蓄積することにより商標そのものに財産的な価値が生じる。商標法は、このような機能を有する商標を保護することにより、商標を使用する者に蓄積された［オ］の維持を図り、もって産業の発達に寄与し、あわせて需要者の利益を保護することを目的としている。

［語群］
①著作者の権利	②標章	③考案
④創作非容易性	⑤情報	⑥関連意匠
⑦部分意匠	⑧業務上の信用	⑨組物の意匠
⑩秘密意匠	⑪営業上の秘密	⑫公開性
⑬工業上の利用性	⑭動的意匠	⑮共同意匠

第3問 （10点）

次のア～オの設問に答えなさい。

ア．A社は、B社との間でB社所有のオフィスビルの一室を、期間を2年と定めて賃借する旨の賃貸借契約を締結し、その引渡しを受けた。この場合に関する次の①～④の記述のうち、その内容が最も適切でないものを1つだけ選び、解答用紙の所定欄にその番号をマークしなさい。

①賃貸借契約の期間中にA社が貸室の保存に通常必要な費用を支出した場合、民法上、A社は、直ちにB社に対して支出した費用の全額の償還を請求することができる。

②借地借家法上、B社が、賃貸借契約の期間の満了の際に、その更新を拒絶するには、正当の事由があると認められなければならない。

③B社がオフィスビルの所有権を第三者であるC社に譲渡した。この場合、借地借家法上、A社は、C社に対して貸室の賃借権を対抗することができる。

④A社とB社との間で「A社が貸室に設置した造作については、たとえB社の同意を得て設置したものであっても、B社は賃貸借契約終了時にこれを買い取らない」旨の約定をしたとしても、当該約定は、

276

借地借家法に違反し無効である。

イ. 個人情報保護法に関する次のa～dの記述のうち、その内容が適切なものの組み合わせを①～④の中から1つだけ選び、解答用紙の所定欄にその番号をマークしなさい。

a. 外国人に関する情報は、個人情報保護法上の個人情報に当たらない。

b. 個人情報保護法上、個人情報取扱事業者が個人データを第三者に提供するためには、原則として、あらかじめ本人の同意を得ることを要する。

c. 個人情報保護法上、個人情報取扱事業者は、個人データの安全管理のための措置を講じることを義務付けられていない。

d. 個人情報保護法上、個人情報取扱事業者は、偽りその他不正の手段により個人情報を取得してはならない。

① a b　　② a c　　③ b d　　④ c d

ウ. A株式会社とその株主Bとの関係に関する次の①～④の記述のうち、会社法に照らし、その内容が最も適切でないものを1つだけ選び、解答用紙の所定欄にその番号をマークしなさい。

①Bは、株主として有する議決権に基づき、A社の株主総会に出席し、議案に対して賛否を表示することができる。

②Bは、原則として、その有する株式の内容および数に応じてA社の他の株主と平等に扱われる。

③Bは、A社がその取引先であるC社に対して負う債務について、C社に対して直接の責任を負う。

④Bは、原則として、その有するA社の株式を第三者に譲渡することができる。

277

エ. 消費者保護を目的とする法律に関する次のa〜dの記述のうち、その内容が適切なものを○、適切でないものを×とした場合の組み合わせを①〜④の中から1つだけ選び、解答用紙の所定欄にその番号をマークしなさい。

 a. 事業者が、特定商取引法上の訪問販売に該当する取引を行い、消費者との間で商品の売買契約を締結した。この場合、当該消費者は、原則として、クーリング・オフを行使し、売買契約の解除に関する事項その他所定の事項を記載した書面を受領した日から起算して8日以内に、書面により、無条件で当該契約を解除することができる。
 b. 割賦販売法は、事業者が消費者から代金を分割して受領することを条件とする、あらゆる商品、役務、権利に関する取引に例外なく適用される。
 c. 消費者契約法は、事業者が消費者に商品を販売する契約には適用されるが、事業者が消費者に役務を提供する契約には適用されない。
 d. 消費者契約法上の適格消費者団体は、不特定多数の消費者の利益を保護するため、一定の場合には、消費者契約法に違反する事業者を相手方として、差止請求訴訟を提起することができる。

 ① a −○   b −○   c −×   d −○
 ② a −○   b −×   c −×   d −○
 ③ a −×   b −○   c −○   d −×
 ④ a −×   b −×   c −○   d −×

オ. 不法行為による損害賠償責任に関する次の①〜④の記述のうち、民法に照らし、その内容が最も適切でないものを1つだけ選び、解答用紙の所定欄にその番号をマークしなさい。

①A社の建築作業員Bが高架で作業中に不注意で工具を落としたところ、当該高架下を通行中のCにその工具が当たり、Cは重傷を負った。この場合、Cは、A社に対して、使用者責任に基づく損害賠償を請求することができる。

②Dの不法行為によりEが死亡した場合、Eを単独で相続したFは、Dに対し、Eの葬式の費用を損害額として請求することはできないが、Eの逸失利益やEの死亡に至るまでの治療費を損害額として請求することはできる。

③3歳のGは、親権者Hが目を離した隙に歩道から車道に飛び出し、第三者Iの運転する乗用車との接触事故で負傷した。Gを原告としIを被告として提起された不法行為に基づく損害賠償請求訴訟において、裁判所は、Hの過失を被害者側の過失として考慮し、損害賠償額を算定することができる。

④Jの不法行為によりKの名誉が毀損された場合、Kは、Jに対し、これによって受けた精神的苦痛に対する慰謝料を請求することができる。

第4問 （10点）

次の事項のうち、その内容が正しいものには①を、誤っているものには②を、解答用紙の所定欄にその番号をマークしなさい。

ア．Xは、Yから50万円を借り入れた。この場合、Xは、Yとの間で特段の合意をしなくても、自らの一方的意思表示によって、50万円の弁済に代えて自己所有の50万円相当の貴金属をYに引き渡し、XのYに対する借入金債務を免れることができる。

イ．労働契約法上、使用者は、労働契約に伴い、労働者がその生命、身体等の安全を確保しつつ労働することができるよう、必要な配慮を

するものとされている。

ウ. 用益物権は、他人の物を利用することをその内容とする物権であり、例えば、地上権や地役権がこれに該当する。

エ. 2017年5月26日に成立し同年6月2日に公布された「民法の一部を改正する法律」により改正された後の民法では、危険負担について、当事者双方の帰責事由によらずに、債務を履行できなくなった場合に、債務者が反対給付を受ける権利を有しない旨の債務者主義の規定が削除され、債務者が反対給付を受けることができる旨の債権者主義に一本化された。

オ. 不動産に関する物権を取得した者は、不動産登記法その他の登記に関する法律の定めるところに従いその登記をしなければ、当該物権の取得を第三者に対抗することができない。

カ. 他人に損害を与えたとしても、故意または過失がなければ損害賠償責任を負わないという原則は、「企業の社会的責任（CSR）」と呼ばれる。

キ. ある事業者が他の事業者の事業活動を排除または支配することにより、公共の利益に反して一定の取引分野における競争を実質的に制限する行為は、私的独占として独占禁止法に違反する。

ク. 契約当事者間において、債務者に債務不履行があった場合に債務者が債権者に支払うべき損害賠償の額をあらかじめ約定したとしても、民法上、当該約定は無効である。

ケ. 遺留分権利者は、被相続人の配偶者、子および兄弟姉妹に限られ、

被相続人の直系尊属は遺留分権利者に含まれない。

コ．人は、原則として、誰とどのような内容の契約を締結するかを自由に決めることができる。これを一般に契約自由の原則という。

第5問　5-1　（5点）
次の文中の［　］の部分に、後記の語群から最も適切な語句を選び、解答用紙の所定欄にその番号をマークしなさい。

　担保は、大きく人的担保と物的担保とに分けることができる。人的担保の典型は、保証である。物的担保は、担保物権とも呼ばれ、その代表的なものとして抵当権や質権がある。

　担保物権には、一般に、担保物権を有しない他の債権者に先んじて弁済を受けることができる効力である［ア］が認められている。ただし、担保物権のうち留置権には、目的物を留置することによって債務者の弁済を促す留置的効力は認められるが、［ア］は認められない。

　担保物権には、一般に、その通有性として、［イ］、［ウ］、［エ］および［オ］が認められる。［イ］とは、債権が存在してはじめて担保物権も存在し、弁済等により債権が消滅すれば担保物権も当然に消滅するという性質をいう。［ウ］とは、債権が他人に移転すると、担保物権もそれに伴って移転するという性質をいう。［エ］とは、担保物権を有する者は、被担保債権全部の弁済を受けるまで、担保目的物の全部の上にその権利を行使することができ、債務の一部が弁済されたからといって担保物権もそれに応じて一部が消滅するわけではないという性質をいう。［オ］とは、担保物権を有する者は、担保目的物の売却や滅失などにより債務者等が受けるべき金銭等に対しても権利を行使することができるという性質をいう。

281

[語群]

① 有効性　　　　② 物上代位性　　　③ 承継性

④ 対抗力　　　　⑤ 要物性　　　　　⑥ 随伴性

⑦ 権利移転的効力　⑧ 併存性　　　　　⑨ 不可分性

⑩ 附従性　　　　⑪ 非容易性　　　　⑫ 連帯性

⑬ 補充性　　　　⑭ 優先弁済的効力　⑮ 無因性

第5問　5-2　（5点）

　次の文中の［　］の部分に、後記の語群から最も適切な語句を選び、解答用紙の所定欄にその番号をマークしなさい。

　契約は、一般に、申込みの意思表示と承諾の意思表示とが合致することによって成立する。ただし、商法上、商人が平常取引をしている相手方からその営業の部類に属する契約の申込みを受けた場合には、商人に［ア］が課せられ、遅滞なく申込みに応じるか否かの通知を発しなかったときは、申込みに対して承諾をしたものとみなされる。

　契約が締結されると、その効力は原則として契約成立と同時に発生する。しかし、当事者の合意により、契約に期限や条件が付された場合には、その期限や条件に従って契約の効力が発生する。

　期限とは、例えば、「金銭消費貸借契約の締結日の3ヶ月後に借入金を返済する」というように、契約の効力の発生・消滅または債務の履行を将来発生することが確実な事実にかからせる特約のことである。期限のうち、上記の「金銭消費貸借契約の締結日の3ヶ月後に借入金を返済する」というように、将来発生する期日が確定しているものを［イ］という。これに対し、「Aが死亡したら、Aの子Bに金銭を贈与する」というように、到来することは確実であるがいつ到来するかはわからないものを［ウ］という。期限が付されていることにより享受することができる利益を期限の利益といい、民法上、期限は［エ］の利益のために定めたものと推定される。

他方、条件とは、契約の効力の発生または消滅を、将来発生するかどうか不確実な事実にかからせる特約をいう。例えば、「X社の正社員に採用されたら、就職祝いにスーツを贈る」というように、条件の成就によって効力が発生する場合、その条件を［オ］という。

［語群］

　①債権者　　　　　②確定期限　　　　　③善管注意義務
　④停止条件　　　　⑤消滅期限　　　　　⑥始期
　⑦質問応答義務　　⑧所有権者　　　　　⑨純粋随意条件
　⑩有効期限　　　　⑪諾否通知義務　　　⑫不確定期限
　⑬解除条件　　　　⑭終期　　　　　　　⑮債務者

第6問　（10点）

次のア～オの設問に答えなさい。

ア．X社とY社との間の契約に関する次の①～④の記述のうち、その内容が最も適切でないものを1つだけ選び、解答用紙の所定欄にその番号をマークしなさい。

　①X社は、Y社との間で、Y社の所有する自動車を保管する旨の寄託契約を締結し、当該自動車の引渡しを受けた。この場合、商法上、X社は、自己の財産に対するのと同一の注意をもって、当該自動車を保管すれば足りる。

　②X社は、Y社との間で、自社製品に用いる原材料をX社の指定する価格でZ社から購入することを内容とする売買契約の締結をY社に依頼する旨の委任契約を締結した。この場合、民法上、Y社は、当該売買契約を締結するにあたり、善良な管理者の注意をもって、委任事務を処理する義務を負う。

283

③X社は、機械メーカーであるY社との間で、自社で使用する工作機械の製造をY社に請け負わせる旨の請負契約を締結した。この場合、民法上、Y社が当該工作機械を完成する前であれば、X社は、Y社に損害を賠償して請負契約を解除することができる。

④X社は、Y社との間で、Y社から金銭を借り入れる旨の金銭消費貸借契約を締結した。本件金銭消費貸借契約において、借入金債務を弁済すべき場所に関する約定がなされていない場合、商法上、X社は、Y社の現在の営業所で借入金債務を弁済しなければならない。

イ. 保証に関する次のa〜dの記述のうち、その内容が適切なものを〇、適切でないものを×とした場合の組み合わせを①〜④の中から1つだけ選び、解答用紙の所定欄にその番号をマークしなさい。

a. 保証債務は主たる債務とは別個の債務であるため、主たる債務が弁済等によって消滅しても、保証債務は消滅しない。

b. 民法上、保証契約が効力を生じるには、保証人となる者と債権者とが保証契約を締結し、かつ主たる債務者がこれに同意することが必要である。

c. 保証人が債権者との間で、主たる債務者と連帯してその債務を履行することを特に合意し、連帯保証人となった場合、連帯保証人には、催告の抗弁権および検索の抗弁権のうち、催告の抗弁権は認められるが、検索の抗弁権は認められない。

d. 保証人が民法の規定に従い債権者に対し保証債務を履行した場合、民法上、当該保証人には、主たる債務者に対する求償権が認められる。

① a －〇　　b －〇　　c －×　　d －〇
② a －〇　　b －×　　c －〇　　d －×

③ a －×　　b －○　　c －○　　d －×

④ a －×　　b －×　　c －×　　d －○

ウ. 即時取得に関する次の①〜④の記述のうち、民法に照らし、その
内容が最も適切なものを1つだけ選び、解答用紙の所定欄にその
番号をマークしなさい。

①Xは、Y所有の万年筆をYから借り受けていたところ、Xは死亡し、
ZがXを単独で相続した。この場合、Zは、当該万年筆がXの所有
物であると過失なく信じていたときは、当該万年筆を即時取得する
ことができる。

②XとYはそれぞれ同機種の自転車を所有していたため、Xは、自転
車置き場で、Yの自転車を自己の自転車と勘違いして、自宅まで乗
って帰った。Xは、当該自転車に乗る際、当該自転車の所有者が
Yであることを知らず、かつ、知らないことについて過失がなかった
場合、当該自転車を即時取得することができる。

③Xは、Yが債権者からの追及を回避することに加担し、Yと通謀し
てYの所有する貴金属を譲り受ける旨の虚偽表示をし、当該貴金
属の引渡しを受けた。この場合、Xは、当該貴金属を即時取得す
ることができる。

④Xは、Yから預かっていたY所有の書籍をZに売却した。Zは、当該
書籍を購入する時点で、当該書籍がXの所有物であると信じ、か
つ、そう信じるにつき過失はなかった。この場合、Zは、当該書籍を
即時取得することができる。

エ. X株式会社の機関に関する次のa〜dの記述のうち、会社法に照ら
し、その内容が適切なものの組み合わせを①〜④の中から1つだ
け選び、解答用紙の所定欄にその番号をマークしなさい。なお、X
社は、代表取締役を選定している取締役会設置会社であり、監査

役設置会社であるものとする。

a．X社の代表取締役Aは、X社の業務全般にわたって業務執行権および代表権を有する。

b．X社の取締役BとX社との間の法的な関係は、民法上の雇用契約であり、Bは、使用者であるX社の指揮命令の下にその職務を執行する。

c．X社は、毎事業年度終了後、一定の時期に定時株主総会を招集しなければならないほか、必要がある場合には、いつでも臨時株主総会を招集することができる。

d．X社の監査役は、X社の取締役会の決議によって選任される。

①a c　　②a d　　③b c　　④b d

オ．**権利の実現方法に関する次の①～④の記述のうち、その内容が最も適切でないものを1つだけ選び、解答用紙の所定欄にその番号をマークしなさい。**

①日本の裁判所は、最高裁判所、高等裁判所、地方裁判所、家庭裁判所、簡易裁判所の5種類である。

②裁判所で扱うすべての訴訟は、犯罪を犯した人に対して国家が刑罰を科すことができるかどうかを決めるための刑事訴訟と、行政権の行使その他の公法上の権利関係についての争いを解決することを目的とする行政訴訟とのいずれかに分けることができる。

③裁判所の判決に不服がある場合に、より上級の裁判所に対して再審査を求めることを上訴という。

④債権者は、債務者が債務の履行をしないまま、その履行期が経過した場合であっても、原則として、自らの実力を行使して、自己の債権を回収することは禁止されている。

第7問　7-1　（5点）

次の文中の[　]の部分に、後記の語群から最も適切な語句を選び、解答用紙の所定欄にその番号をマークしなさい。

　商人や企業に関する重要な事項を公示させる制度として[ア]制度が設けられている。[ア]による法的効果の1つとして、会社法上、株式会社は、その[イ]において設立の登記をすることによって成立することが挙げられる。

　[ア]における登記事項の中で特に重要なものとして、商号がある。法人の場合、商号はその法人自体を示す名称そのものであるから、営業の全体について1個の商号のみ用いることが許され、個人の場合も、1つの営業につき用いることのできる商号は1個に限られるものと解されている。これを[ウ]の原則という。また、商号は、これを基礎に信用が形成され、取引相手はその商号によって相手方を識別して取引をするものであることから、商法上、商号の[エ]は、登記をしなければ、第三者に対抗することができないものとされている。したがって、個人の用いる商号については登記が義務付けられてはいないものの、[エ]をする際には登記が必要とされる。

　また、商号は、[オ]法によっても保護がなされている。例えば、A社の商号が需要者の間に広く認識されている場合において、A社の商号と同一あるいは類似の商号をB社が無断で使用し、A社の商品または営業と混同を生じさせ、それによってA社の営業上の利益が侵害されるおそれがある場合、[オ]法上、A社は、B社にその侵害の予防を請求することができる。

［語群］

①独占禁止	②不動産登記	③譲渡
④会計帳簿	⑤商号単一	⑥株主の住所地
⑦公開	⑧不正競争防止	⑨商号不変
⑩商業登記	⑪管理	⑫代表取締役の住所地
⑬商号自由	⑭本店の所在地	⑮個人情報保護

第7問　7-2　（5点）

次の文中の[　]の部分に、後記の語群から最も適切な語句を選び、解答用紙の所定欄にその番号をマークしなさい。

　X株式会社は、常時100人の労働者を使用しており、X社には同社の労働者60名で組織するY労働組合が存在する。この場合、X社は、労働基準法上、[ア]を作成しなければならず、その作成についてY労働組合の意見を聴かなければならない。

　労働基準法上、[ア]には、使用者が労働の対償として労働者に支払う[イ]に関する事項や始業・終業の時刻に関する事項など、所定の事項を定めなければならない。なお、[イ]については、使用者は[イ]の全額を、通貨で、毎月1回以上一定の期日を定めて、直接、労働者に支払わなければならない。

　Y労働組合は、労使関係事項についてX社と団体交渉をする権利を有している。X社が、Y労働組合から団体交渉の申入れを受けた場合に、正当な理由なくこれを拒否することは、[ウ]として労働組合法により禁止される。

　X社とY労働組合との間で、労働条件等について[エ]が締結された場合、X社の[ア]は、この[エ]に反してはならない。[エ]に牴触する[ア]については、X社を管轄する[オ]は変更命令を出すことができる。

[語群]

①不公正取引	②賃金	③労働協約
④身元保証金	⑤公正競争規約	⑥公共職業安定所長
⑦就業規則	⑧労働基準監督署長	⑨労働安全衛生規則
⑩雇入通知書	⑪労働者名簿	⑫不当な取引制限
⑬厚生労働大臣	⑭借入金	⑮不当労働行為

第8問 （10点）

次の事項のうち、その内容が正しいものには①を、誤っているものには②を、解答用紙の所定欄にその番号をマークしなさい。

ア. 不法行為に基づく損害賠償は金銭によるのが原則であるが、例外的に、他人の名誉を毀損した者に対しては、裁判所は、被害者の請求により、名誉を回復するのに適当な処分である原状回復を命ずることができる。

イ. 支払督促は、簡易裁判所の裁判所書記官に支払督促の申立てを行い、支払督促を債務者に発する手続であるが、支払督促が確定判決と同じ効力を持つことはない。

ウ. 特定非営利活動促進法上、特定非営利活動法人（NPO法人）は、保健、医療または福祉の増進を図る活動等であって、不特定かつ多数のものの利益の増進に寄与することを主たる目的とするものについて設立することができる。

エ. 利息付金銭消費貸借については、利息の上限を規制する法律は存在しないため、当事者間でいかなる利率を約定したとしても、貸主は、借主に対して、約定の利率により計算した利息を請求することができる。

オ. 男女雇用機会均等法上、事業主は、労働者の募集および採用について、その性別にかかわりなく均等な機会を与えなければならない。

カ. 企業の従業員が、特許法上の職務発明に該当する発明をした場合、その企業は、特許法上、当然に特許権を取得する。

キ. 時効の援用とは、時効の成立により利益を受けようとする者がその旨の意思を表示することをいう。

ク. 家電メーカーであるX社が、同業他社であるY社と協定を結び、同種の製品の販売価格を現在の価格より引き上げる行為は、独占禁止法に違反する可能性があるが、X社とY社との間で、同種の製品の販売価格を現在の価格より引き下げる協定を締結し、その協定に基づき、製品を現在より安価で販売する行為は、独占禁止法に違反することはない。

ケ. 買主Aは、売主Bに対して売買代金債務を負っている。Aは、Bに対して売買代金債務を弁済する場合、民法上、Bに対して、その弁済と引換えに受取証書の交付を請求することができる。

コ. 夫婦が離婚した場合、婚姻後に生じた夫婦の財産にかかわる法律関係は、婚姻が成立した時に遡って消滅する。

第9問　9-1　(5点)
　次の文中の[　]の部分に、後記の語群から最も適切な語句を選び、解答用紙の所定欄にその番号をマークしなさい。

　すべての人(自然人および法人)には、民法上、権利・義務の主体となることができる法律上の資格、すなわち[ア]が認められている。

　もっとも、[ア]を認められる者が、必ず法律行為を有効に行えるとは限らない。法律行為を有効に行うためには、自己の行為の結果を判断することのできる精神的能力である意思能力が必要である。意思能力のない者が行った契約などの法律行為は無効であるが、一般に個々の法律行為の場面において意思能力がないことを証明することは困難である。そこで、民法

上、意思能力の認められない者やその不十分な者を、一定の年齢や手続によって画一的に[イ]と定め、その行為を取り消すことができるとするとともに、保護者を付してその能力を補うこととしている。

　[イ]のうち、精神上の障害により事理を弁識する能力を欠く常況にある者であって、民法所定の者の請求により、家庭裁判所の審判を受けた者を[ウ]という。[ウ]の法律行為は、原則として、取り消すことができる。ただし、[エ]の購入その他日常生活に関する行為については、取り消すことができない。

　また、[イ]が、法律行為をするにあたり、自らが[イ]でないことを相手方に信じさせるために[オ]を用いた場合、相手方を保護するため、[イ]とその法定代理人は、当該法律行為を取り消すことができない。

　[語群]
　　①成年被後見人　　　②訴訟能力　　　　③催告
　　④権利能力　　　　　⑤不動産　　　　　⑥詐術
　　⑦高価品　　　　　　⑧任意代理人　　　⑨制限行為能力者
　　⑩被補助人　　　　　⑪責任能力　　　　⑫親権者
　　⑬追認　　　　　　　⑭日用品　　　　　⑮被保佐人

第9問　9－2　（5点）
次の文中の[　]の部分に、後記の語群から最も適切な語句を選び、解答用紙の所定欄にその番号をマークしなさい。

　ビジネスに関連して、企業は、犯罪の被害者となることもあれば、その従業員や取締役が犯罪を犯したり、犯罪を理由に刑罰を科されることもあり得る。犯罪の成立要件や刑罰について定める法律として刑法があるが、ほかにも企業やその役員等は、会社法によって刑罰を科されることもある。

　刑法上の犯罪としては、例えば、企業の従業員や役員が業務上保管している企業の商品の横流しや集金した金銭の使い込み等をした場合には

［ア］が成立し、10年以下の懲役を科される。また、企業の秘密を他社に漏らした場合などには背任罪が成立し、5年以下の懲役または500万円以下の罰金を科される。

　さらに、企業の従業員や役員が、官公庁との契約の締結や許認可の取得などについて有利な取扱いを受けるために、公務員に対して社交儀礼の範囲を超えて金品を交付した場合には、当該従業員や役員に［イ］が成立し、3年以下の懲役または250万円以下の罰金を科される。

　会社法上の犯罪としては、例えば、粉飾決算により架空の利益を計上して株主に剰余金を配当することは、［ウ］に当たり、5年以下の懲役もしくは500万円以下の罰金またはこれらの併科となる。また、例えば、金融機関の融資担当役員が不良貸付を行った場合のように、取締役が、自己または第三者の利益を図りまたは株式会社に損害を加える目的で、自己の任務に背く行為をし、これにより会社に損害を与えた場合には、［エ］として10年以下の懲役もしくは1000万円以下の罰金またはこれらの併科となる。なお、取締役が会社法上の犯罪を行ったことは、取締役の［オ］となる。

　　［語群］
　　　①違法配当罪　　　②窃盗罪　　　　　　③信用毀損罪
　　　④虚偽届出罪　　　⑤欠格事由　　　　　⑥公務執行妨害罪
　　　⑦業務上横領罪　　⑧取消事由　　　　　⑨強要罪
　　　⑩収賄罪　　　　　⑪偽造有価証券行使罪　⑫贈賄罪
　　　⑬特別背任罪　　　⑭違法性阻却事由　　　⑮利益供与罪

第10問　（10点）

次のア～オの設問に答えなさい。

　　ア. 売買契約に関する次の①～④の記述のうち、民法および商法に照らし、その内容が最も<u>適切でない</u>ものを1つだけ選び、解答用紙の

所定欄にその番号をマークしなさい。

①未成年者がその親権者の同意を得て、買主として売主との間で商品の売買契約を締結した場合、買主は、自己が未成年者であることを理由として、当該売買契約を取り消すことができない。

②商品の売買契約において、買主は、売主から買主への商品の引渡しと引換えにその代金を売主に支払う約定となっていた場合、買主は、代金の支払期日が到来し、売主から代金の支払いを請求されても、売主が商品の引渡義務の履行の提供をするまでは、売主に対し同時履行の抗弁を主張して代金の支払いを拒むことができる。

③特定物である商品の売買契約において、売主が買主に商品を引き渡すべき場所について定められていなかった場合、売主は、当該売買契約締結時に当該商品が存在した場所で当該商品を買主に引き渡すこととなる。

④商品の売買契約における買主が、自然災害による金融機関の設備の機能途絶により当該売買契約に基づく売買代金債務を履行できなかった場合、買主は、当該売買代金債務の不履行に基づく損害賠償について、不可抗力をもって売主に対する抗弁とすることができる。

イ．Aが死亡し、相続が発生した場合に関する次のa〜dの記述のうち、民法に照らし、その内容が適切なものの組み合わせを①〜④の中から1つだけ選び、解答用紙の所定欄にその番号をマークしなさい。

　　a．Aに配偶者B、子Cおよび母Dがおり、そのほかに親族がいない場合、Aの法定相続人になるのは、B、CおよびDである。

　　b．Aには配偶者B、子Cおよび孫Dがいるが、Aの子でありDの父で

あるEはAより先に死亡しており、そのほかに親族はいない。この場合、Aの法定相続人になるのは、B、CおよびDである。

c．Aに配偶者B、子Cおよび子Dがおり、そのほかに親族がいない場合、Aが遺言をせずに死亡すると、B、CおよびDの法定相続分はそれぞれ相続財産の3分の1である。

d．Aに配偶者Bおよび妹Cがおり、そのほかに親族がいない場合、Aが遺言をせずに死亡すると、Bの法定相続分は相続財産の4分の3、Cの法定相続分は相続財産の4分の1である。

① a b　　② a c　　③ b d　　④ c d

ウ．約束手形に関する次の①〜④の記述のうち、その内容が最も適切でないものを1つだけ選び、解答用紙の所定欄にその番号をマークしなさい。

①約束手形の振出の原因となった法律関係が無効となった場合、当該約束手形も無効となる。

②白地手形は、手形要件を欠くため、そのままでは手形としての効力は生じないが、将来、手形要件が補充されれば有効な手形となる。

③裏書の連続した約束手形の所持人は、当該手形の正当な権利者と認められる。

④約束手形の不渡りを出した者が、その後6ヶ月以内に再度、約束手形の不渡りを出すと銀行取引停止処分を受ける。

エ．代理に関する次の①〜④の記述のうち、民法に照らし、その内容が最も適切なものを1つだけ選び、解答用紙の所定欄にその番号をマークしなさい。

①Xは、Y社から、Z社の製品を購入する代理権を付与されていない

のに、Y社の代理人と称してZ社との間で製品を購入する旨の売買契約を締結した。この場合において、Y社が本件売買契約を追認したときは、本件売買契約の効果は、XがZ社との間で本件売買契約を締結した時に遡って帰属するのではなく、追認した時からY社に帰属する。

②Xは、Y社から、Z社の製品を購入する代理権を付与されていないのに、Y社の代理人と称してZ社との間で製品を購入する旨の売買契約を締結した。この場合において、Z社は、Xに製品を購入する代理権がないことを知っていたときは、本件売買契約につき、Y社に対して、相当の期間を定めて追認するか否かを催告することはできない。

③Xは、Y社から、Z社の製品を購入する代理権を付与されていないのに、Y社の代理人と称してZ社との間で製品を購入する旨の売買契約を締結した。この場合において、Z社は、Xに製品を購入する代理権がないことを知っていたときは、無権代理を理由に本件売買契約を取り消すことができない。

④Xは、Y社の代理人として、Z社との間で、Z社の製品を購入する旨の売買契約を締結するにあたり、Y社のためにすることをZ社に示さずに、本件売買契約を締結した。この場合、Z社が、XがY社のために本件売買契約を締結したことを知っていたとしても、本件売買契約の効果はY社に帰属しない。

オ. 債権の担保に関する次の①〜④の記述のうち、民法に照らし、その内容が最も適切でないものを1つだけ選び、解答用紙の所定欄にその番号をマークしなさい。

①根抵当権は、被担保債権について一定の極度額を定め、その極度額の限度で、一定の範囲に属する不特定の債権を担保する抵当権である。

②譲渡担保は、民法の規定により定められている担保物権である。

③動産の売主は、その売買代金および利息について、買主に売り渡した当該動産に対して先取特権を有する。

④留置権者は、債務者から被担保債権の弁済を受ける前に、留置権の目的物を債務者に引き渡しその占有を失った。この場合、当該目的物について成立していた留置権は消滅する。

第44回ビジネス実務法務検定試験3級解答・解説

第1問

[正　解] ア②　イ②　ウ①　エ②　オ②　カ①　キ②　ク②　ケ①
　　　　　コ①

[解　説]

アは誤り。特定商取引法上、訪問販売についてクーリング・オフをするにあたり、**意思表示の相手方は事業者**であり、経済産業大臣に対する手続は不要である。また、経済産業大臣が消費者の利益を保護するために特に必要であると認める必要はない（特定商取引法9条参照）。　　　　　　　　　　　　　（公式テキストP.297〜P.298）

イは誤り。債権者が債務者に対して債務を免除する意思を表示したときは、その債権は消滅する（民法519条）。債務の免除は、**債権者がその一方的な意思表示によって行う単独行為**であり、債務者の承諾は必要ない。　　　　　　　　　　　　　　　　　（公式テキストP.176）

ウは正しい。賃貸人は、賃借人に対し賃貸した目的物を、賃借人が不自由なく使用または収益できるようにする義務がある。したがって、目的物の使用および収益に必要な修繕は、賃借人ではなく**賃貸人が**しなければならない（民法606条1項）。　　　（公式テキストP.104）

エは誤り。特許権は、設定の登録により発生するとされている（特許法66条）。しかし、特許権の存続期間は、原則として特許出願の日から20年をもって終了すると法定されており（特許法67条）、存続期間を**更新する制度は存在しない**。　　　　　　　（公式テキストP.257）

オは誤り。強行法規とは、公序良俗の維持、公益性の確保、政策上の目的等の理由により、法令の規定のうち、規定に反する当事者の合意がある場合であっても、当該合意の効力を認めずに法令の規定どおりに適用されることとされているものをいう。したがって、当事者間で強行法規と異なる特約が定められたとしても、**強行法規が優先して適用される**のであり、当該特約の方が優先して適用されるのでは

297

ない。 　　　　　　　　　　　　　　　　（公式テキストP.32〜P.33）

カは正しい。不動産の登記記録の権利部には甲区および乙区があり、甲区には、不動産の**所有権**に関する登記の登記事項が記録される（不動産登記規則4条4項）。　　　　　　　（公式テキストP.247）

キは誤り。土地を賃借している者が、その土地上に建築した建物に抵当権を設定した場合、当該抵当権の効力は、当該建物の敷地である**土地の賃借権に及ぶ**。　　　　　　（公式テキストP.222）

クは誤り。民法は、債権の目的が特定物の引渡しであるときは、債務者は、その引渡しをするまで、善良な管理者の注意をもって、その物を保存しなければならない（民法400条）と定めているが、その例外として、無償で寄託を受けた者は**自己の財産に対するのと同一の注意**をもって寄託物を保管すれば足りるとしている（民法659条）。
　　　　　　　　　　　　　　　　（公式テキストP.116）

ケは正しい。使用者は、最低賃金の適用を受ける労働者に対し、その最低賃金額以上の賃金を支払わなければならず、最低賃金に達しない賃金を定める労働契約は**その部分について無効**とされ、無効となった部分については最低賃金と同様の定めをしたものとみなされる（最低賃金法4条）。　　　　　　（公式テキストP.365）

コは正しい。民法（債権法）改正により、売買契約における売主の担保責任について、売主から買主に引き渡された目的物の種類、品質、数量が**契約の内容に適合しない場合**、買主は、売主に対して、目的物の修補、代替物の引渡しまたは不足分の引渡しによる履行の追完を請求できることとされた（改正民法562条）。
　　　　　　　　　　　　　　　（公式テキストP.94〜P.95）

第2問　2−1 　　　　　　　　　（公式テキストP.43〜P.47）

［正　解］　ア⑭　イ⑮　ウ③　エ⑩　オ④

［解　説］

　　契約は、当事者間の合意によって成立するものであり、当事者間で

どのような契約を締結するかは、原則として自由である。すなわち、契約を締結するか否か、誰と契約を締結するか、どのような契約内容とするか等について、当事者は、原則として自由に決めることができ、これを**契約自由の原則**という。**契約自由の原則**により、どのような内容の契約を締結することも自由であるが、民法上、典型的な契約として、売買契約、消費貸借契約、請負契約、委任契約などが定められている。

　契約は、様々な観点から分類することができる。例えば、売買契約のように当事者の合意のみで成立する契約のことを**諾成契約**といい、消費貸借契約のように当事者の合意と物の引渡しによって成立する契約のことを**要物契約**という。また、契約当事者が相互に対価的な財産的価値を支出することを内容とする契約を**有償契約**といい、契約が成立することによって当事者双方が対価的な債務を負担する契約を**双務契約**という。したがって、契約当事者の双方が対価的な財産的価値を支出することを内容とする契約であり、契約当事者の双方が対価的な債務を負担する契約である売買契約は、**有償契約**であり、かつ、**双務契約**である。

第2問　2－2　　　　　　　　　　（公式テキストP.278〜P.284）

[正　解] ア③　イ⑩　ウ⑭　エ⑤　オ⑨

[解　説]

　独占禁止法は、規制の対象となる主要な行為として私的独占、不当な取引制限、不公正な取引方法を規定している。私的独占および不当な取引制限が、いずれも**公共の利益**に反して、一定の取引分野における競争を実質的に制限するものであるのに対し、不公正な取引方法は、それ自体は競争を直接制限していなくても、公正な競争を阻害する可能性のある行為をいう。

　不公正な取引方法に該当する行為として、例えば、正常な価格競争の観点から見て不当に低い価格で商品や役務を提供し、競争者の販売活動を困難にさせる行為である**不当廉売**が挙げられる。また、ある

商品やサービスを販売する際に、別の商品やサービスを同時に購入するよう義務付ける行為である**抱き合わせ販売**も不公正な取引方法に該当し得る行為である。

　事業者による行為が不公正な取引方法に該当する場合、行政上の措置として、公正取引委員会から**排除措置**命令や**課徴金**納付命令が出されることがある。ここで**排除措置**命令は、速やかにその行為をやめ、市場における競争を回復させるために必要な措置を命じるものであり、**課徴金**納付命令は、違反行為を行った事業者に対して金銭的不利益を課すものである。

　また、不公正な取引方法に該当する行為を行った事業者は、民事上の措置として差止請求や損害賠償請求を受けることがある。

第3問　3－ア　（公式テキストP.75～P.76、P.79～P.80、P.99～P.101）

[正　解]　④

[解　説]

①は適切である。商行為によって生じた債務について、履行を行う場所が明確に定められていなかった場合、商法の規定が補充的に適用される。特定物の引渡し以外の債務の履行については、**債権者の現在の営業所**が履行の場所となる（商法516条）。

②は適切である。消費貸借契約において、当事者が返還の時期を定めなかった場合、貸主は、「直ちに」返還を求めることはできず、**相当の期間を定めて返還の催告**をすることができ（民法591条1項）、借主は相当の期間を経過した時に遅滞に陥る。

③は適切である。債務者は、ア）**債務者が破産手続開始の決定を受けたとき**、イ）債務者が担保を滅失させ、損傷させ、または減少させたとき、ウ）債務者が担保を供する義務を負う場合において、これを供しないときは、期限の利益を主張することができない（民法137条）。

④は最も適切でない。金銭消費貸借契約における利息の約定については、**利息制限法**による制限が設けられている（利息制限法1条参照）。

第3問　3－イ　　　　　　　　　　　（公式テキストP.300～P.304）

[正　解] ③

[解　説]

①は適切でない。個人識別符号は、顔認識データなどの特定の個人の身体的特徴を電子計算機の用に供するために変換した符号をいい、**特定の個人を識別することができるものであることを要する**（個人情報保護法2条2項）。

②は適切でない。個人情報取扱事業者は、個人情報を取得した場合は、**あらかじめその利用目的を公表している場合を除き**、速やかに、その利用目的を、本人に通知し、または公表しなければならないものとされている（個人情報保護法18条1項）。したがって、あらかじめ利用目的を公表している場合には、個人情報を取得した時点において、利用目的を本人に通知する必要はない。

③は最も適切である。個人情報取扱事業者は、本人から、当該本人が識別される**保有個人データの利用目的の通知**を求められたときは、所定の場合を除き、本人に対し、遅滞なく、これを通知しなければならない（個人情報保護法27条2項）。

④は適切でない。個人情報取扱事業者は、法令に基づく場合等一定の場合を除き、**あらかじめ本人の同意を得ないで**、個人データを第三者に提供してはならない（個人情報保護法23条1項柱書）。

第3問　3－ウ　　　　　　　　　　　（公式テキストP.174～P.175）

[正　解] ③

[解　説]

aは適切でない。民法上、相殺は当事者が「**同種の目的を有する債務を負担する場合**」にすることができるものとされており（民法505条1項）、本記述にある建物の引渡請求権（物の引渡請求権）と貸金債権（金銭債権）というような、種類の異なる債務同士での相殺はできない。

301

bは適切である。民法上、二人が互いに同種の目的を有する債務を負担する場合において、**双方の債務が弁済期にあるとき**は、各債務者は、その対当額について相殺によってその債務を免れることができる（民法505条1項）。

cは適切である。本肢においてB社は、自身が負っている賃料債務について**期限の利益**を有しており、A社はこの利益を強制的に放棄させることはできない。したがって、この場合には、「双方の債務が弁済期にあるとき」という要件を充たさず、A社から相殺をすることはできない。

dは適切でない。肢cとは逆に、ある債務について弁済期が未到来である場合、債務者が**期限の利益を放棄して**直ちに弁済をすることは基本的には債権者に有利であるから、債務者は債権者の利益を害しない限りは自由に期限の利益を放棄することができる（民法136条2項）。本肢において、相殺をしようとするA社が相手方であるB社に対して有する債権の弁済期が到来しており、他方でB社に対して負う債務の弁済期は未到来である場合、A社は、まずB社に対して負う債務の期限の利益を放棄して両債権について弁済期が到来した状態にすることで、相殺をすることができる。

第3問　3－エ　　　　　　　　　　　　（公式テキストP.61～P.64）

［正　解］②

［解　説］

①は適切である。表意者が、自己の真意と異なる意思表示であることを自ら認識しながら行った意思表示のことを**心裡留保**という。民法は、意思表示は表意者がその真意ではないことを知ってしたときであってもそのためにその効力を妨げられないとしているが、相手方が表意者の真意を知り、または知ることができたときは、その意思表示は無効とされている（民法93条1項）。

②は最も適切でない。相手方と通じてした虚偽の意思表示を**虚偽表示**

といい、このような意思表示は無効とされる(民法94条1項)。

③は適切である。民法上、詐欺または強迫による意思表示は取り消すことができるとされている(民法96条1項)。詐欺や強迫による意思表示は表意者の自由な意思に基づいてされたものとはいえず、**瑕疵のある意思表示**ということになるが、表意者をかかる意思表示によって完全に拘束するのは適当でないから、表意者においてこのような意思表示については取り消し得るものとしたのである。

④は適切である。肢③について述べた通り、詐欺または**強迫による意思表示**は取り消すことができる(民法96条1項)。

第3問　3-オ　（公式テキストP.359、P.367、P.370、P.376～P.377）

［正　解］②

［解　説］

aは適切である。使用者が雇用する労働者の代表者と団体交渉をすることを正当な理由がなくて拒むことは、**不当労働行為**の1つとして禁止されている(労働組合法7条2号)。

bは適切でない。労働組合は、労働協約等の事項について交渉するが、労働者に対し、**法定労働時間**を超えて労働させる義務を負わない。

cは適切でない。労働基準法は、**原則として、すべての労働者に適用される**。ここにいう労働者とは、職業の種類を問わず、事業または事務所に使用される者で、賃金を支払われる者をいい(労働基準法9条)、雇入れの日からの経過期間等は関係がない。

dは適切でない。使用者は、有給休暇を労働者の請求する時季に与えなければならず(労働基準法39条5項本文)、請求された時季に有給休暇を与えることが事業の正常な運営を妨げる場合においては、他の時季にこれを与えることが許されるとしているが(**時季変更権**、労働基準法39条5項但書)、取締役会の承認等は必要でない。

第4問

[正　解]　ア②　イ②　ウ①　エ②　オ①　カ②　キ①　ク①　ケ②
　　　　　コ①

[解　説]

アは誤り。商人がその営業の範囲内において他人のために行為をした
ときは、**相当な報酬を請求することができる**（商法512条）。
（公式テキストP.115～P.116）

イは誤り。夫婦間における財産の帰属について、民法の原則としては、
夫婦別産制が採られており、夫婦の一方が婚姻前から有する財産
や、婚姻中に自己の名で得た財産は、その者の**特有財産**（夫婦の
一方が単独で有する財産）とされる（民法762条1項）。
（公式テキストP.393）

ウは正しい。所有権は、何らの制約も受けず、その物を絶対的に支配
する権利とされるが（**所有権絶対の原則**）、この原則にも修正がなさ
れており、財産権の内容は公共の福祉に適合するように法律でこれ
を定められる（憲法27条2項）。　　　　　（公式テキストP.27）

エは誤り。労働者派遣法上、派遣元事業主と派遣先との間で労働者
派遣契約が締結されても、派遣元事業主と派遣労働者との間の労
働契約は消滅せず、派遣先と派遣労働者との間に**労働契約が成立
することにはならない**。　　　　　（公式テキストP.387～P.396）

オは正しい。公務員が、その職務に関し賄賂を収受した時には**収賄罪**
等（刑法197条以下）が成立するが、その一方で、かかる賄賂を供
与し、またはその申込みもしくは約束をした者についても、**贈賄罪**（刑
法198条）が成立する。　　　　　（公式テキストP.309～P.310）

カは誤り。所有と経営の分離は、所有者である株主が会社の経営に参
加してはならないという意味ではなく、株主総会で選任されれば、**株
主が取締役に就任することは可能である**（会社法331条）。
（公式テキストP.336）

キは正しい。制限行為能力者が行為能力者であることを信じさせるた

め**詐術**を用いたときは、当該制限行為能力者が行った法律行為を
取り消すことができない（民法21条）。　　　　　**（公式テキストP.60）**

クは正しい。小切手の支払期日については、支払いのための呈示がな
された日を満期とする**一覧払い**とされている（小切手法28条1項）。
　　　　　　　　　　　　　　　　　　　　（公式テキストP.199）

ケは誤り。債権者が死亡し、債務者がその唯一の相続人として債権者
を相続し、債権および債務が同一人に帰属した場合、当該債権は、
原則として、**混同**により消滅する（民法520条）。
　　　　　　　　　　　　　　　　　　　　（公式テキストP.176）

コは正しい。**不当利得**の返還義務として、法律上の原因なく他人の財
産または労務によって利益を受け、そのために他人に損失を及ぼし
た者（受益者）は、その利益の存する限度においてこれを返還する
義務を負い（民法703条）、特に悪意の受益者は、その受けた利益
に利息を付して返還しなければならず、利益を返還してなお損害が
あるときは、その賠償の責任を負う（民法704条）。
　　　　　　　　　　　　　　　　（公式テキストP.161〜P.162）

第5問　5−1　　　　　　　　　　　**（公式テキストP.154〜P.155）**

［正　解］ア④　イ①　ウ⑬　エ⑪　オ⑥

［解　説］

　　製造物を購入した消費者が当該製造物に起因して被害を受けた場
合には、損害賠償請求が認められる。例えば、消費者Aが、家電量販
店で家電製品メーカーであるB社が製造した電子レンジを購入し、取
扱説明書に従って使用していた場合に、当該電子レンジがその不具合
により発火し、A宅の一部が損傷したとする。この事例のように、消費
者と製造業者との間に直接の契約関係がないときは、被害者である消
費者は、製造業者に対し、民法上の**不法行為**の規定を根拠として損
害賠償を請求することができる。しかし、民事訴訟において、この民法
上の**不法行為**に基づく損害賠償の請求をする場合には、被害者が製

造業者の**故意または過失**を証明しなければならない。ここで**故意**とは、他人の権利や利益を侵害することを認識しながらあえて加害行為を行うことをいう。

被害者が、民事訴訟において製造業者の故意または過失を証明するのは、実際には困難なことがある。そのため、被害者を保護する観点から、製造物責任法が制定されている。

製造物責任法では、製造物に**欠陥**があること、すなわち、製造物が通常有すべき安全性を欠いていることによって人の生命、身体または財産に**損害**が生じた場合、被害者は、原則として、製造業者の**故意**または過失を証明しなくても、**欠陥**によって**損害**が生じたこと等を証明して、製造業者に損害賠償を請求することができる。ただし、**損害**が当該製造物についてのみ生じた場合には、製造物責任法は適用されない。

製造物責任法上、製造物とは、製造または加工された**動産**をいい、製造物に該当しないものについては、製造物責任法の適用対象とはならない。

第5問　5−2　　　　　　（公式テキストP.258〜P.260、P.264〜P.272）

[正　解]　ア⑥　イ⑧　ウ⑩　エ⑤　オ⑭

[解　説]

人や企業の知的な活動によって生み出される知的財産は、各種の法律により、その保護が図られている。

このうち、実用新案法に基づく実用新案制度は、**考案**、すなわち自然法則を利用した技術的思想の創作であって、物品の形状、構造または組み合わせに関するものを法的保護の対象としている。

また、意匠法上の意匠とは、物品の形状、模様もしくは色彩またはこれらの結合であって、**視覚**を通じて美感を起こさせるものをいう。意匠権は、意匠の登録を受けることにより成立する。意匠登録を受けるための要件の1つとして、その意匠が出願前に公知となっていないこと、す

なわち**新規性**が認められることが必要である。なお、意匠法の改正（2020年4月1日施行）により、意匠とは、物品の形状、模様もしくは色彩もしくはこれらの結合（形状等）、建築物の形状等または画像（機器の操作の用に供されるものまたは機器がその機能を発揮した結果として表示されるものに限る）であって、視覚を通じて美感を起こさせるものとされた（改正意匠法2条1項）。

　これらのほか、**思想または感情を創作的に表現したもの**であって、文芸、学術、美術または音楽の範囲に属するものは、著作物として著作権法による保護の対象となる。著作物を創作した者は著作者と呼ばれ、著作者の有する権利は、著作権と著作者人格権に大別することができる。著作権および著作者人格権は、著作物を**創作した時点**で成立する。

第6問　6−ア　　　　　　　　　　　　　（公式テキストP.227〜P.228）

[正　解] ①

[解　説]

①は最も適切でない。民法上、保証契約が効力を生じるためには、債権者と保証人との間で保証契約が締結されればよく、**主たる債務者が当事者となる必要はない**。

②は適切である。Z社がX社の連帯保証人となった場合であっても、物的担保のような**優先弁済的効力**が連帯保証に認められるわけではなく、Y社は、Z社に対し債権を有する他の債権者に優先して、Z社から弁済を受けることはできない。

③は適切である。連帯保証人は、通常の保証の場合と異なり、**催告の抗弁権および検索の抗弁権**は認められていない（民法454条）。

④は適切である。人的担保である保証についても物的担保と同様、**附従性**が認められており、主たる債務が消滅すれば保証債務も消滅する。

第6問　6-イ　　　　　　　　　　　　（公式テキストP.145～P.152）

[正　解] ④

[解　説]

①は適切である。不法行為が成立する場合、民法上、XのYに対する損害賠償は、**金銭によるのが原則である**（民法722条・417条）。

②は適切である。不法行為責任に基づく損害賠償の対象となる損害の範囲は、不法行為と因果関係のある損害であり、被害者において現実に支出せざるを得なかった費用のみならず、不法行為がなければ得られたはずの利益（**逸失利益**）も含まれる。

③は適切である。不法行為により個人の名誉が毀損された場合には、被害者は、加害者に対し、これによって受けた精神的苦痛を**慰謝料**として不法行為責任に基づき請求することができる（民法709条・710条）。

④は最も適切でない。Xは、未成年者である場合であっても、**責任能力**が認められれば、Yに対して不法行為に基づく損害賠償責任を負う（民法712条参照）。

第6問　6-ウ　　　　　　　　　　　　（公式テキストP.287～P.291）

[正　解] ④

[解　説]

①は適切でない。消費者契約法にいう事業者とは、法人その他の団体および事業としてまたは事業のために契約の当事者となる場合における**個人**をいう（消費者契約法2条2項）。

②は適切でない。消費者契約法にいう消費者契約とは、消費者と事業者との間で締結される契約をいう（消費者契約法2条3項）。**取引の対象は特に限定されておらず**、消費者契約法は、事業者が消費者に役務を提供する契約にも適用される。

③は適切でない。消費者契約法に基づき契約が取り消された場合、その契約は初めから無効である（消費者契約法11条1項、民法121

条)。したがって、事業者は、原状回復義務を負い、受領していた代金を消費者に返還しなければならない（民法121条の2）。

④は最も適切である。事業者の債務の履行に際してされた当該事業者の不法行為により生じる責任を全部免除する条項は、消費者にとって一方的に不利な契約として**無効**となる（消費者契約法8条1項3号）。

第6問　6−エ　　　　　　　　　　　　（公式テキストP.339〜P.344）

［正　解］②

［解　説］

aは適切である。株主総会は株式会社における最高の意思決定機関であり、会社法に規定されている事項および株式会社に関する一切の事項について決議をすることができるのが原則であるが（会社法295条1項）、A社のように取締役会設置会社である会社の株主総会においては、**会社法に規定されている事項および定款で定めた事項に限り**決議をすることができる（会社法295条2項）。

bは適切でない。会社法上、取締役会設置会社における取締役の員数については**3人以上**でなければならないと規定されているため（会社法331条5項）、X社は、取締役を1人選任したのでは足りない。

cは適切でない。取締役会は、取締役会設置会社の業務執行の決定を行うものとされており（会社法362条2項1号）、重要な財産の処分および譲受け、多額の借財等その他の**重要な業務執行の決定を取締役に委任することはできない**（会社法362条4項）。

dは適切である。株式会社の取締役、会計参与、監査役、執行役または会計監査人（役員等）が**その任務を怠ったとき**は、株式会社に対し、これによって生じた損害を賠償する責任を負う（会社法423条1項）。

第6問　6−オ　　　　　　　　　　　　　　　　（公式テキストP.53）

[正　解]　②

[解　説]

　　　aは適切である。**手付**とは、契約成立の際に交付される金銭その他の
　　　有価物であり、その機能によって類別されるが、そのうち、契約をし
　　　た証拠になる証約手付は、すべての手付が最低限持つ性質である。

　　　bは適切でない。解約手付とは、例えば売買契約において、買主が契
　　　約締結の際に手付を交付し、買主の側が後で買いたくなくなった場
　　　合にはその手付をそのまま売主に流してしまい（手付流し）、逆に売
　　　主の側が売りたくなくなった場合にはその手付を倍にして買主に返す
　　　（手付倍返し）ことによって、契約を解除することができるというもので
　　　ある。民法上、手付による解除は**相手方が履行に着手するまでに**
　　　限り可能である（民法557条1項）。

　　　cは適切でない。肢bで述べた通り、手付による解除を行う場合、売主
　　　は**手付の倍額**を買主に現実に提供して、契約の解除をすることがで
　　　きる（民法557条1項）。売主が買主に対して単に手付と同額を提供
　　　すれば足りるものではない。

　　　dは適切である。**違約手付**は、当事者の一方に債務不履行があった
　　　場合の制裁金としての機能を有しており、当事者の一方に債務の不
　　　履行があった場合には、相手方は当然にその手付を没収することが
　　　できる。

第7問　7−1　　　　　（公式テキストP.323〜P.326、P.329〜P.330）

[正　解]　ア②　イ⑩　ウ⑧　エ⑬　オ③

[解　説]

　　　商法上、自己の名をもって商行為をすることを業とする者を**商人**とい
　　う。

　　　商行為には、強度の営利性があるため**商人**でない者が行っても常に
　　商行為となる絶対的商行為、営業として反復的に営まれたときに商行

為となる**営業的商行為**、**商人**が営業のためにする補助的な行為である**附属的商行為**がある。

　絶対的商行為の例として、売却して利益を得るための不動産や有価証券の有償取得などが挙げられる。**営業的商行為**の例としては、賃貸して利益を得るための不動産や動産の有償取得、作業の請負、運送契約などが挙げられる。

　また、小売店と消費者との間の商品の売買契約において、小売店が商品を販売する行為は商行為であるが、消費者が小売店で商品を購入する行為は商行為ではない。このように一方の当事者にとってのみ商行為となるものに関し、商法が、その適用について定めており、上記の小売店と消費者との間の売買契約においては、商法は**小売店と消費者の双方の行為**に適用される。

　なお、**商人**が営業上の活動において自己を表すために用いる名称として**商号**がある。商法は、原則として**商号**は自由に選択できる旨を定めている。また、1個の営業についての**商号**の数は、原則として1個に限られている。

第7問　7−2　　　　　　　　　　　　　（公式テキストP.211〜P.224）

［正　解］ア⑬　イ⑤　ウ②　エ⑫　オ①

［解　説］

　民法の定める担保物権には、留置権、先取特権、**質権**、**抵当権**がある。これらの担保物権のうち、**質権**は、債権者がその債権の担保として債務者などから受け取った物を、債務が弁済されるまで債権者の手元に留め置き、弁済がないときはその物を競売して売却代金から他の債権者に優先して弁済を受ける担保物権である。また、**抵当権**は、債権者がその債権を担保するために、債務者または第三者（物上保証人）が占有を移さずに自ら使用したままで不動産等を債務の担保に供し、債務者が弁済をしない場合に、その目的物を競売に付し、その代金から優先弁済を受けることのできる担保物権である。

311

担保物権に認められる一般的な効力として、**優先弁済的効力と留置的効力**が挙げられる。**優先弁済的効力**は、担保権者が、担保目的物から他の債権者に優先して弁済を受けられるという効力であり、留置権以外の担保物権すべてに共通する効力である。また、**留置的効力**は、目的物を留置することによって事実上債務者の弁済を促す効力であり、留置権や**質権**にはこの効力が認められる。

担保物権に共通する性質として、附従性や**随伴性**などが挙げられる。これらの性質のうち、附従性は、担保物権が存在するためには被担保債権が存在していなければならず、被担保債権が消滅すれば担保物権も消滅するという性質である。また、**随伴性**は、被担保債権が他人に移転すれば担保物権もそれに伴って移転するという性質である。附従性および**随伴性**のいずれも、担保物権が債権を担保する目的のものであることに由来する。

第8問

[正　解] ア② イ① ウ① エ① オ② カ① キ② ク② ケ①
　　　　 コ①

[解　説]

　　アは誤り。複数の者が、それぞれ別個独立に同一内容の発明を完成させてそれぞれが特許出願をした場合、日本の特許法においては**先願主義**が採られており、最も早く出願した者が特許を受けることができる（特許法39条1項）。　　**（公式テキストP.256〜P.257）**

　　イは正しい。割賦販売法上、割賦販売業者は、割賦販売の方法により指定商品の販売を行う場合には、その相手方に対して、経済産業省令・内閣府令で定めるところにより、商品の**現金販売価格、商品の割賦販売価格等**を示さなければならない（割賦販売法3条1項）。

（公式テキストP.293）

　　ウは正しい。請負は、当事者の一方が**ある仕事を完成すること**を約し、相手方がその仕事の結果に対してその報酬を支払うことを約す

ることによって、その効力を生ずる（民法632条）。

（公式テキストP.113）

エは正しい。商法総則の規定により登記すべき事項は、登記の後でなければこれをもって善意の第三者に対抗することができず、登記の後であっても第三者が**正当な事由**によってその登記があることを知らなかったときは、当該第三者に対抗することはできない（商法9条1項）。

（公式テキストP.328）

オは誤り。男女雇用機会均等法上、事業主は、職場において行われる性的な言動に対するその雇用する労働者の対応により当該労働者がその労働条件につき不利益を受け、または当該性的な言動により当該労働者の就業環境が害されることのないよう、当該労働者からの相談に応じ、適切に対応するために必要な体制の整備その他の雇用管理上必要な措置を講じなければならないとされており（男女雇用機会均等法11条）、**労働者の性別にかかわらず**、当該措置を講じる義務を負う。

（公式テキストP.382）

カは正しい。婚姻は、**戸籍法の定めるところにより届け出ること**によって、その効力を生ずるとされており（民法739条1項）、当事者の合意のみならず法定の手続を行うことによってはじめて効力を生じる要式行為である。

（公式テキストP.390）

キは誤り。会社の従業員が独占禁止法に違反する行為をした場合、独占禁止法上の罰則は、主位的には実際に当該行為を行った当該従業員に対して科される（独占禁止法89条以下）。その上で、法人もしくは法人でない団体の代表者、または法人、法人でない団体もしくは人の代理人、使用人その他の従業者が、その法人等の業務または財産に関して独占禁止法違反行為をしたときは、行為者を罰するほか、その法人等に対しても、罰金刑を科するものとされている（**両罰規定**、独占禁止法95条1項）。

（公式テキストP.284）

クは誤り。建物賃貸借において、賃借人が賃貸物について有益費を支出した場合、**賃貸借終了の時に**、その支出した金額または増価

313

額の償還をしなければならないとされており（民法608条2項）、直ちに有益費全額の償還を請求することができるわけではない。

（公式テキストP.109）

ケは正しい。**取締規定**とは、経済政策や行政目的に基づき、国民に対してある行為を制限し、または禁止することを定める規定をいい、一般に、取締規定に違反した場合に刑罰や行政罰が科されることになるのがほとんどであるが、そのことによって、当該行為の私法上の効力が必ずしも否定されるものではない。　　　（公式テキストP.33）

コは正しい。会社法上、支配人は、会社に対し、**営業禁止義務**（精力分散防止義務）を負っており、会社の許可を受けなければ、他の会社の取締役、執行役または業務を執行する社員となってはならない（会社法12条1項4号）。　　　（公式テキストP.350）

第9問　9−1　　　　　　　　　　（公式テキストP.397〜P.407）

［正　解］ア⑬　イ⑮　ウ③　エ⑪　オ⑤

［解　説］

　人が死亡すると、相続が発生し、生前にその人（被相続人）が所有していた財産は、相続人に包括的に承継される。

　被相続人には、自分の死後に財産を相続させる者や相続させる財産の内容などを、生前のうちに定めることが認められている。被相続人が、自分の死後に財産を相続させる者や相続させる財産の内容などについて生前に行う意思表示を**遺言**という。

　もっとも、相続については、一定の財産を承継できるという相続人の期待も保護する必要があり、また、相続人の生活保障という側面もある。そこで、被相続人が**遺言**を遺している場合であっても、相続財産の一定部分を一定の相続人のために留保する**遺留分**の制度が、民法上定められている。

　被相続人が**遺言**を遺さずに死亡した場合には、被相続人の財産は、相続に関する民法の規定に従って相続人に承継される。

民法上、被相続人の**配偶者**は常に相続人となる。そして、被相続人の子がいる場合は、子が第1順位の相続人となる。子が被相続人より先に死亡しており、死亡した子に子（被相続人の孫）がいるときは、当該孫が相続人となる。これを**代襲相続**という。被相続人に子がいない場合には、被相続人の直系尊属が第2順位の相続人となり、子も直系尊属もいない場合には、被相続人の兄弟姉妹が第3順位の相続人となる。

　相続財産には被相続人が生前に負った債務が含まれる。そのため、被相続人が多額の債務を負って死亡した場合、その債務は、原則として相続人にすべて承継される。しかし、相続人が被相続人の一切の債務を相続するとすれば、相続人の生活が脅かされることもある。そこで、相続人には、一定の範囲で相続財産を承継しないことが認められる。例えば、相続人は、相続の開始によって生ずる相続の効力を一切拒絶することができる。この相続の効果を一切拒絶する意思表示を**相続の放棄**といい、**相続の放棄**をした者は、その相続に関しては、初めから相続人とならなかったものとみなされる。

第9問　9-2　　　　　　　　（公式テキストP.48〜P.54、P.75〜P.77）

［正　解］ア⑥　イ⑮　ウ⑤　エ⑧　オ①

［解　説］

　契約は、一般に、当事者の一方による契約の**申込み**の意思表示と、これに対する他方当事者の承諾の意思表示とが合致することによって成立する。ただし、商法上、商人が平常取引をしている相手方からその営業の部類に属する契約の**申込み**を受けた場合には、遅滞なくこれに応じるか否かの通知をしなければならず、これを怠ったときは、**申込みを承諾したものとみなす**として、**申込み**を受けた者に**諾否通知義務**が課されている。

　当事者間で契約が締結されると、その効力は原則として契約成立と同時に発生する。しかし、当事者の合意により、契約に期限や条件が

315

付された場合には、その期限や条件に従って、契約の効力の発生または消滅を将来の事実にかからしめることができる。

期限とは、例えば、「借りた金銭を本年12月20日に返済する」というように、契約の効力の発生・消滅または債務の履行を将来発生することが確実な事実にかからせる特約のことである。期限のうち、例えば、「自分が死んだら、所有している土地を譲り渡す」という契約における「自分が死んだら」のように、到来することは確実であるがいつ到来するかはわからないものを**不確定期限**という。そして、期限が到来するまでは履行遅滞とならないなど、期限が付されていることにより享受することができる利益を期限の利益といい、民法上、期限は**債務者**の利益のために定めたものと推定される。

他方、条件とは、契約の効力の発生・消滅または債務の履行を、将来発生するかどうか不確実な事実にかからせる特約をいう。例えば、「来年1月に実施される○○試験に合格したら手当を支給する」という契約を締結した場合、その契約の効力は、○○試験に合格しない限り発生せず、しかも合格するかどうかは不確実である。このように、条件の成就によって契約などの効力が生じる場合、その条件を**停止条件**という。

第10問　10－ア　　　　　　　　　　　　　　（公式テキストP.12～P.22）

［正　解］①

［解　説］

a は適切である。**コンプライアンス**とは、日本語では法令等の遵守と訳されるが、法令のみならず、業界団体の自主ルール、企業の内規その他企業倫理や社会規範等、社会におけるルール全般を遵守するということである。

b は適切である。**リスクマネジメント**とは、企業活動に伴う不確定な要素を的確に把握し、その不確定要素の顕在化による損失の発生を効率的に予防する施策を講じるとともに、顕在化したときの効果的

な対処方法をあらかじめ講じる、一連の経営管理手法をいう。

cは適切である。**CSR**（Corporate Social Responsibility）とは、日本語では企業の社会的責任と訳され、企業が、自社の利益の追求のみならず、様々なステークホルダー（利害関係者）との関係で企業としての行動規範を策定し、これに従い適切に行動することを求める考え方のことをいう。コンプライアンスは当然CSRに包含されるし、環境問題や地域社会に対する説明、貢献等、その要素は極めて多岐にわたっている幅広い概念である。

第10問　10－イ　　　　　　　　　　　（公式テキストP.260〜P.263）

［正　解］④

［解　説］

①は適切である。商標登録の対象となる商標には、業として商品を生産し、証明し、または譲渡する者がその商品について使用をするもの（商品商標）のほか、業として役務を提供し、または証明する者がその役務について使用をするもの（**役務商標**）も含まれる（商標法2条1項）。

②は適切である。商標とは、自己の商品・役務と他人の商品・役務を識別するために、その商品・役務について使用する記号であり、文字、図形、記号、立体的形状もしくは色彩またはこれらの結合、**音その他政令で定めるもの**（標章）であって、①業として商品を生産し、証明し、または譲渡する者がその商品について使用するもの（商品商標）、または②業として役務を提供し、または証明する者がその役務について使用をするもの（役務商標）をいう（商標法2条1項）。

③は適切である。商標権については**先願主義**がとられており、同一の商標について異なった日に2以上の商標登録出願があったときは、最先の商標登録出願人のみがその商標について商標登録を受けることができる（商標法8条1項）。

④は最も適切でない。商標権の存続期間は設定の登録の日から10年

317

をもって終了するが、商標権者の**更新登録**の申請により更新することができる（商標19条）。

第10問　10－ウ　　　　　　　　　　　　（公式テキストP.70～P.73）

[正　解]　②

[解　説]

　　aは適切である。代理人がその権限外の行為をした場合において、第三者が**代理人にその権限があると信ずべき正当な理由があるとき**については、表見代理が成立し、本人がその責任を負い、代理人の権限外の行為の効果が本人に及ぶ（民法110条）。

　　bは適切でない。C社は、Aに乙建物の購入に関する**代理権がないことを知っていた**場合、Aに対し、無権代理人の責任を追及することはできない（民法117条2項）。

　　cは適切である。代理権を有しない者がした契約は、本人が追認をしない間は、相手方が取り消すことができる。ただし、契約の時点で、相手方が、無権代理人に**代理権がないことを知っていたとき**は、取り消すことはできない（民法115条）。

　　dは適切である。無権代理の相手方は、本人に対し、相当の期間を定めて、その期間内に追認をするかどうかを確答すべき旨の催告をすることができる（民法114条）。この催告は、**相手方が代理権がないことを知っていたか否かにかかわらず**行うことができる。

第10問　10－エ　　　　（公式テキストP.230～P.231、P.233～P.235）

[正　解]　③

[解　説]

　　①は適切である。強制執行の申立てをするには、強制執行を根拠づけ、正当化する文書である債務名義が必要である。債務名義の例としては、**確定判決**、確定判決と同一の効力を有するもの（和解調書、調停調書等）、仮執行宣言付判決、仮執行宣言付支払督促、

318

強制執行認諾文言付公正証書等がある（民事執行法22条）。

②は適切である。**調停調書**は、確定判決と同一の効力を有するものとして債務名義となり得る（民事執行法22条7号、民事訴訟法267条、民事調停法16条）。

③は最も適切でない。**即決和解**は裁判上の手続であり（民事訴訟法275条参照）、和解の期日において和解が成立すれば、和解調書が作成され、確定判決と同一の効力を有するものとして債務名義となり得る（民事執行法22条7号、民事訴訟法267条）。

④は適切である。法治国家において、**自力救済**は、原則として禁止される。債務不履行があった場合には、債権者は訴訟等を提起して裁判所に権利の確定を求めた上で、民事執行法等に定める方法でやはり裁判所の司法権の行使を通じて権利の実現を図ることになる。

第10問　10－オ　　　　　　　　　　　（公式テキストP.325〜P.326）

［正　解］①

［解　説］

①は最も適切でない。複数の債務者が、その全員のために商行為となる行為によって、1人の債権者に対して代金支払債務を負担した場合、当該債務は、**各債務者が連帯して負担する**（商法511条1項）。

②は適切である。債務が主たる債務者の商行為によって生じたものであるとき、または**保証が商行為である場合**、保証人と債権者との間で、保証人が主たる債務者と連帯して債務を負担する旨の合意をしなくても、保証人は連帯保証債務を負う（商法511条2項）。

③は適切である。商人間においてその双方のために商行為となる行為によって生じた債権が弁済期にある場合、債権者は、当事者の別段の意思表示がない限り、その弁済を受けるまで、当該商行為となる行為とは別個の商行為により自己の占有に属した**債務者の所有する物または有価証券**を留置することができる（商法521条）。

④は適切である。**商行為の代理人が本人のためにすることを相手方に

示さずに代理行為をした場合、当該代理行為の効果は、本人に帰属するが、相手方が、代理人が本人のためにすることを知らなかったときは、この限りでない（商法504条）。

第45回ビジネス実務法務検定試験3級解答・解説

第1問

[正　解]　ア②　イ①　ウ②　エ①　オ②　カ②　キ①　ク①　ケ②
　　　　　コ①

[解　説]

アは誤り。製造業者等は、その製造物に欠陥があり、当該欠陥によっ
て人の生命、身体または財産を侵害したときは、これによって生じた
損害を賠償する責めを負うが、**その損害が当該製造物についての
み生じたときは、製造物責任法に基づく損害賠償責任を負わな
い**（製造物責任法3条）。　　　　　　（公式テキストP.154～P.155）

イは正しい。株主は、原則として、その有する株式を自由に譲渡するこ
とができ（会社法127条）、これを**株式譲渡自由の原則**という。

（公式テキストP.335）

ウは誤り。特許権を取得するために必要な特許要件は、**新規性、進歩
性と産業上利用可能性**であり（特許法29条1項柱書）、当該発明が
産業上利用可能であることが要件となっている。

（公式テキストP.253～P.255）

エは正しい。国際取引に関する法的紛争に適用される準拠法を決定
する基準については、「法の適用に関する通則法」（法適用通則法）
において、「法律行為の成立及び効力は、当事者が当該法律行為
の当時に選択した地の法による」と規定されており（法適用通則法7
条）、準拠法の選択を当事者の意思に委ねる立場（**当事者自治の原
則**）が採用されている。　　　　　　　　　　（公式テキストP.123）

オは誤り。労働者派遣事業における派遣先と派遣労働者との間には、
雇用関係はないが、指揮命令関係があり、また、派遣先は、派遣契
約に反しないよう、適切な措置をとるべきとされている。このように、
派遣先は、派遣労働者に対して直接に業務上の指揮命令を行うこ
とができ、派遣元事業主を通して間接的に行うことは予定されていな

い。 (公式テキストP.387)

カは誤り。**数人が共同の不法行為によって他人に損害を加えたとき
は、各自が連帯してその損害を賠償する責任を負う**（民法719条
1項前段）。すなわち、各共同不法行為者は、被害者が被った損害
の全額につき、互いに連帯して支払義務を負う。したがって、被害者
は、共同不法行為者それぞれに対し、損害全額につき損害賠償請
求をすることができる。 (公式テキストP.156〜P.157)

キは正しい。**強制執行は、債務名義により行う**（民事執行法22条）。
債務名義とは、請求権の存在および内容を公証する文書であり、裁
判所の確定判決はこれに当たる。 (公式テキストP.233)

クは正しい。法律は、その適用領域が限定されているか否かによって、
一般法と特別法に分類することができる。ある事項について規定す
る一般法と特別法が存在する場合、**特別法は、一般法に対する特
則であり、一般法に優先して適用される。** (公式テキストP.32)

ケは誤り。相続人は、自己のために相続の開始があったことを知った時
から3か月以内に、相続について、単純もしくは限定の承認または放
棄をしなければならず（民法915条1項）、相続人がこの期間内に限
定承認または相続の放棄をしなかったときは、単純承認をしたものと
みなされる（民法921条2号）。したがって、相続人が、単純承認また
は限定承認をしなかった場合に相続を放棄したものとみなされるの
ではない。 (公式テキストP.405)

コは正しい。民法（債権法）の改正により、**錯誤に基づく意思表示の
効果が、無効から取消しへと変更された**（改正民法95条）。
(公式テキストP.62〜P.63)

第2問　2−1　　　　　　　　　　　　　　(公式テキストP.300〜P.304)

［正　解］ア⑩　イ⑥　ウ⑭　エ②　オ⑨

［解　説］

個人情報の保護に関する法律（個人情報保護法）上、個人情報と

は、**生存する個人**に関する情報であって、⑴当該情報に含まれる氏名、生年月日その他の記述等により特定の個人を識別することができるもの、または、⑵個人識別符号が含まれるものをいう。そして、個人情報を含む情報の集合物であって、特定の個人情報を電子計算機を用いて検索することができるように体系的に構成したものは、**個人情報データベース等**と呼ばれる。ただし、利用方法からみて個人の権利利益を害するおそれが少ないものとして政令で定めるものは、**個人情報データベース等**から除かれる。

　個人情報のうち、本人の人種、信条、社会的身分、病歴、犯罪の経歴、犯罪により害を被った事実その他本人に対する不当な差別、偏見その他の不利益が生じないようにその取扱いに特に配慮を要するものとして政令で定める記述等が含まれるものを**要配慮個人情報**といい、個人情報保護法上、その取扱いには通常の個人情報よりも強い制限が課される。

　個人情報取扱事業者は、個人情報保護法所定の様々な義務を負う。

　例えば、個人情報取扱事業者は、個人情報を取り扱うにあたり、その**利用目的**をできる限り特定しなければならない。また、個人情報取扱事業者は、あらかじめ本人の同意を得ずに、**利用目的**の達成に必要な範囲を超えて個人情報を取り扱ってはならない。

　さらに、個人情報取扱事業者は、法令に基づく場合など一定の場合を除き、あらかじめ本人の同意を得ずに、個人データを第三者に提供してはならない。ただし、**個人情報取扱事業者**は、第三者に提供される個人データ（**要配慮個人情報**を除く）について、本人の求めに応じて当該本人が識別される個人データの第三者への提供を停止することとしている場合であって、一定の事項について、あらかじめ本人に通知しまたは本人が容易に知り得る状態に置いているなど、所定の要件を充たすときは、あらかじめ本人の同意を得ずに、当該個人データを第三者に提供することができる。第三者への個人データの提供に関して行

われるこの手続を、一般に**オプトアウト**という。

第2問　2-2　　　　　　　　　　　　　（公式テキストP.64～P.73）

［正　解］ア⑫　イ⑦　ウ⑭　エ③　オ⑤
［解　説］

　代理のうち、任意代理が成立するためには、民法上、本人が他人（代理人）に**代理権**を与えていること、代理人が相手方に対して本人のためにすることを示すこと（顕名）、および、代理人が有効に法律行為を行うこと（代理行為）が必要である。実務上、一般に、**代理権**の授与の事実を証明するために、ある者に一定の事項を委任したことを記載した文書である**委任状**が作成され、本人から代理人に交付される。

　本人から**代理権**を授与されていない者が代理人と称して行った法律行為の効果は、原則として本人に帰属しない。このように、**代理権**のない者が代理人として法律行為を行うことを無権代理といい、**代理権**のない者を無権代理人という。

　無権代理が行われた場合に、本人が、無権代理人の法律行為を**追認**すれば、行為の時に遡って本人に当該法律行為の効果が帰属する。これに対し、無権代理につき善意の相手方は、本人が追認をしない間は、当該法律行為の**取消し**をすることができる。

　また、無権代理が行われた場合において、本人が追認をしなくても、相手方が無権代理人に**代理権**があると信じ、かつ信じたことに正当な理由が認められるときは、法律行為の効果を本人に帰属させることにより、相手方を保護する制度が認められている。この制度を**表見代理**という。例えば、本人が、実際には**代理権**を授与していないにもかかわらず、他人に**委任状**を交付した場合において、その他人が**委任状**に記載された範囲内の法律行為を行ったときは、**表見代理**が成立し、当該法律行為の効果が本人に帰属することがある。

324

第3問　3−ア　　　　　　　　　　　　　　（公式テキストP.280〜P.284）

[正　解]　④

[解　説]

aは適切でない。本肢のX社の行為は、不公正な取引方法のうち、**再販売価格の拘束**に該当し、独占禁止法に違反する（独占禁止法2条9項4号・19条）。

bは適切である。本肢のX社の行為は、不公正な取引方法のうち、**排他条件付取引**に該当し、独占禁止法に違反する（独占禁止法19条、一般指定11項）。

cは適切でない。本肢のX社およびY社の行為は、両社間で協議等をすることなく、両社の独自の判断で値上げをした結果、同種の建材の販売価格が同一となったものであり、不当な取引制限に該当しない（独占禁止法2条6項・3条）。

dは適切である。X社、Y社およびZ社による本肢に記載の行為は、当該取扱商品の対価を維持する行為である。そして、X社らは、当該行為によって公共の利益に反して、当該商品の市場における競争を制限したというのだから、X社らの行為は、不当な取引制限に該当し、独占禁止法に違反する（独占禁止法2条6項・3条）。

第3問　3−イ　　　　　　　　　　　　　　（公式テキストP.113〜P.115）

[正　解]　②

[解　説]

①は適切でない。請負契約は、当事者の意思表示のみで成立する不要式の諾成契約であり、契約が有効に成立するために、契約書等の書面にする必要はない。

②は最も適切である。請負契約は仕事の目的物の完成を目的とするため、請負人は、特約がない限り、**仕事の目的物が完成した後、その引渡しと同時でなければ、報酬を請求することができない**（民法633条本文）。

③は適切でない。請負人は、仕事を完成させるために、原則として、下
請負人に仕事をさせることができる。

④は適切でない。**請負人が仕事を完成しない間は、注文者は、いつ
でも損害を賠償して契約の解除をすることができる**（民法641条）。

第3問　3－ウ　　　　　　　　　（公式テキストP.358～P.376）

　[正　解]　②

　[解　説]

①は適切である。賃金は、原則として、毎月1回以上、一定の期日を定
めて支払わなければならない（**定期日払いの原則**。労働基準法24
条）。

②は最も適切でない。使用者は、労働契約の締結に際し、労働者に対
して賃金、労働時間その他の労働条件に関する一定の事項を、書
面の交付により明示しなければならない（労働基準法15条1項）。

③は適切である。常時10人以上の労働者を使用する使用者は、始業・
終業の時刻、休憩時間、休日、賃金等の事項について**就業規則**を
作成し、所轄の労働基準監督署長に届け出なければならない（労働
基準法89条）。

④は適切である。使用者は、原則として、労働者に、休憩時間を除き1
週間について40時間を超えて、労働させてはならず、1週間の各日
については、労働者に、休憩時間を除き1日について8時間を超え
て、労働させてはならない（**法定労働時間**。労働基準法32条）。

第3問　3－エ　　　　　　　　　（公式テキストP.220～P.224）

　[正　解]　④

　[解　説]

①は適切である。抵当権設定契約は、当事者の意思表示のみによって
その効力を生じ（民法176条）、登記がなされることは効力発生と関
係がない。ただし、抵当権を第三者に対抗するためには、第三者対

326

抗要件として抵当権設定登記を経ることが必要である（民法177条）。

②は適切である。抵当権は、担保物権であるため、**不可分性**を有し、**債権の一部が弁済されたとしても、目的物の全体に対してその効力が及び、弁済額の割合に応じて効力の及ぶ範囲が縮小するわけではない。**

③は適切である。抵当権は担保物権の一種であり、担保物権の通有性としての**随伴性**を有する。随伴性とは、**被担保債権が移転すればそれに伴って担保権も移転する**という性質である。本肢では、A社が抵当権の被担保債権である貸金債権をC社に譲渡していることから、これに伴って抵当権もC社に移転することになる。

④は最も適切でない。BがすでにD社のために本件建物に抵当権を設定している場合であっても、A社は同じ建物について抵当権の設定を受けることができる。この場合、D社は、抵当権の設定について登記を経ているため、自社の抵当権をA社に対抗することができる（民法177条）。したがって、A社は、本件建物についてD社の抵当権に劣後する第二順位の抵当権の設定を受けることとなる。

第3問　3－オ　　　　　　　　　　（公式テキストP.173～P.176）

［正　解］①

［解　説］

Ⅰに対応する語句はaである。債務者が債務をその本旨に従って履行することを**弁済**といい、債権の消滅原因の最も代表的なものである。

Ⅱに対応する語句はbである。債務者が、債権者との合意により、その負担した給付に代えて他の給付をしたときは、その給付は弁済と同一の効力を有する（民法482条）。これを**代物弁済**という。債権者が納得する限りは元々の債権の内容とは異なる給付をもって弁済に充てても不都合は生じないことから、認められている制度である。

Ⅲに対応する語句はdである。民法上、二人が互いに同種の目的を有する債務を負担する場合において、双方の債務が弁済期にあるとき

は、各債務者は、その対当額について**相殺**によってその債務を免れ
ることができる（民法505条1項）。

Ⅳに対応する語句はfである。債権者が債務者に対して債務を免除す
る意思を表示したときは、その債権は消滅する（民法519条）。これ
を債権の**免除**という。免除は債権者の意思表示のみで効力を生じ、
債務者の承諾は効力が生じるための要件とはなっていない。

第4問

［正　解］ア②　イ①　ウ①　エ②　オ①　カ①　キ②　ク①　ケ②
　　　　　コ①

［解　説］

アは誤り。解約手付は、売買契約の当事者が契約を解除する権利を
留保する趣旨で授受される手付であり、**当事者の一方が契約の履
行に着手するまでは、買主は手付を放棄することにより、売主は
手付の倍額を買主に現実に提供することにより、それぞれ契約を
解除することができる**（民法557条1項）。本問において、Aは、B
から住宅の引渡しを受けているため、Bはすでに契約の履行に着手
したといえ、Aはもはや手付を放棄することにより契約を解除すること
はできない。　　　　　　　　　　　　　　　　　　（公式テキストP.53）

イは正しい。商標登録出願については**先願主義**がとられており、同一
または類似の商品または役務について使用をする同一または類似の
商標について異なった日に2以上の商標登録出願があったときは、最
先の商標登録出願人のみがその商標について商標登録を受けるこ
とができる（商標法8条1項）。　　　　　　　　　　（公式テキストP.262）

ウは正しい。民法上、留置権は、他人の物を占有している者がその物
に関して生じた債権を有している場合に、債権の弁済を受けるまで、
その物を留置することができる権利である（民法295条1項）。

（公式テキストP.181）

エは誤り。婚姻によって氏を改めた夫または妻は、離婚によって婚姻前

の氏に復するが、婚姻前の氏に復した夫または妻は、離婚の日から3か月以内に戸籍法の定めるところにより届け出ることによって、離婚の際に称していた氏を称することができる（民法767条、戸籍法25条・77条の2）。 **（公式テキストP.392）**

オは正しい。債権とは、特定の人が特定の人に対して一定の行為を請求することができる権利をいう。例えば、請負人が注文者に対して有する請負代金の支払いを請求する権利は、特定の人である請負人が、特定の人である注文者に対して、請負代金を支払うという一定の行為を請求する権利であり、債権に当たる。

（公式テキストP.29）

カは正しい。行使の目的で、公債証書、官庁の証券、会社の株券その他の有価証券を偽造した者については、**有価証券偽造罪**が成立し、3月以上10年以下の懲役に処せられる（刑法162条1項）。ここでいう偽造とは、権限なく他人の署名を有価証券の券面上に顕出することにより、当該他人が券面に記載された債務を負担するような有価証券を作成することをいうものと解されている。また、偽造の有価証券を行使した者については、**偽造有価証券行使罪**が成立し、3月以上10年以下の懲役に処せられる（刑法163条1項）。さらに、偽造された有価証券をそれと知りながら行使することは、偽造された有価証券が私法上無効なものであり価値を有しないにもかかわらず、あたかも真正で有効なものであるかのようにみせかけてその対価等を得る行為であって、人を欺いて財物を交付させることに他ならないから、**詐欺罪**が成立し10年以下の懲役に処せられる（刑法246条）。本設問では、手形の振出権限を有しないYがX社名義の手形を作成し、かつこれを振り出した上、自己の債務の弁済に充てたというのだから、Aは行使の目的で有価証券たる手形を偽造し、かつこれを行使したものということができ、Aには有価証券偽造罪、同行使罪および詐欺罪が成立し得る。 **（公式テキストP.307～P.308）**

キは誤り。自動車損害賠償保障法上の運行供用者は自動車の運転者

とは異なる概念であり、例えば、**自動車の所有者は、自ら自動車を運転していた場合だけでなく、他人に運転をさせていた場合にも、運行供用者として損害賠償責任を負うことがある。**

（公式テキストP.155〜P.156）

クは正しい。男女雇用機会均等法により、事業主は、労働者の募集、採用から定年、解雇に至るまでの雇用管理の様々な局面において、**性別を理由とする差別的取扱いを禁止されている。**

（公式テキストP.379〜P.381）

ケは誤り。法人には、自然人の集合である社団と、特定の目的のために運用される財産の集合である財団とがあり（一般社団法人及び一般財団法人に関する法律3条参照）、どちらも定款等で定められた目的の範囲内で、権利を有し、また義務を負うことができる。

（公式テキストP.313〜P.314）

コは正しい。弁済（履行）の提供とは、債務者側で債務の履行のためにできるすべてのことを行い、あとは債権者が協力してくれれば履行が完了するという債務者側の行為をいう。**弁済の提供は、原則として、債務の本旨に従って現実にしなければならない**（民法493条）。

（公式テキストP.80〜P.81）

第5問　5−1　　　　　　　　　　　　　（公式テキストP.102〜P.112）

［正　解］ア⑬　イ②　ウ⑦　エ⑥　オ⑨

［解　説］

　　賃貸借契約において、両当事者は、民法上、様々な義務を負う。賃貸人は、賃借人に対して目的物を使用および収益させる義務を負い、目的物に破損等が生じた場合には、これを修繕する義務を負う。他方、賃借人は、賃貸人に対して、目的物の使用および収益の対価である**賃料を支払う義務**や、契約終了時に目的物を返還する義務のほか、目的物を返還するまで、その管理につき**善管注意義務**を負う。

　　賃貸借契約に基づき、賃借人は、目的物の使用および収益をする権

利を有するが、誰が目的物の使用および収益をするかにより態様が異なり得るため、賃借人が賃借権の譲渡や目的物の転貸をするためには、原則として、**賃貸人の承諾**が必要である。

不動産の賃貸借については、不動産が賃借人の生活基盤であることが多いことから、賃借人の保護を目的として、借地借家法が制定されている。借地借家法の適用対象となるのは、建物所有を目的とする土地の賃貸借（借地）および建物の賃貸借（借家）である。

例えば、民法の原則では、土地の賃貸借契約において、賃貸借期間が満了すれば、両当事者が更新に合意しない限り賃貸借契約は終了する。これに対し、借地借家法では、借地契約において賃貸人が契約の更新を拒絶するには、原則として、賃貸人に正当事由がなければならない。ただし、借地借家法では、借地契約において一定の要件を充たすことにより更新をしない借地権を設定することも認められており、これを**定期借地権**という。

また、借家契約において、賃借人が賃貸人の同意を得て借家に建具などを設置した場合、当事者間に特約がない限り、賃借人は、契約終了時に**造作買取請求権**を行使して、借家に投下した費用を回収することができる。

第5問　5-2　　　　　　　　　　　（公式テキストP.264～P.272）

［正　解］ア⑮　イ③　ウ⑧　エ⑥　オ⑩

［解　説］

著作権法による保護の対象となる著作物とは、**思想または感情を創作的に表現したもの**であって、文芸、学術、美術または音楽の範囲に属するものと定義されている。したがって、**思想または感情を創作的に表現したもの**に当たらない、事実の伝達にすぎない雑報および時事の報道は、著作権法上の著作物に該当しない。

著作物を創作する者を著作者という。著作者は、その著作物について、著作者人格権および著作権（著作財産権）を享有する。

著作者人格権は、著作者の人格的な利益の保護に関する権利であり、著作権法上、**公表権**、**氏名表示権**、および**同一性保持権**が規定されている。**公表権**は、まだ公表されていない著作物等を公衆に提供し、または提示する権利である。**氏名表示権**は、著作者がその著作物の原作品に、またはその著作物の公衆への提供・提示に際し、著作者名を表示するか否かを決定する権利である。そして、**同一性保持権**は、著作者が自己の意に反して著作物およびその題号の変更、切除その他の改変を受けないことを内容とする権利である。

　また、著作権は、複製権や上演権等、複数の権利から構成される。

　なお、実演家や放送事業者等は、自ら著作物を創作する者ではないが、他人の創作した著作物を利用することに伴い、保護に値する一定の固有の利益を有しているものと考えられることから、録音権や録画権、送信可能化権などの**著作隣接権**が認められている。

第6問　6－ア　　　　　　　　　　　　（公式テキストP.61～P.64）

［正　解］②

［解　説］

①は適切である。相手方と通じてした虚偽の意思表示は無効である（**虚偽表示**。民法94条1項）。本肢では、AとBは、通謀して売買を仮装しているため、その意思表示は無効であり、彫刻の所有権は移転しない。

②は最も適切でない。意思表示は、表意者がその真意ではないことを知ってしたときであっても、そのためにその効力を妨げられない（**心裡留保**。民法93条本文）。ただし、相手方が表意者の真意を知り、または知ることができたときは、その意思表示は無効とされる（民法93条但書）。本肢では、BがAには売却の意思がないことを知っていたため、Aの意思表示は無効とされる。

③は適切である。**強迫による意思表示は取り消すことができる**（民法96条1項）。本肢では、Aは、Bの強迫によりBに彫刻を売却する旨

の意思表示をしているため、この意思表示を取り消すことができる。

④は適切である。**詐欺による意思表示は取り消すことができる**（民法96条1項）。本肢では、Aは、Bの詐欺によりBに彫刻を売却する旨の意思表示をしているため、この意思表示を取り消すことができる。

第6問　6－イ　　　　　　　　　　　　（公式テキストP.349〜P.352）

［正　解］①

［解　説］

aは適切である。支配人は、会社の使用人であって、会社に代わってその事業に関する一切の裁判上または裁判外の行為をする権限を付与された者である（会社法11条1項）。支配人の権限はこのように法定されているため、**支配人の代理権に制限を加えたとしても、その制限は善意の第三者に対抗することができない**（会社法11条3項）。

bは適切でない。支配人は、会社の許可を受けなければ、自ら営業を行うこと、自己または第三者のために会社の事業の部類に属する取引をすること、他の会社または商人の使用人となること、他の会社の取締役、執行役または業務を執行する社員となることが禁止されている（会社法12条1項）。

cは適切である。事業に関するある種類または特定の事項の委任を受けた使用人は、当該事項に関する一切の裁判外の行為をする権限を有する（会社法14条1項）。

dは適切でない。物品の販売、賃貸等を目的とする店舗の使用人は、その店舗に在る物品の販売等をする権限を有するものとみなされる。ただし、相手方が悪意であったときは、この限りでない（会社法15条）。

第6問　6-ウ　　　　　　　　　　　　（公式テキストP.41、P.86～P.93）

[正　解] ③

[解　説]

①は適切でない。売買契約の解除に関する事項は、必ずしも契約締結時に定めておかなくてもよく、契約締結後に両者の合意による解除すること（**合意解除**）も認められる。

②は適切でない。債務を確実に履行させるため、債務不履行があった場合に債務者が支払うべき損害賠償額をあらかじめ定めておくことがある。これを**損害賠償額の予定**といい、その定めは原則として有効とされている。また、違約金が定められている場合、その定めは損害賠償額の予定と推定される（民法420条3項）。

③は最も適切である。本肢では、X社およびY社は、A製品の引渡しと引き換えに代金を支払う、同時履行の約定がなされている。したがって、X社は、Y社に対し「A製品の引渡しを受けるまでは代金を支払わない」と主張することができ（民法533条）、Y社は、X社に対してA製品を引き渡すか、弁済の提供をすることによってX社の同時履行の抗弁権を奪わない限り、X社に代金を請求することはできない。

④は適切でない。債務者に代わって履行を行う者を履行補助者といい、債務者の従業員はこれに当たる。債務者は、履行補助者の故意や過失についても、自身の故意・過失として責任を負うと解されている。本肢では、Y社は、従業員甲の過失についても責任を負うから、債務不履行責任を免れない。

　　債権法改正により、**債務不履行に債務者の帰責事由は不要となり、債務不履行が債務者の責めに帰することができない事由によるものであることが債務者の免責事由とされた**。そして、履行補助者の行為が債務者の債務不履行に当たるかは、契約その他の債務の発生原因および取引上の社会通念に照らして判断される。

第6問　6-エ　　　　　　　　　　　　（公式テキストP.295～P.299）

[正　解]　①

[解　説]

　　aは適切である。特定商取引法上、**販売業者等は、訪問販売をしよ
　　うとするときは、その勧誘に先立って、その相手方に対し、販売
　　業者等の氏名または名称、売買契約等の締結について勧誘をす
　　る目的である旨および当該勧誘に係る商品もしくは権利または
　　役務の種類を明らかにしなければならない**（特定商取引法3条）。

　　bは適切でない。訪問販売における売買契約について、特定商取引
　　法は、いわゆるクーリング・オフとして、買主が販売業者等からクーリ
　　ング・オフができる旨の書面を受領した日から8日以内であれば、消
　　費者が無条件に契約の申込みを撤回しまたは解除することができる
　　旨を定めているが、この**申込みの撤回または解除は書面によって
　　行うべきものとされている**（特定商取引法9条）。

　　cは適切である。特定商取引法9条に定めるいわゆるクーリング・オフ
　　制度によって契約が解除された場合において、その売買契約にかか
　　る商品の引渡しまたは権利の移転が既にされているときは、その引
　　取りまたは**返還に要する費用は、販売業者の負担とする**ものとされ
　　ている（特定商取引法9条4項）。

　　dは適切でない。販売業者等が、営業所等以外の場所で呼び止めて
　　営業所に同行させた者との間で商品の販売等を行う、**いわゆるキャ
　　ッチセールスは、訪問販売に該当し、特定商取引法に基づくクーリ
　　ング・オフの対象となる**（特定商取引法9条）。

第6問　6-オ　　　　　　　　　　（公式テキストP.105、P.238～P.240）

[正　解]　③

[解　説]

　　aは適切でない。**動産に関する物権の譲渡は、その動産の引渡しが
　　なければ、第三者に対抗することができない**（民法178条）。つま

335

り、動産の各譲受人は、引渡しを受けなければ動産の所有権を取得
したことを第三者に対抗できず、結局、先に引渡しを受けた方が相
手に優先する。この場合、両者の優劣は目的物の引渡しの先後で
決まるのであって、代金を支払っていたかどうかは関係がない。

bは適切である。借地借家法上、建物の賃貸借は、その登記がなくて
も、建物の引渡しがあったときは、その後その建物について物権を
取得した者に対し、その効力を生ずる(借地借家法31条)。これによ
り、建物の借主は、建物の引渡しを受けた後に建物の所有権を取得
した第三者(買主)に対し、自己が借主であるということを主張できる。
この場合、買主は、売主(元の貸主)から賃貸人としての地位を承継
し、以後は、この買主を新たな貸主とする賃貸借契約が存続するこ
とになる。

cは適切である。**不動産に関する物権の得喪および変更は、不動産
登記法その他の登記に関する法律の定めるところに従いその登
記をしなければ、第三者に対抗することができない**(民法177条)。
つまり、各譲受人は、登記をしなければ不動産の所有権を取得した
ことを第三者に対抗できず、結局、先に所有権移転登記を経た方が
相手に優先する。この場合、両者の優劣は登記の先後で決まるの
であって、引渡しを受けていたかどうかは関係がない。

dは適切でない。cの通り、不動産の物権変動について、民法177条
は、登記をしなければ、第三者に対抗することができないと規定して
いる。したがって、B社は、土地につき抵当権の設定を受けても、こ
れを登記しなければ、第三者であるC社に対し、抵当権を対抗する
ことができない。

第7問　7-1　　　　　　　　　　　　　　　（公式テキストP.145〜P.148）

[正　解]　ア⑩　イ⑥　ウ⑪　エ④　オ③

[解　説]

民法709条は、不法行為責任について、**故意または過失**によって他

人の権利または法律上保護される利益を侵害した者は、これによって生じた損害を賠償する責任を負うと定めている。**故意**とは、他人の権利や利益を侵害するだろうということを認識しながら、あえて加害行為をする意思をいう。これに対し、**過失**とは、自分の行為の結果他人に損害を与えるであろうということが予測できたのに、それを避けるための注意をしなかったことをいう。

　不法行為は、加害行為によって損害が生じることを要し、加害行為と損害との間に因果関係があることをその成立要件の1つとする。不法行為の成立要件である因果関係は、一般に、加害行為と損害との間に、条件関係が存在することを前提として、その行為があれば通常そのような結果が発生したであろうと一般的に予見ができるという関係である**相当因果関係**がある場合に認められる。

　また、他人の権利または法律上保護される利益の侵害は、原則として違法とされ、加害行為が違法であることも不法行為の成立要件の1つとされる。ただし、例えば暴漢に襲われた人が身を守るために反撃して、その暴漢に軽傷を負わせた場合のように、加害行為が**正当防衛**に該当するときには、当該行為は違法ではないとされ、不法行為は成立しない。

　さらに、民法712条および民法713条は、自己の行為の責任を弁識する能力、すなわち**責任能力**を欠く者は、原則として、不法行為責任を負わないと定めている。そこで、加害者に**責任能力**があることも不法行為の成立要件の1つとされる。

第7問　7-2　　　　　　　　　（公式テキストP.336、P.340～P.344）

[正　解]　ア⑤　イ⑫　ウ⑦　エ⑬　オ③

[解　説]

　株式会社においては、株主の個性が問題とならず、またその人数も多数となることが想定されており、株主は、必ずしも会社経営を担当することに適しているとは限らない。そこで、株式会社では、取締役など

に経営を一任して、機動的に活動できる仕組みがとられている。これを一般に**所有と経営の分離**という。

取締役は、原則として、株式会社の業務を執行し、対外的に会社を代表する機関である。取締役は、会社における意思決定の最高機関である**株主総会**の決議により選任され、会社との間の法的な関係は委任または準委任の関係にあるとされている。そのため、取締役は、会社に対して、民法の定める善管注意義務を負い、会社法上、それを具体化した**忠実義務**を負っている。

例えば、取締役が会社を代表して、その会社と自分との間の取引を自由に行うことができれば、取締役と会社の利益が相反し、取締役の利益のために会社が損害を受けるおそれがある。そこで、このような**利益相反取引**は会社法により制限されており、例えば、**利益相反取引**を行う取締役は、取締役会設置会社では取締役会において、取締役会設置会社ではない株式会社では**株主総会**において、事前に、当該取引に関する重要な事実を開示し、その承認を受けなければならない。

また、取締役は、会社の業務執行上、広汎な権限を有し、通常は会社の重要な機密等にも精通している者であることから、取締役が会社の事業と同種の取引つまり自分の会社と競合する取引を行うと、会社の取引先が奪われるなど会社の利益を害するおそれがある。そのため、取締役は、会社に対し、**競業避止義務**を負う。その内容の1つとして、取締役は、会社の事業と同種の取引をする場合には、取締役会設置会社では取締役会において、取締役会設置会社ではない株式会社では**株主総会**において、事前に、当該取引に関する重要な事実を開示し、その承認を受けなければならない。

第8問

[正　解] ア② イ① ウ② エ① オ② カ① キ② ク② ケ①
　　　　 コ②

[解　説]

　　アは誤り。民法上、成年被後見人が行った法律行為は、原則として、
　　取り消すことができるが、**日用品の購入その他日常生活に関する**
　　行為については取り消すことができない（民法9条）。

　　　　　　　　　　　　　　　　　　　　　　（公式テキストP.58）

　　イは正しい。消費者契約法上、消費者とは個人に限られ、かつ、この
　　個人から、**事業としてまたは事業のために契約の当事者となる場**
　　合におけるものは除かれる（消費者契約法2条1項）。

　　　　　　　　　　　　　　　　　　　　　（公式テキストP.287）

　　ウは誤り。倒産処理の手続は、破産手続や会社更生手続のように裁
　　判所が関与する法的整理のほか、債権者と債務者の協議によって
　　進められる**任意整理**があり、当事者の協議のみによって倒産処理が
　　行われることがある。　　　　　　　　　（公式テキストP.233）

　　エは正しい。賭博行為のように、公の秩序または善良の風俗に反する
　　法律行為は無効であるが（民法90条）、不法な原因のために給付を
　　した者は、原則として、その給付したものの返還を請求することがで
　　きない（**不法原因給付**、民法708条）。

　　　　　　　　　　　　　　　　　　（公式テキストP.162〜P.163）

　　オは誤り。日本の裁判所は、最高裁判所、高等裁判所、家庭裁判所、
　　簡易裁判所の4種類に限られず、地方裁判所もある。

　　　　　　　　　　　　　　　　　　　　　　（公式テキストP.36）

　　カは正しい。Aに配偶者Bと子Cがいる場合において、Aが遺言をせず
　　に死亡したときは、BおよびCの法定相続分はそれぞれ相続財産の
　　2分の1である。　　　　　　　　　　（公式テキストP.397〜P.398）

　　キは誤り。**特許権の存続期間は、特許出願の日から20年をもって終**
　　了するものとされており（特許法67条1項）、この期間を経過した特

許権は消滅する。 (公式テキストP.257)

クは誤り。会社の取締役、会計参与、監査役、執行役、支配人等が法令または定款の規定に違反して剰余金の配当をしたときには**違法配当罪**が成立し、5年以下の懲役もしくは500万円以下の罰金に処せられ、またはこれらの併科を受ける（会社法963条5項2号）。本設問では、A株式会社の代表取締役Bが、A社の決算において経理を不正に操作して架空の利益を計上し、株主に剰余金の配当を行ったというのであるから、Aは法律上為し得ない剰余金の配当を故意に行ったというほかなく、Aには違法配当罪が成立し得る。

(公式テキストP.308)

ケは正しい。労働組合は、使用者との間で**労働協約**を定めることができる（労働組合法6条参照）。労働協約は、労働条件等に関し、使用者と労働者との関係を規制するものである（労働組合法1条・14条）。

(公式テキストP.376～P.377)

コは誤り。1人の債務者に対し、担保権を有しない債権者が複数存在する場合、各債権者間には優劣の関係がなく、各債権者は、その債権の発生原因や発生時期の前後によって差別されずに、平等に弁済を受けることができる。すなわち、各債権者は、各債権額に応じて按分した額の配当を受けることができる。これを**債権者平等の原則**という。 (公式テキストP.212)

第9問　9−1 (公式テキストP.26～P.27)

[正　解] ア⑫　イ⑤　ウ⑩　エ⑬　オ③

[解　説]

　　　私法である民法上の原則や原理として、次のようなものが挙げられる。

　　まず、**権利能力平等**の原則は、すべての個人は平等に権利主体として扱われるという原則である。**権利能力平等**の原則は、民法の「私権の享有は、出生に始まる」という規定に現れている。

340

次に、**私的自治**の原則は、権利の主体は私的な法律関係を自己の意思に基づいて自由に形成できるという原則である。**私的自治**の原則は、対等な力関係に立つ当事者間では健全に機能するが、企業と消費者、大企業と中小企業など当事者間に力の差が存在する場合には、強者の利益のため、弱者が犠牲とされるおそれがある。そこで、**私的自治**の原則を修正するものとして、当事者がこれと異なった内容を取り決めることができない、つまり当事者の意思にかかわりなくその適用が強制される規定である、**強行法規**が様々な法律において設けられている。**強行法規**の例として、所有権などの物権に関する規定や会社に関する規定などが挙げられる。

また、**所有権絶対**の原則は、個人が物を全面的に支配する私有の権利（所有権）は不可侵のものとして尊重され、他人によっても国家権力によっても侵害されないという原則である。もっとも、私有財産権は、憲法上、公共の福祉による制約を受けるとされており、**所有権絶対**の原則は修正されている。

さらに、**過失責任**主義は、人はたとえ他人に損害を与えたとしても、故意または過失がなければ損害賠償責任を負わないという原理である。**過失責任**主義は、私的自治の原則が不法行為の場面で現れたものといえる。

第9問　9-2　（公式テキストP.186、P.189～P.190、P.198～P.201）

［正　解］ア⑩　イ⑨　ウ④　エ②　オ⑮

［解　説］

小切手は、振出人が支払人に対して、一定期日に一定金額を受取人に支払うよう委託した証券であり、その主な経済的役割は**現金取引の代替手段**である。

小切手は、手形と同様の法律的特徴を有する。例えば、小切手は、その記載事項が法律で定められているという性質、すなわち**要式証券性**を有する。ただし、小切手は、手形とは異なり、支払方法として、振

出後支払人に呈示して直ちに支払いを受けることができる**一覧払い**のみが認められており、小切手に支払期日(満期日)を記載しても、記載していないものとみなされる。

　小切手には、様々な用途で用いられる、特殊な小切手がある。例えば、小切手には、銀行などが自らを支払人として振り出すものがあり、このような小切手は、一般に**自己宛小切手**と呼ばれる。**自己宛小切手**は、預金小切手(預手)とも呼ばれ、支払人となっている銀行などに資金がないとは考えにくいことから、不渡りになるおそれが少なく、一般の小切手より信用力が高いといわれている。

　また、小切手の支払方法は**一覧払い**のみであるが、実際に小切手を振り出す日よりも後の日付を振出日として記載することで、取立てがその日以降となるように意図した小切手が作成されることがある。このような小切手は、一般に**先日付小切手**と呼ばれる。**先日付小切手**も小切手として有効であるが、**一覧払い**の趣旨を貫徹するために、小切手法では、振出しの日付として記載された日より前に支払呈示がされた小切手はその呈示の日に支払うべきものと定められている。

第10問　10－ア　　　　　　(公式テキストP.73、P.100、P.115～P.116)

[正　解]　②

[解　説]

　①は適切である。商人間で金銭の消費貸借契約が締結された場合には、当事者間に利息の約定がなくても、**貸主は借主に法定利息を請求することができる**(商法513条1項)。

　②は最も適切でない。商人は、その営業の範囲内において寄託を受けたときには、寄託者から報酬の支払いを受けるか否かにかかわらず、**寄託物の保管について善管注意義務を負う**(商法595条)。

　③は適切である。民法上、委任契約の受任者は、委任の本旨に従い、**善良な管理者の注意をもって、委任事務を処理する義務を負う**(民法644条)。

342

④は適切である。本肢のクレジットカードの偽造を依頼し、これに対し報
酬を支払う旨の請負契約のように、公の秩序または善良の風俗（**公
序良俗**）に反する**法律行為は、無効**とされる（民法90条）。

第10問　10－イ　　　　　　　　　　　（公式テキストP.329～P.330）
　[正　解]　④
　[解　説]
　　①は適切である。会社は、その名称を商号とするものと定めるとともに、
　　株式会社、合名会社、合資会社または合同会社の種類に従い、そ
　　れぞれその**商号中に株式会社、合名会社、合資会社または合同
　　会社という文字を用いなければならず**、他の種類の会社であると
　　誤認されるおそれのある文字を用いてはならない（会社法6条）。他
　　方、会社でない者は、その名称または商号中に、会社であると誤認
　　されるおそれのある文字を用いてはならない（会社法7条）。
　　②は適切である。自己の商号を使用して営業または事業を行うことを他
　　人に許諾した商人は、当該商人が当該営業を行うものと誤認して当
　　該他人と取引をした者に対し、当該他人と**連帯して、当該取引によ
　　って生じた債務を弁済する責任を負う**（商法14条）。
　　③は適切である。商号の登記は、その商号が他人の既に登記した商
　　号と同一であり、かつ、その営業所（会社にあっては本店）の所在場
　　所が当該他人の商号の登記に係る営業所の所在場所と同一である
　　ときは、することができない（商業登記法27条）。なお、同一地にか
　　かるものでないとしても、**他人の商号として需要者の間に広く認識
　　されているものと同一または類似の商号を使用して、その他人
　　の商品や営業と混同を生じさせる行為は、不正競争防止法に基
　　づく差止請求や損害賠償請求の対象**となり得る（不正競争防止法
　　2条1項1号）。
　　④は最も適切でない。他人の商号として需要者の間に広く認識されて
　　いるものと同一もしくは類似の商号を使用する行為は、不正競争に

343

該当し得る（不正競争防止法2条1項1号）。

第10問　10－ウ　　　　　　　　　　　（公式テキストP.217～P.219）

［正　解］③

［解　説］

①は適切でない。動産への質権の設定は、債権者にその動産を引き渡すことによって効力を生じるとされており（民法344条）、**質権設定契約は一般に要物契約と解されている。**

②は適切でない。質権者に弁済として質物の所有権を取得させるなど、法に定められた方法によらないで質物を処分させることを流質という。民法上、質権設定の際や被担保債権の弁済期前において、契約でこのような**流質を行うことは禁止されている**（民法349条）。

③は最も適切である。債権質権者は、**質権の目的である債権を直接に取り立てることができ**（民法366条1項）、これにより自己の債権の優先弁済を受けられる。

④は適切でない。**民法上、不動産は質権の目的物となり得る。**不動産を目的とする質権を不動産質権といい、民法356条以下に規定が置かれている。

第10問　10－エ　　　　　　　　　　　（公式テキストP.393～P.395）

［正　解］②

［解　説］

aは適切である。法定財産制の下では、夫婦の一方が婚姻前から有する財産や、婚姻中に自己の名で得た財産は、その**特有財産**とされる（民法762条1項）。

bは適切でない。夫婦の一方が日常の家事に関して第三者と法律行為をしたときは、他方は、これによって生じた債務（**日常家事債務**）について、**連帯して責任を負う**（民法761条本文）。

cは適切である。夫婦間でした契約は、婚姻中いつでも、夫婦の一方

から取り消すことができる（民法754条）。

dは適切でない。夫婦の婚姻中の財産関係は、当該夫婦が離婚した場合、将来に向かって消滅する。

第10問　10-オ　　　　　　　　　　　　（公式テキストP.75～P.77）

[正　解] ④

[解　説]

aは適切でない。条件とは、契約の効力を将来発生することが不確実な事実にかからせる特約のことであり、事実の発生自体が不確実である点で、事実の発生自体は確実である期限とは異なる。条件のうち、本肢の「入学祝いに金銭を贈与するが、留年したら返還しなければならない」旨の特約のように、**条件の成就によって効力を失わせるものを解除条件**という（民法127条2項）。

bは適切でない。条件のうち、本肢の「入学試験に合格したら、万年筆を贈与する」旨の特約のように、**条件の成就によって契約の効力を生じさせるものを停止条件**という（民法127条1項）。

cは適切である。契約の効力を将来発生することが確実な事実にかからせる特約のことを期限という。期限には、将来発生する期日が確定している確定期限と、到来することは確定しているがいつ到来するかが確定していない不確定期限がある。本肢の「人の死亡」は、到来することは確実であるがいつ到来するかは確定していないので、**不確定期限**に該当する。

dは適切である。期限の利益の定義は本肢記載の通りであるが、**期限は債務者の利益のために定めたものと推定される**（民法136条1項）。したがって、特約がない限り、債務者は、期限の利益を放棄して期限の到来前に自らの債務を履行することができる。

第46回ビジネス実務法務検定試験3級解答・解説

第1問

[正　解] ア② イ② ウ① エ① オ② カ② キ① ク② ケ①
　　　　コ②

[解　説]

アは誤り。不正競争防止法上の営業秘密は、i) 秘密として管理されていること（秘密管理性）、ii) 事業活動に有用な技術上または営業上の情報であること（有用性）、iii) 公然と知られていないこと（非公知性）を要件としており、本問のような**特許庁の登録制度は存在しない**。したがって、営業秘密の侵害による差止めや損害賠償を請求する際も、登録は不要である。　　　　**（公式テキストP.273～P.275）**

イは誤り。特許権を取得するために必要な**特許要件は、新規性、進歩性と産業上利用可能性**（特許法29条1項）であり、当該発明が進歩性を有することが要件となっている。

（公式テキストP.253～P.255）

ウは正しい。債務者が負っている債務が持参債務であるときには、債務者が約定の期日に弁済をすべき所定の場所に目的物を持参した場合には、債務の本旨に従った現実の弁済の提供があったということができ（民法493条）、**債務者は弁済の提供の時から、債務の不履行によって生ずべき一切の責任を免れる**（民法492条）。

（公式テキストP.80～P.81）

エは正しい。独占禁止法は、公正かつ自由な競争を促進することなどによって、一般消費者の利益の確保と民主的で健全な国民経済の発達を促進することを目的としており、これを運用し執行する行政機関として、**公正取引委員会**が置かれている。**（公式テキストP.278）**

オは誤り。先取特権は、法律で定められた一定の債権を有する者が、債務者の財産から他の債権者に優先して弁済を受けることができる**法定担保物権**である（民法303条以下）。　　　**（公式テキストP.216）**

カは誤り。小売店が消費者に商品を販売する行為は商行為（商法501条1号）である。そして、**当事者の一方のために商行為となる行為については、相手方に対しても商法が適用される**（商法3条1項）。したがって、本問の場合、Y社がXにサンドイッチを販売する行為だけでなく、Xがサンドイッチを購入するという行為を含めた売買契約について、XおよびY社の双方に商法が適用される。

（公式テキストP.324〜P.325）

キは正しい。公害を防止し、規制するために多くの法律が制定されており、その中には、大気汚染防止法や水質汚濁防止法のように、公害により生じた損害について、**事業者の無過失責任**を定めているものがある。

（公式テキストP.306）

クは誤り。著作権は、原則として、**著作者の死後70年を経過するまで**の間、存続する（著作権法51条2項）。

（公式テキストP.271）

ケは正しい。夫婦が、婚姻の届出前に、その財産について別段の契約（夫婦財産契約）をしなかったときは、その財産関係は法定財産制によるものとされ（民法755条）、**夫婦のいずれに属するか明らかでない財産は、その共有に属するものと推定される**（民法762条2項）。

（公式テキストP.393）

コは誤り。派遣労働者は、派遣元事業主との間で労働契約を締結する。派遣元事業主は、派遣先との間で派遣契約を締結し、当該派遣先に派遣労働者を派遣するが、**派遣先と派遣労働者との間には直接の労働契約関係は存在しない。**

（公式テキストP.387）

第2問　2-1　　　（公式テキストP.49、P.61〜P.64、P.73〜P.74）

［正　解］ア③　イ⑪　ウ⑩　エ⑮　オ⑥

［解　説］

　　契約が成立するには、申込みの意思表示と承諾の意思表示が合致することが必要であり、意思表示の合致がなければ、原則として、契約は成立しない。例えば、商店の壁に貼られたアルバイト募集の求人広

告は、一般に、申込みの意思表示ではなく、相手方からの申込みの意思表示を促す**申込みの誘引**とされている。したがって、当該求人広告を見た者がアルバイトをしたい旨の意思を当該商店の店主に表示したとしても、当該商店の店主がこれを承諾しなければ、雇用契約は成立しない。

また、意思表示自体に問題があり、契約が成立しないことがある。

まず、意思の不存在、すなわち、意思表示は存在するがそれに対応する真意が存在しない場合がある。例えば、表意者が真意でないことを自分で知りながら、真意と異なる意思表示をする場合を**心裡留保**という。**心裡留保**による意思表示は、原則として、有効である。

意思の不存在に対し、意思表示に対応する真意は存在するものの、その真意が形成される過程に瑕疵がある場合がある。これを瑕疵ある意思表示という。例えば、他人の嘘を信じて意思表示をした場合を**詐欺**による意思表示という。また、他人から脅されるなどして、やむなく意思表示をした場合を**強迫**による意思表示という。**詐欺**による意思表示および**強迫**による意思表示について、表意者は、その意思表示を取り消すことができる。

なお、当事者間の意思表示の合致があっても、実際の取引の場面では、契約の効力が問題となることがある。例えば、契約の内容が社会的妥当性に欠ける場合、すなわち、**公序良俗**に反する場合、民法上、その契約は無効とされる。通貨の偽造を依頼して報酬を支払う契約は、**公序良俗**に反し、無効とされる。

第2問　2-2　　　　　　　　　　　（公式テキストP.259～P.264）
　［正　解］ ア⑦　イ⑨　ウ⑬　エ②　オ⑧
　［解　説］
　　意匠法上の意匠とは、物品の形状、模様もしくは色彩またはこれらの結合であって、視覚を通じて美感を起こさせるものをいう。意匠権については、多様なデザインを保護するために、物品の全体ではなくその

一部分のみを意匠登録の対象とする**部分意匠**制度が採用されている。また、カフスボタンとネクタイピンのセットのように、同時に使用される2つ以上の物品の組合せについて、全体として統一性がある意匠、すなわち、**組物の意匠**も意匠登録の対象となる。なお、意匠登録を受けるためには、その意匠が工業的技術を用いて同一物を反復して多量に生産できるものであること、すなわち、**工業上の利用性**を備えることが必要である。

なお、意匠法の改正（2020年4月1日施行）により、機器の操作の用に供する画像や、機器がその機能を発揮した結果として表現される画像のように物品に記録・表示されていない画像や、建築物の外観・内装のデザインも、意匠として登録することができることとされた（改正意匠法2条1項）。

これに対し、商標法上の商標とは、人の知覚によって認識することができるもののうち、文字、図形、記号、立体的形状もしくは色彩またはこれらの結合、音その他政令で定める**標章**であって、業として商品を生産し、証明し、もしくは譲渡する者がその商品について使用するもの、または業として役務を提供し、もしくは証明する者がその役務について使用するものをいう。商標権の設定登録を受けた者は、商標登録出願に際して指定した商品・役務について登録商標を独占的に使用し、類似範囲における他人の使用を禁止することができる。

商標は、その使用が繰り返し継続されることにより、自他の商品または役務を識別する機能や出所表示機能などを発揮する。そして、経済面における価値に対する社会的信頼が蓄積することにより商標そのものに財産的な価値が生じる。商標法は、このような機能を有する商標を保護することにより、商標を使用する者に蓄積された**業務上の信用**の維持を図り、もって産業の発達に寄与し、あわせて需要者の利益を保護することを目的としている。

第3問　3-ア　　　　　　　　　　　　（公式テキストP.102〜P.112）

　　[正　解] ④

　　[解　説]

　　　　①は適切である。賃貸借契約中に、必要費を支出した場合、賃借人
　　　は、賃貸人に対し、その**必要費の全額の償還を直ちに請求するこ
　　　とができる**（民法608条1項）。

　　　　②は適切である。借地借家法の適用のある期間の定めのある建物賃
　　　貸借につき、賃貸人がその更新を拒絶するには、**正当の事由**があ
　　　ることが必要とされている（借地借家法28条）。

　　　　③は適切である。借地借家法上、**建物の賃貸借についての対抗要件
　　　は引渡し**とされているため、本問において既に引渡しを受けている
　　　A社は、新所有者であるC社に対し、自らの賃借権を対抗することが
　　　できる（借地借家法31条）。

　　　　④は最も適切でない。借地借家法の適用のある建物賃貸借の賃借人
　　　には、賃貸人に対する造作買取請求権が認められているが（借地
　　　借家法33条1項）、この**造作買取請求権は、当事者間の合意によ
　　　り排除することができる**（借地借家法37条参照）。

第3問　3-イ　　　　　　　　　　　　（公式テキストP.300〜P.304）

　　[正　解] ③

　　[解　説]

　　　　aは適切でない。個人情報保護法にいう個人情報とは、**生存する個
　　　人に関する情報**であって、ⅰ) 当該情報に含まれる氏名、生年月日そ
　　　の他の記述等により特定の個人を識別することができるもの（他の情
　　　報と容易に照合することができ、それにより特定の個人を識別するこ
　　　とができることとなるものを含む）、または、ⅱ) **個人識別符号**が含まれ
　　　るものとされており（個人情報保護法2条1項）、国籍についての限
　　　定はない。

　　　　bは適切である。個人情報取扱事業者は、原則として、**あらかじめ本**

人の同意を得ないで、個人データを第三者に提供してはならない（個人情報保護法23条1項）。

cは適切でない。個人情報取扱事業者は、その取り扱う個人データの漏えい、滅失または毀損の防止その他の**個人データの安全管理のために必要かつ適切な措置**を講じなければならない（個人情報保護法20条）。

dは適切である。個人情報取扱事業者は、偽りその他不正の手段により個人情報を取得してはならない（個人情報保護法17条1項）。

第3問　3－ウ　　　　　　　　　　　（公式テキストP.337～P.340）

[正　解] ③

[解　説]

①は適切である。株主は、株主総会に出席し、議題に対して賛否を表示する**議決権**を有する（会社法105条1項3号）。

②は適切である。株式会社は、株主を、その株式の内容および数に応じて、平等に取り扱わなければならない（**株主平等の原則**、会社法109条1項）。

③は最も適切でない。株主は、会社に対して株式の引受額を限度とした出資義務を負うのみであり、会社債権者に対して直接の責任を負わないとされる（**間接有限責任**、会社法104条）。

④は適切である。株主は、会社の資本の確保の観点から出資の払戻しが制限される一方で、投下資本回収の手段として、原則として株式を自由に譲渡することができる（**株式譲渡自由の原則**、会社法127条）。

第3問　3－エ　　　　　　　　　　　（公式テキストP.286～P.299）

[正　解] ②

[解　説]

aは適切である。訪問販売における特定商取引法に基づく**クーリン**

グ・オフは、同法所定の期間内に、**必ず書面で行わなければなら
ず、口頭で行うことはできない**（特定商取引法9条）。

bは適切でない。割賦販売法の適用対象は、事業者が消費者から代
金を分割して受領することを条件とする取引のうちでも、その目的が
一定の指定商品、指定権利、指定役務であるものに限られるほか、
分割の回数や期間によっても限定される場合がある。

cは適切でない。消費者契約法の規律する消費者契約とは、**労働契
約を除く**、消費者と事業者との間で締結されるすべての契約をいい
（消費者契約法2条3項）、商品の販売契約のみならず、役務の提
供契約も含まれる。

dは適切である。消費者契約法上の**適格消費者団体**とは、不特定か
つ多数の消費者の利益のためにこの法律の規定による差止請求権
を行使するのに必要な適格性を有する法人である消費者団体とし
て、内閣総理大臣の認定を受けた者をいう（消費者契約法2条4
項）。

第3問　3−オ　　　　　　　　（公式テキストP.149〜P.152、P.153）

［正　解］②

［解　説］

①は適切である。ある事業のために他人を使用する者は、被用者がそ
の事業の執行について第三者に加えた損害を賠償する責任を負う
（**使用者責任**。民法715条1項）。

②は最も適切でない。不法行為責任に基づく損害賠償の対象となるの
は、不法行為と相当因果関係のある損害である。葬式費用につい
ては、それが特に不相当なものでない限り、人の死亡事故によって
生じた必要的出費として、加害者側の賠償すべき損害と解するのが
相当であり、人が早晩死亡すべきことをもって、賠償を免れる理由と
することはできないとして、相当な額の範囲内において損害として認
められる（最判昭43・10・3）。

③は適切である。被害者に事理弁識能力が認められず、過失相殺（民法722条2項）を行うことができない場合であっても、被害者と一定の関係にある被害者自身以外の者に過失があるときは、その者の過失も過失相殺を行うにあたり**被害者側の過失**として考慮される。

④は適切である。他人の身体、自由もしくは名誉を侵害した場合または他人の財産権を侵害した場合のいずれであるかを問わず、民法709条の規定により損害賠償の責任を負う者は、**財産以外の損害に対しても、その賠償をしなければならない**（民法710条）。したがって、不法行為により個人の名誉が毀損された場合には、被害者は、加害者に対し、これによって受けた精神的苦痛を慰謝料として不法行為責任に基づき請求することができる。

第4問

[正　解] ア②　イ①　ウ①　エ②　オ①　カ②　キ①　ク②　ケ②
　　　　　コ①

[解　説]

アは誤り。Xが借入金債務を免れる方法として、借入金の弁済に代えて貴金属を給付する代物弁済があるが、**代物弁済は契約**であり（民法482条）、Xの一方的意思表示によってすることはできない。

（公式テキストP.173）

イは正しい。労働契約法では、使用者は、労働契約に伴い、労働者がその生命、身体等の安全を確保しつつ労働することができるよう、必要な配慮をするものとされている（労働契約法5条）。使用者が負うこの義務を**安全配慮義務**という。　（公式テキストP.359）

ウは正しい。**用益物権**は、他人の物を利用することを内容とする物権であり、民法上、**地上権**（民法265条以下）や**地役権**（民法280条以下）などが規定されている。　（公式テキストP.28）

エは誤り。民法（債権法）改正により削除されたのは、特定物に関する物権の設定または移転を双務契約の目的とした場合について債権

353

者主義をとる旨の規定（改正前の民法534条）である。

（公式テキストP.97～P.98）

オは正しい。不動産に関する物権の得喪および変更は、不動産登記法その他の登記に関する法律の定めるところに従いその登記をしなければ、第三者に対抗することができない（民法177条）。

（公式テキストP.239）

カは誤り。たとえ他人に損害を与えても、故意または過失がなければ損害賠償義務を負わないとする原則を**過失責任主義**という。民法は過失責任主義を原則としており、故意または過失がなければ責任を問われないという意味で、個人の自由な経済活動が担保されている。

（公式テキストP.27）

キは正しい。**私的独占**とは、ある事業者が他の事業者の事業活動を排除しまたは支配することにより、公共の利益に反して一定の取引分野における競争を実質的に制限することをいい（独占禁止法2条5項）、独占禁止法により禁止されている（独占禁止法3条）。例えば、市場支配力において優越する事業者が、その支配力を利用して、他の事業者が自由な判断で活動することを困難にするような行為がこれに当たる。

（公式テキストP.279）

クは誤り。債務不履行について、当事者間であらかじめ損害賠償の額を約定していた場合には、原則として、その額が賠償額となる（民法420条）。

（公式テキストP.92～P.93）

ケは誤り。遺留分が認められているのは、相続人のうち兄弟姉妹以外の者、すなわち配偶者、子および直系尊属である（民法1042条）。

（公式テキストP.404）

コは正しい。**契約自由の原則**は、契約をするかしないか、誰を相手とするか、いかなる契約内容とするか等について、当事者間で自由に定め得るとするものであり、私的自治の原則の取引の場面における具体的な現れである。

（公式テキストP.26～P.27）

第5問　5－1　　　　　　　　　　　　　　　（公式テキストP.211〜P.214）

［正　解］ア⑭　イ⑩　ウ⑥　エ⑨　オ②

［解　説］

　　担保は、大きく人的担保と物的担保とに分けることができる。人的担
保の典型は、保証である。物的担保は、担保物権とも呼ばれ、その代
表的なものとして抵当権や質権がある。

　　担保物権には、一般に、担保物権を有しない他の債権者に先んじて
弁済を受けることができる効力である**優先弁済的効力**が認められてい
る。ただし、担保物権のうち留置権には、目的物を留置することによっ
て債務者の弁済を促す留置的効力は認められるが、**優先弁済的効力**
は認められない。

　　担保物権には、一般に、その通有性として、**附従性**、**随伴性**、**不可
分性**および**物上代位性**が認められる。**附従性**とは、債権が存在しては
じめて担保物権も存在し、弁済等により債権が消滅すれば担保物権も
当然に消滅するという性質をいう。**随伴性**とは、債権が他人に移転す
ると、担保物権もそれに伴って移転するという性質をいう。**不可分性**と
は、担保物権を有する者は、被担保債権全部の弁済を受けるまで、担
保目的物の全部の上にその権利を行使することができ、債務の一部が
弁済されたからといって担保物権もそれに応じて一部が消滅するわけ
ではないという性質をいう。**物上代位性**とは、担保物権を有する者は、
担保目的物の売却や滅失などにより債務者等が受けるべき金銭等に対
しても権利を行使することができるという性質をいう。

第5問　5－2　　　　　　　　　　　　（公式テキストP.54、P.75〜P.77）

［正　解］ア⑪　イ②　ウ⑫　エ⑮　オ④

［解　説］

　　契約は、一般に、申込みの意思表示と承諾の意思表示とが合致す
ることによって成立する。ただし、商法上、商人が平常取引をしている
相手方からその営業の部類に属する契約の申込みを受けた場合には、

355

商人に**諾否通知義務**が課せられ、遅滞なく申込みに応じるか否かの通知を発しなかったときは、申込みに対して承諾をしたものとみなされる。

　契約が締結されると、その効力は原則として契約成立と同時に発生する。しかし、当事者の合意により、契約に期限や条件が付された場合には、その期限や条件に従って契約の効力が発生する。

　期限とは、例えば、「金銭消費貸借契約の締結日の3ヶ月後に借入金を返済する」というように、契約の効力の発生・消滅または債務の履行を将来発生することが確実な事実にかからせる特約のことである。期限のうち、上記の「金銭消費貸借契約の締結日の3ヶ月後に借入金を返済する」というように、将来発生する期日が確定しているものを**確定期限**という。これに対し、「Aが死亡したら、Aの子Bに金銭を贈与する」というように、到来することは確実であるがいつ到来するかはわからないものを**不確定期限**という。期限が付されていることにより享受することができる利益を期限の利益といい、民法上、期限は**債務者**の利益のために定めたものと推定される。

　他方、条件とは、契約の効力の発生または消滅を、将来発生するかどうか不確実な事実にかからせる特約をいう。例えば、「X社の正社員に採用されたら、就職祝いにスーツを贈る」というように、条件の成就によって効力が発生する場合、その条件を**停止条件**という。

第6問　6－ア　　　　　　　　（公式テキストP.79〜P.80、P.113〜P.117）
[正　解]　①
[解　説]

　　①は最も適切でない。商人は、その営業の範囲内において寄託を受けたときは、**報酬を受けないときであっても、善良な管理者の注意をなすことを要する**（商法595条）。つまり、商人がその営業の範囲内において寄託を受けたときには、常に寄託物の保管について当該商人に善管注意義務が生じる。

②は適切である。民法上、委任契約の受任者は、委任の本旨に従い、**善良な管理者の注意をもって、委任事務を処理する義務を負う**（民法644条）。

③は適切である。請負人が仕事を完成しない間は、注文者は、**いつでも損害を賠償して契約の解除をすることができる**（民法641条）。この場合、解除に理由は必要なく、請負人に過失や帰責事由のあることも要しない。

④は適切である。商行為によって生じた債務の履行をすべき場所がその行為の性質または当事者の意思表示によって定まらないときは、**特定物の引渡しはその行為の時にその物が存在した場所において、その他の債務の履行は債権者の現在の営業所**（営業所がない場合にあっては、その住所）において、それぞれしなければならない（商法516条）。借入金債務の弁済は、特定物の引渡しではない債務の履行であるため、債権者（貸主）の現在の営業所においてしなければならない。

第6問　6－イ　　　　　　　　　　　　（公式テキストP.227〜P.228）

[正　解]　④

[解　説]

aは適切でない。保証（人的担保）についても、物的担保と同様、附従性が認められており、主たる債務が消滅すれば保証債務が消滅する。

bは適切でない。民法上、保証契約が効力を生じるためには、債権者と保証人との間で保証契約が締結されればよく、主たる債務者がこれに同意することは不要である。

cは適切でない。連帯保証人には、通常の保証の場合と異なり、**催告の抗弁権および検索の抗弁権は認められない**（民法454条）。

dは適切である。保証人が主債務者に代わって弁済をし、その他自己の財産をもって主たる債務者にその債務を免れさせたときは、保証

357

人は主債務者に対して**求償権**を行使することができる（民法459条等）。

第6問　6－ウ　　　　　　　　　　　　　（公式テキストP.240）

［正　解］④

［解　説］

①は適切でない。**取引行為によって、平穏かつ公然と動産の占有を始めた者は、相手方が無権利者であっても、権利者であると過失なく信じていれば、その動産について権利を取得する**（即時取得、民法192条）。XはYから万年筆を借り受けて使用しており、Zは、そのXの地位をそのまま相続しているのであり、取引行為によってYから万年筆を取得したのではない。即時取得の制度は、取引の安全を守るための制度であり、取引行為によって動産の占有を取得した場合に限り適用され、相続によって動産の占有を取得した場合には適用されない。

②は適切でない。肢①の解説で述べた通り、即時取得の制度は、取引の安全を守るための制度であり、取引行為によって動産の占有を取得した場合に限り適用される。したがって、本肢のように、自己の所有物と勘違いして動産の占有を取得した場合には適用されない。

③は適切でない。即時取得は無権利者からの譲受人を保護するものである。本肢のXは、権利者であるYからの虚偽表示により引渡しを受けたのであり、即時取得が成立する余地はない。

④は最も適切である。本肢において、Zは、取引行為によって書籍の占有を始めており、当該書籍がXの所有物であると信じ、かつ、そう信じるにつき過失がなかったため、即時取得が成立する。

第6問　6-エ　　　　　　　　　　　　　　　（公式テキストP.339～P.349）

　[正　解]　①

　[解　説]

　　aは適切である。**代表取締役は、株式会社を代表し**（会社法349条1
　　項）、また、**株式会社の業務に関する一切の裁判上または裁判外
　　の行為をする権限を有する**（会社法349条4項）。

　　bは適切でない。取締役と会社との関係は、一般に委任または**準委
　　任**の関係とされている（会社法330条）。そのため、取締役は会社に
　　対し、民法上の受任者として、**善管注意義務**（民法644条）を負うほ
　　か、その具体的表現として、会社法上、法令および定款ならびに株
　　主総会の決議を遵守し、株式会社のため忠実にその職務を行う義
　　務、すなわち**忠実義務**（会社法355条）も負う。

　　cは適切である。**定時株主総会は、毎事業年度の終了後一定の時期
　　に招集しなければならない**（会社法296条1項）。また、株主総会
　　は、必要がある場合には、いつでも、招集することができる（会社法
　　296条2項）。これを**臨時株主総会**という。

　　dは適切でない。監査役は、株式会社の役員であり、株主総会の決議
　　によって選任される（会社法329条1項）。

第6問　6-オ　　　　　　　　　　　　　　　　（公式テキストP.35～P.36）

　[正　解]　②

　[解　説]

　　①は適切である。日本の裁判所には、**最高裁判所、高等裁判所、地方
　　裁判所、家庭裁判所、簡易裁判所**の5種類がある。

　　②は最も適切でない。裁判所で扱う訴訟は、民事訴訟、刑事訴訟と行
　　政訴訟とに分類することができる。

　　③は適切である。判決に対する上級裁判所への不服申立てを**上訴**と
　　いう。1度目（第一審裁判所から第二審裁判所へ）の上訴を**控訴**、2
　　度目（第二審裁判所から第三審裁判所へ）の上訴を**上告**という。

④は適切である。債務者が債権者に任意で債務を履行しない場合であっても、債権者が自らの実力を行使して債権の回収を図ること（**自力救済**）は、**原則として禁止**されている。

第7問　7-1　　　　　　　　　　　　　　　　（公式テキストP.326～P.330）

［正　解］ア⑩　イ⑭　ウ⑤　エ③　オ⑧

［解　説］

　商人や企業に関する重要な事項を公示させる制度として**商業登記**制度が設けられている。**商業登記**による法的効果の1つとして、会社法上、株式会社は、その**本店の所在地**において設立の登記をすることによって成立することが挙げられる。

　商業登記における登記事項の中で特に重要なものとして、商号がある。法人の場合、商号はその法人自体を示す名称そのものであるから、営業の全体について1個の商号のみ用いることが許され、個人の場合も、1つの営業につき用いることのできる商号は1個に限られるものと解されている。これを**商号単一**の原則という。また、商号は、これを基礎に信用が形成され、取引相手はその商号によって相手方を識別して取引をするものであることから、商法上、商号の**譲渡**は、登記をしなければ、第三者に対抗することができないものとされている。したがって、個人の用いる商号については登記が義務付けられてはいないものの、**譲渡**をする際には登記が必要とされる。

　また、商号は、**不正競争防止**法によっても保護がなされている。例えば、A社の商号が需要者の間に広く認識されている場合において、A社の商号と同一あるいは類似の商号をB社が無断で使用し、A社の商品または営業と混同を生じさせ、それによってA社の営業上の利益が侵害されるおそれがある場合、**不正競争防止**法上、A社は、B社にその侵害の予防を請求することができる。

第7問 7－2 （公式テキストP.363～P.365、P.376～P.377）

[正　解]　ア⑦　イ②　ウ⑮　エ③　オ⑧

[解　説]

　　X株式会社は、常時100人の労働者を使用しており、X社には同社の労働者60名で組織するY労働組合が存在する。この場合、X社は、労働基準法上、**就業規則**を作成しなければならず、その作成についてY労働組合の意見を聴かなければならない。

　　労働基準法上、**就業規則**には、使用者が労働の対償として労働者に支払う**賃金**に関する事項や始業・終業の時刻に関する事項など、所定の事項を定めなければならない。なお、**賃金**については、使用者は**賃金**の全額を、通貨で、毎月1回以上一定の期日を定めて、直接、労働者に支払わなければならない。

　　Y労働組合は、労使関係事項についてX社と団体交渉をする権利を有している。X社が、Y労働組合から団体交渉の申入れを受けた場合に、正当な理由なくこれを拒否することは、**不当労働行為**として労働組合法により禁止される。

　　X社とY労働組合との間で、労働条件等について**労働協約**が締結された場合、X社の就業規則は、この**労働協約**に反してはならない。**労働協約**に牴触する**就業規則**については、X社を管轄する**労働基準監督署長**は変更命令を出すことができる。

第8問

[正　解]　ア①　イ②　ウ①　エ②　オ①　カ②　キ①　ク②　ケ①
　　　　　コ②

[解　説]

　　アは正しい。不法行為に基づく**損害賠償は金銭によるのが原則**であるが（民法722条1項・417条）、例外的に、他人の名誉を毀損した者に対しては、裁判所は、被害者の請求により、損害賠償に代えて、または損害賠償とともに、名誉を回復するのに適当な処分を命ずる

361

ことができる（民法723条）。　　　　　　　（公式テキストP.148）

イは誤り。**支払督促は、簡易裁判所の書記官に対して支払督促の申立てを行い、支払督促を債務者に発する手続である**（民事訴訟法382条・383条1項）。支払督促が債務者に送達されてから2週間以内に督促異議がないときには債権者の申立てにより仮執行宣言が付され（民事訴訟法391条）、仮執行宣言を付した支払督促に対して期間内に督促異議がない、あるいは督促異議の申立てを却下する決定が確定したときは、支払督促は**確定判決と同一の効力を有する**（民事訴訟法396条）。　　　　　　　（公式テキストP.230）

ウは正しい。特定非営利活動促進法上の特定非営利活動法人（NPO法人）がその主たる目的とする「特定非営利活動」とは、i) 保健、医療または福祉の増進を図る活動、ii) 社会教育の推進を図る活動、iii) まちづくりの推進を図る活動など、同法所定の活動であって、不特定かつ多数のものの利益の増進に寄与することを目的とするものをいう（特定非営利活動促進法2条1項）。

（公式テキストP.319）

エは誤り。利息の上限を定める法律として、出資の受入れ、預り金及び金利等の取締りに関する法律（出資法）や利息制限法がある。出資法の制限（年109.5％、貸付けを業として行う者については20％）を超える利息の契約を行った場合には貸主に刑事罰が科され、利息制限法の制限（元本額に応じ年15％〜20％）を超える利率についてはその超過部分について無効とされる。

（公式テキストP.100〜P.101）

オは正しい。男女雇用機会均等法上、事業主は、労働者の募集および採用について、その性別にかかわりなく均等な機会を与えなければならないとし（男女雇用機会均等法5条）、**労働者の性別を理由とする差別的取り扱いを禁止**している。　　（公式テキストP.380）

カは誤り。企業の従業員が、特許法上の職務発明に該当する発明をした場合、原則として、発明をした従業員が特許を受ける権利を有

する。企業は、従業員が職務発明について特許を受けた場合、特許法上、通常実施権が認められる（特許法35条1項）。

（公式テキストP.255）

キは正しい。民法上、**時効は、当事者が援用しなければ、裁判所がこれによって裁判をすることができない**とされているが（民法145条）、ここでいう時効の援用とは、時効の成立により利益を受けようとする者がその旨の意思を表示することである。

（公式テキストP.177〜P.178）

クは誤り。事業者が、契約、協定その他何らの名義をもってするかを問わず、他の事業者と共同して対価を決定し、維持し、もしくは引き上げ、または数量、技術、製品、設備もしくは取引の相手方を制限する等相互にその事業活動を拘束し、または遂行することにより、公共の利益に反して、一定の取引分野における競争を実質的に制限することは、**不当な取引制限**として禁止されており（独占禁止法2条6項・3条）、対価を引き上げることのみならず対価を引き下げて決定することも不当な取引制限に当たり得る。

（公式テキストP.280〜P.281）

ケは正しい。**弁済をした者は、弁済を受領した者に対して受取証書の交付を請求することができる**（民法486条）。受取証書以外の方法で弁済したことを立証するのは困難であることが多いためである。

（公式テキストP.138）

コは誤り。離婚は、離婚時から将来に向かって婚姻の効力を失わせるものであり、婚姻時に遡って婚姻の効力を失わせるものではない。

（公式テキストP.391）

第9問　9－1　　　　　　　　　　　　（公式テキストP.55〜P.59）

[正　解]　ア④　イ⑨　ウ①　エ⑭　オ⑥

[解　説]

すべての人（自然人および法人）には、民法上、権利・義務の主体と

なることができる法律上の資格、すなわち**権利能力**が認められている。

　もっとも、**権利能力**を認められる者が、必ず法律行為を有効に行えるとは限らない。法律行為を有効に行うためには、自己の行為の結果を判断することのできる精神的能力である意思能力が必要である。意思能力のない者が行った契約などの法律行為は無効であるが、一般に個々の法律行為の場面において意思能力がないことを証明することは困難である。そこで、民法上、意思能力の認められない者やその不十分な者を、一定の年齢や手続によって画一的に**制限行為能力者**と定め、その行為を取り消すことができるとするとともに、保護者を付してその能力を補うこととしている。

　制限行為能力者のうち、精神上の障害により事理を弁識する能力を欠く常況にある者であって、民法所定の者の請求により、家庭裁判所の審判を受けた者を**成年被後見人**という。**成年被後見人**の法律行為は、原則として、取り消すことができる。ただし、**日用品の購入その他日常生活に関する行為**については、取り消すことができない。

　また、**制限行為能力者**が、法律行為をするにあたり、自らが**制限行為能力者**でないことを相手方に信じさせるために**詐術**を用いた場合、相手方を保護するため、**制限行為能力者**とその法定代理人は、当該法律行為を取り消すことができない。

第9問　9-2　　　　　　　　　　　（公式テキストP.307〜P.310）

　［正　解］ア⑦　イ⑫　ウ①　エ⑬　オ⑤

　［解　説］

　ビジネスに関連して、企業は、犯罪の被害者となることもあれば、その従業員や取締役が犯罪を犯したり、犯罪を理由に刑罰を科されることもあり得る。犯罪の成立要件や刑罰について定める法律として刑法があるが、ほかにも企業やその役員等は、会社法によって刑罰を科されることもある。

　刑法上の犯罪としては、例えば、企業の従業員や役員が業務上保

管している企業の商品の横流しや集金した金銭の使い込み等をした場合には**業務上横領罪**が成立し、10年以下の懲役を科される。また、企業の秘密を他社に漏らした場合などには背任罪が成立し、5年以下の懲役または500万円以下の罰金を科される。

さらに、企業の従業員や役員が、官公庁との契約の締結や許認可の取得などについて有利な取扱いを受けるために、公務員に対して社交儀礼の範囲を超えて金品を交付した場合には、当該従業員や役員に**贈賄罪**が成立し、3年以下の懲役または250万円以下の罰金を科される。

会社法上の犯罪としては、例えば、粉飾決算により架空の利益を計上して株主に剰余金を配当することは、**違法配当罪**に当たり、5年以下の懲役もしくは500万円以下の罰金またはこれらの併科となる。また、例えば、金融機関の融資担当役員が不良貸付を行った場合のように、取締役が、自己または第三者の利益を図りまたは株式会社に損害を加える目的で、自己の任務に背く行為をし、これにより会社に損害を与えた場合には、**特別背任罪**として10年以下の懲役もしくは1000万円以下の罰金またはこれらの併科となる。なお、取締役が会社法上の犯罪を行ったことは、取締役の**欠格事由**となる。

第10問　10－ア　　　　（公式テキストP.57、P.79～P.80、P.89、P.92）

［正　解］④

［解　説］

①は適切である。未成年者が法律行為をするには、原則として、その法定代理人の同意を得なければならず、同意を得ていない法律行為は取り消すことができる（民法5条）。逆に言えば、**未成年者がその親権者の同意を得て締結した売買契約は、未成年者であることを理由として取り消すことができない**。

②は適切である。双務契約の当事者の一方は、相手方がその債務の履行を提供するまでは、自己の債務の履行を拒むことができる（民法

533条)。これを**同時履行の抗弁権**という。

③は適切である。商法上、商行為によって生じた債務の履行をすべき場所がその行為の性質または当事者の意思表示によって定まらないときは、**特定物の引渡しはその行為の時にその物が存在した場所**において、**その他の債務の履行は債権者の現在の営業所**（営業所がない場合にあっては、その住所）において、それぞれしなければならないものとされている（商法516条）。この点、民法上は、弁済をすべき場所について別段の意思表示がないときは、**特定物の引渡しは債権発生の時にその物が存在した場所**において、**その他の弁済は債権者の現在の住所**において、それぞれしなければならないと規定されており（民法484条）、基本的には同一の内容を定めるものである。

④は最も適切でない。売買代金債務のように、**金銭の給付を目的とする債務の不履行による損害賠償については、債務者は、不可抗力をもって抗弁とすることができない。**（民法419条3項）。

第10問　10－イ　　　　　　　　（公式テキストP.397～P.398）

[正　解] ③

[解　説]

aは適切でない。被相続人に配偶者、子および母がいる場合、法定相続人になるのは、配偶者および子である（民法887条1項・890条）。

bは適切である。被相続人より先に子が死亡していて孫がいる場合、子に代わって孫が法定相続人となる（**代襲相続**。民法887条2項）。

cは適切でない。本肢において、法定相続人は配偶者Bと子CおよびDであるから、子の法定相続分および配偶者の法定相続分は、それぞれ2分の1である（民法900条1号）。そして、子が数人あるときは、各自の相続分は、相等しいものとされる（民法900条4号）。本肢における法定相続分は、配偶者Bが2分の1、子CおよびDがそれぞれ

4分の1となる。

　dは適切である。本肢において、法定相続人は配偶者Bと妹Cである
　から、配偶者Bの法定相続分は4分の3、妹Cの法定相続分は4分
　の1である（民法900条3号）。

第10問　10－ウ　（公式テキストP.189、P.194～P.198、P.201～P.202）
　［正　解］①
　［解　説］

　　①は最も適切でない。約束手形上の債権は、振出の原因関係とは切り
　　離された独立した別個の債権となり、原因関係が無効や取消し、解
　　除となっても手形関係は影響を受けない。これを**無因証券性**という。
　　②は適切である。手形要件の全部または一部を記入しないまま、のち
　　に所持人に空白を補充させる趣旨で振出人として署名した手形を白
　　地手形という。**白地手形は、手形要件を欠くため、そのままでは**
　　手形としての効力は生じないが、将来、手形要件が補充されれば
　　有効な手形となる。
　　③は適切である。裏書の連続した手形の所持人は、正当な権利者と
　　認められる（**資格授与的効力**。手形法16条1項・77条1項）。
　　④は適切である。手形の不渡りを出した日から6か月以内に再度手形
　　の不渡りを出した場合には、**銀行取引停止処分**が課される。

第10問　10－エ　　　　　　　　　（公式テキストP.68、P.70～P.71）
　［正　解］③
　［解　説］

　　①は適切でない。無権代理行為の追認は、別段の意思表示がないと
　　きは、**契約の時に遡ってその効力を生ずる**（民法116条本文）。
　　②は適切でない。無権代理の相手方は本人に対し、追認をするかどう
　　かの催告を行うことができるが、この**催告は無権代理について悪意**
　　であっても行うことができる（民法114条）。

367

③は最も適切である。無権代理の相手方は、追認前であれば契約を取り消すことができるが、**無権代理について悪意の場合（代理権を有しないことを知っていた場合）には、契約を取り消すことができない**（民法115条）。したがって、Xに代理権がないことを知っていたZ社は、無権代理を理由に本件売買契約を取り消すことはできない。

④は適切でない。**代理人が顕名をせずにした意思表示は、自己のためにしたものとみなされ、その効果は本人に帰属しないのが原則**である。しかし、その例外として、相手方が、代理人が本人のためにすることを知り、または知ることができたときは、その意思表示は本人に対して直接にその効果を生ずるものとされる（民法100条）。したがって、XがY社のために本件売買契約を締結したことをZ社が知っている本肢では、本件売買契約の効果はY社に帰属する。

第10問　10−オ　　　（公式テキストP.214〜P.215、P.217、P.225）

[正　解] ②

[解　説]

①は適切である。根抵当権は、設定行為で定めるところにより、一定の範囲に属する不特定の債権を**極度額**の限度において担保するものである（民法398条の2）。担保されることとなる債権の範囲と抵当権により担保される額の上限（極度額）を定めることにより、将来発生する複数の債権について効率的に抵当権を設定することを可能としたのが根抵当権である。

②は最も適切でない。譲渡担保は、担保のために財産をいったん債権者に譲渡し、債務が弁済された場合には返還するという形式による債権担保の方法である。外形上は売買等に基づく所有権移転の形式を取っており、民法上には規定がなく、判例上認められているものである。

③は適切である。民法上、先取特権者は、民法その他の法律の規定

に従い、その債務者の財産について、他の債権者に先立って自己の債権の弁済を受ける権利を有するとされ（民法303条）、**動産売買の先取特権は、動産の代価およびその利息に関し、その動産について存在する**ものとされている（民法321条）。

④は適切である。留置権とは、他人の物を専有している者がその物に関して生じた債権を有している場合に、債権の弁済を受けるまで、その物を留置することができる権利である（民法295条1項）。留置権は、債務者の承諾を得て、留置物を賃貸し、または質権の目的としたときを除き、**留置権者が留置物の占有を失うことによって、消滅する**（民法302条）。

2020年度　ビジネス実務法務検定試験

2020年1月31日現在

●受験資格	1級	ビジネス実務法務検定試験2級合格者のみとします。
	2級・3級	学歴・年齢・性別・国籍による制限はありません。
●試験日	1級	第48回　12月6日（日）
	2級・3級	第47回　6月21日（日）、第48回　12月6日（日）
●試験時間 （制限時間）	1級	共通問題2時間(集合時間 10:00)、選択問題2時間(集合時間 13:30)
	2級	2時間（集合時間 13:30）
	3級	2時間（集合時間 10:00）
●受験料 （税込）	1級	11,000円
	2級	6,600円
	3級	4,400円
●合格基準	1級	共通問題2問、選択問題2問の200点を満点とし、各問題ごとに得点が50%以上でかつ合計点が140点以上をもって合格とします。 ※1級試験の結果により以下の受験者を準1級として認定します。 　①139点～110点の受験者 　②140点以上の受験者で共通問題2問、選択問題2問のうち得点が50%未満の問題があり不合格となった受験者
	2級・3級	100点を満点とし、70点以上をもって合格とします。
●試験方法	1級	論述式…共通問題（2問必須）、選択問題（4問中2問選択）
	2級・3級	マークシートによる択一式問題
	●1級のみ、判例のついてない法令集（六法全書等）で書き込みのない市販の書籍（ただし、電子版は不可）が持込み可能。 ※アンダーラインなどは「書き込み」に含みません。明らかに不正な使用を意識した文字による「書き込み」は禁止します。 ※持込み可能な法令集の複数使用は認めます。	

●お申込み方法●

①申込登録	申込登録期間内にインターネットもしくは電話で受験の申込登録をしてください。 　　　　申込登録期間　第47回：4月7日～5月8日、第48回：9月23日～10月23日 ※障がいがある方や、妊娠中の方などで、受験の際に配慮を希望される場合には、必ず申込登録時に受験上の配慮申請をしてください。申請手続き書類をお送りします。
②受験料	上記ご登録に基づいて申込書（払込取扱票）を発送しますので、登録内容をよくご確認の上、受験料をお支払いください。
③受験票	払込時期にかかわらず、全国一斉に受験票（ハガキサイズ）を普通郵便で発送します。
ご留意点	●実施する商工会議所が追加・変更される場合がございます。 　最新の情報は、下記ホームページでご確認いただけます。 ●受験料は、試験の中止以外、払い戻しできません。

●お問い合わせ先●

主催	東京商工会議所・施行商工会議所
お問い合わせ先	東京商工会議所　検定センター TEL：03（3989）0777 （土日・祝休日・年末年始を除く 10：00 ～ 18：00） https://www.kentei.org/

《東京商工会議所主催》

ビジネス実務法務検定試験®
公式1級・2級・3級 通信講座
随時開講

本通信講座は「ビジネス実務法務検定試験」受験対策のための公式通信講座です。

〔本講座の特徴〕

①「ビジネス実務法務検定試験公式テキスト」（1級・2級・3級）の記述を全て盛り込み、理解のポイント・Q&Aなどでわかりやすく解説しています。

②各章末の練習問題およびリポート問題で理解度を確認できます。

③本講座を修了することで合格レベルの実力を養えます。

④随時お申し込みができます。

〔テキストの特徴〕

民法（債権法）、民法（成年年齢、相続）、商法、会社法、各種の知的財産権法、民事執行法、独占禁止法、働き方改革関連法（労働基準法等）、労働施策総合推進法（パワハラ法制）などの改正を盛り込み、最新の内容となっています。また、テキスト全体の構成等を全面的に刷新して随所に図表を取り入れて、より一層わかりやすい内容となっています。さらに、リスクマネジメントの観点からビジネスリスクに関する記述を加えていますので、検定試験対策のほか、リスクマネジメントの実践書やコンプライアンス・マニュアルとしても活用できます。

〔講座の概要〕

▶開 講 時 期　　お申し込み確認後、随時開講いたします。
　　　　　　　　（教材は一括送付します）

	テキスト	リポート問題	学習期間（在籍可能期間）	受講料（税込）
1 級	4 冊	3 回	3か月（6か月）	30,900円
2 級	3 冊	3 回	3か月（6か月）	25,620円
3 級	3 冊	3 回	3か月（6か月）	20,420円

（講座の特徴）

1級
- テキストに解答作成上のポイントの項を設け、論述問題への実践的な対策を行います。
- 論述式の添削は検定試験の出題傾向に基づき作成しています。弁護士等の実務家の添削指導により、実践的な答案作成力が身に付きます。

2級
- テキストに3級の重要ポイントを踏まえた内容を記載し、2級の知識習得を基本からサポートします。

3級
- 「理解力up」「Q&A」等のコラムで具体的な事例を盛り込み、ビジネスシーンをイメージしながら学習可能です。

・検定試験の形式に沿って出題される添削問題で、本試験への対応力が身に付きます。

- 法務知識ゼロの方でも3級から順にステップアップして学習できます。
- 2017年の民法（債権法）改正はもちろん、2019年までの各種の法改正に完全対応しています。

（受講にあたっての留意点）

- 東京商工会議所発行の公式テキストの内容が全て盛り込まれています（本講座お申し込みの方は、同公式テキストの購入は不要です）。
- お申し込みが確認でき次第随時開講していますが、2～4月は、テキスト更新のため開講をお待ちいただく場合があります。

（テキスト）

- QRコードよりオリジナルテキストのサンプルページをご覧いただけます。

1級

2級

3級

通信講座のお問い合わせは

東京商工会議所

〒100-0005　東京都千代田区丸の内3-2-2　通信講座事務局
TEL (03) 3352-7074
（土日・祝休日・年末年始を除く9:00～17:00）
FAX (03) 3201-0507
https://www.tokyo-cci.or.jp/kenshu/tsushin/bijiho/
最新情報はウェブサイトをご覧ください。お申し込みも受け付けしています。

講座のお申込み方法について

■お申し込みの流れ

ウェブサイトで申込登録
https://www.tokyo-cci.or.jp/kenshu/tsushin/bijiho/

受講料のお支払い
受講料を指定の金融機関口座にお振込みください。
詳細については上記ウェブサイトに掲載しています。

開講（教材が届く）
ご入金確認後、教材を発送いたします。

■受講料について

受講料（税込）	
1級	30,900円
2級	25,620円
3級	20,420円

■通信講座に関するお問い合わせ

ビジネス実務法務検定試験®公式通信講座事務局
TEL：０３－３３５２－７０７４（土日・祝休日・年末年始除く9:00～17:00）

ビジネス実務法務検定試験3級公式問題集〔2020年度版〕

2020年 2月15日　新版第1刷発行

編　者		東京商工会議所
発　行　者		小林 治彦
発　行　所		東京商工会議所
		検定センター
		〒100-0005
		東京都千代田区丸の内3-2-2（丸の内二重橋ビル）
		TEL(03)3989-0777
協　　　力		(株)ワールド・ヒューマン・リソーシス
発　売　元		(株)中央経済グループパブリッシング
		〒101-0051 東京都千代田区神田神保町1-31-2
		TEL(03)3293-3381
		FAX(03)3291-4437
印　刷　所		金山印刷(株)
表紙デザイン		(有)北路社

- 本書は2019年12月1日現在成立している法律を基準としています。
- 「ビジネス実務法務検定試験」は東京商工会議所の登録商標です。
- 本書は著作権法上の保護を受けています。本書の一部あるいは全部について東京商工会議所から文書による承諾を得ずに、いかなる方法においても無断で複写、複製することは禁じられています。
- 本書に関する最新情報はホームページでご確認いただけます。
- 落丁、乱丁本は、送料発売元負担にてお取り替えいたします。

©2020　東京商工会議所　Printed in Japan
ISBN978-4-502-33951-6 C2332